# 版 权 声 明

职业教育·城市轨道交通类专业精品教材

Chengshi Guidao Jiaotong Yunying Guanli Guizhang

# 城市轨道交通运营管理规章

## （第 3 版）

主　编　徐新玉

副主编　陈后友

主　审　周孟祥

人民交通出版社股份有限公司

北京

# 内 容 提 要

本书为职业教育城市轨道交通类专业精品教材。本书从目前城市轨道交通运营组织架构与教学实践的角度出发,对城市轨道交通运营所涉及的主要设备与岗位进行全面分析,主要阐述了有关人员的岗位职责与作业标准、行车主要设备的操作维护规则以及安全管理规则等内容。全书共分4个模块9个单元,具体为城市轨道交通主要行车设备、城市轨道交通主要作业岗位、城市轨道交通乘务组织管理、城市轨道交通站务组织管理、城市轨道交通车辆运用与检修管理、城市轨道交通车站主要设备操作维护管理、城市轨道交通安全管理规则、城市轨道交通事故处理规则与城市轨道交通应急管理。

本书可作为职业教育城市轨道交通类专业教材和教学参考书,还可作为城市轨道交通运营管理岗位的职业培训教材,也可供从事城市轨道交通规划、建设和运营管理的专业技术人员学习参考。

**本书配套丰富的助学助教资源,任课教师可通过加入"职教轨道教学研讨群"获取(教师专用 QQ 群号:129327355)。**

## 图书在版编目(CIP)数据

城市轨道交通运营管理规章 / 徐新玉主编. — 3 版

. — 北京:人民交通出版社股份有限公司,2020.8

ISBN 978-7-114-16260-2

Ⅰ. ①城… Ⅱ. ①徐… Ⅲ. ①城市铁路—交通运输管理—规章制度—中国 Ⅳ. ①U239.5

中国版本图书馆 CIP 数据核字(2020)第 009553 号

职业教育·城市轨道交通类专业教材

| | |
|---|---|
| 书 名: | **城市轨道交通运营管理规章**(第 3 版) |
| 著 作 者: | 徐新玉 |
| 责任编辑: | 司昌静 |
| 责任校对: | 孙国靖 魏佳宁 |
| 责任印制: | 刘高彤 |
| 出版发行: | 人民交通出版社股份有限公司 |
| 地 址: | (100011)北京市朝阳区安定门外外馆斜街 3 号 |
| 网 址: | http://www.ccpcl.com.cn |
| 销售电话: | (010)59757973 |
| 总 经 销: | 人民交通出版社股份有限公司发行部 |
| 经 销: | 各地新华书店 |
| 印 刷: | 北京市密东印刷有限公司 |
| 开 本: | 787×1092 1/16 |
| 印 张: | 16 |
| 字 数: | 384 千 |
| 版 次: | 2011 年 8 月 第 1 版 |
| | 2013 年 12 月 第 2 版 |
| | 2020 年 8 月 第 3 版 |
| 印 次: | 2024 年 6 月 第 6 次印刷 总第 26 次印刷 |
| 书 号: | ISBN 978-7-114-16260-2 |
| 定 价: | 45.00 元 |

(有印刷、装订质量问题的图书由本公司负责调换)

# 前　言

● **编写背景**

随着我国城镇化进程加快,城市人口增速快,交通拥堵问题日益严重,发展城市轨道交通成为大城市解决城市化进程发展所带来交通问题的最佳选择。近年来我国城市轨道交通建设发展非常迅速,不少城市都开通了城市轨道交通线路或获批建设城市轨道交通线路,迫切需要大量的城市轨道交通专业技术人才。为满足我国城市轨道交通专业教育对教材建设的需求,我们联合城市轨道交通企业资深专家组成编审团队,编辑出版此本教材。

● **编写过程**

本教材编审团队在进行大量企业调研、总结城市轨道交通运营管理企业主要岗位典型工作任务的基础上,以城市轨道交通运营管理各岗位所需的岗位技能与应掌握的规章制度为切入点,结合城市轨道交通企业现场运营管理实际与职业教育规律,经过多年教学实践凝炼,于2011年8月开创性地组织编写出版了第1版教材,2013年12月对教材进行了再版修订。该教材出版问世以来,一直受到广大城市轨道交通运营企业的关注与广大职业院校城市轨道交通专业师生的好评。为跟随快速发展的城市轨道交通步伐,根据人力资源和社会保障部、交通运输部制定的《城市轨道交通列车司机国家职业技能标准(2019年版)》与《城市轨道交通服务员国家职业技能标准(2020年版)》以及《城市轨道交通运营管理规定》(交通运输部令2018年第8号)、《城市轨道交通运营突发事件应急预案编制规范》(JT/T 1051—2016)等现行规范与标准的要求,编写组在充分吸纳广大读者的建议的基础上,对教材内容进行了再次调整、更新与优化,编辑出版了第3版教材。

1

● 特色创新

**1. 突出职教特色**

本教材基于多年的课改实践,遵循职业教育理念与职业教育规律,以城市轨道交通运营管理各岗位所需的岗位技能与应掌握的规章制度为主,结合现场运营管理实际与学生的认知规律,坚持以学生为学习主体,构建知识模块-教学单元的编写体例。

**2. 体现校企双元**

本教材由校企合作共同开发,在编写过程中,强调工学结合,以能力培养为本位。教学设计是在大量企业调研工作与校企深度合作项目的基础上完成的,编审团队由具有丰富城市轨道交通运营管理经验的高级工程师、工程师与具有多年城市轨道交通岗前培训教学经验的教师组成,教材中有大量体现岗位要求、企业规范等校企合作的案例、知识链接、小贴士等。

**3. 对接职业标准**

本教材根据《城市轨道交通列车司机国家职业技能标准(2019年版)》《城市轨道交通服务员国家职业技能标准(2020年版)》《城市轨道交通运营突发事件应急预案编制规范》(JTT 1051—2016)以及《城市轨道交通运营管理规定》(交通运输部令2018年第8号)等现行的行业标准与规范要求,以城市轨道交通运营管理企业主要岗位典型工作任务为依托,围绕职业能力的形成、实际工作岗位操作技能的培养、运营管理各岗位员工处理突发事件的能力培养等来组织课程教学内容。

**4. 丰富配套资源**

本教材对城市轨道交通运营管理组织制度进行了详细叙述,主要阐述了有关人员的岗位职责与作业标准、行车主要设备的操作维护规则,以及安全与应急管理规则等内容。教材以模块-单元形式编写,内容由浅入深、循序渐进、层次清晰,同时结合教学实践与岗位技能要求,除了在书中融入了大量的体现岗位要求、企业规范的知识链接、小贴士、案例、二维码数字资源等内容,每章内容后面还附有复习与思考题,还配套有课程标准、PPT课件、教案、案例分析、实训工单等数字化教学资源,以便学生巩固复习所学知识,培养学生解决实际问题和拓展思考的能力。

**5. 可活页式装订**

为更好地贯彻执行《国家职业教育改革实施方案》(国发〔2019〕4号)中"倡导使用新型活页式、工作手册式教材并配套开发信息化资源"的理念,教材在"任务化"教学内容的基础上,教师和学生可根据自身需求,将教材拆分打孔后放入 B5 纸张 9 孔型标准活页夹,装订成活页式教材使用。

装订成活页式教材后,本教材可根据实际教学需求进行灵活调整,实现"教材""学材"的融合和提升,并新增以下特点:

(1)方便"教材"的内容组合与动态更新

①可凸显教材内容的项目化、模块化、任务化设计,方便教学团队组织教学,可根据教学需求调整教学顺序;

②可根据不同使用对象、不同专业的教学要求,替换、添加、删减教学内容和教辅资料;

③可结合行业热点、最新时事、典型案例等,随时补充教学素材;

④可促进"岗课赛证"融通,将岗位职业技能、专业教学标准、技能大赛、"1 + X"职业技能等级证书的内容灵活补充到教材中;

⑤可方便任务实训工单的收缴,评分后返给学生。

(2)方便"学材"的内容整理和灵活使用

①可随时添加学习笔记、学习心得到教材对应位置,方便复习;

②可灵活添加学习辅助资料,如参考资料、习题等;

③可根据上课内容携带对应页码,不用带整本书,简单方便;

④可根据自我学习进度随时调整学习顺序。

(3)方便教师和学生自由选择教材形式

①教材在"任务化"教学内容的基础上,教师和学生可根据自身需求,将教材拆分打孔后放入 B5 纸张 9 孔型标准活页夹,装订成活页式教材使用;

②教材是在胶订的基础上印刷了活页孔位置,可供不想拆分成活页式教材的使用者按照非活页式教材使用。

● **编审团队**

本教材由具有丰富城市轨道交通运营管理经验的高级工程师、工程师与具有多年城市轨道交通岗前培训教学经验的院校教师编写,具体编审分工如下:苏州建设交通高等职业技术学校徐新玉(编写单元1、2、3、7、8)、苏州市轨道交通集团有限公司运营分公司陈后友(编写单元4)、苏州建设交通高等职业技术学校邢倩荷(编写单元5)、苏州建设交通高等职业技术学校孔祥睿(编写单元6)、郑州捷安高科股份有限公司周松(编写单元9)。本书由徐新玉教授主编并负责全书统稿,陈后友高级工程师担任副主编,苏州市轨道交通集团有限公司周孟祥高级工程师担任主审。

● **教学建议**

建议参考本教材附录2 城市轨道交通运营管理规章课程标准组织教学。由于本课程是实践性较强的专业核心课程,建议采用工学交替的教学安排,各校可根据自身情况与区域内城市轨道交通企业实际情况进行内容调整,在条件允许的情况下,有些模块内容可以在学校与企业共同完成教学,培养学生的岗位能力与职业素养,实现毕业与就业的"零距离"对接。

● **致谢**

本书在编写过程中得到了南京地铁集团有限公司、苏州市轨道交通集团有限公司、上海轨道交通培训中心等有关人员的大力支持。在此谨向有关专家及部门致以衷心的感谢!

由于作者水平有限,书中如有不足之处,敬请读者批评指正,反馈邮箱:26485854@qq.com。

编  者

2021 年 2 月

# 二维码数字资源

<table>
<tr><td colspan="6" align="center">"课程思政"在教材中的融入</td></tr>
<tr><td>序号</td><td>名称</td><td>二维码</td><td>序号</td><td>名称</td><td>二维码</td></tr>
<tr><td>1</td><td>零的突破——北京地铁1号线</td><td></td><td>4</td><td>全自动运行的市域快轨线——北京大兴国际机场线</td><td></td></tr>
<tr><td>2</td><td>国内首条无人驾驶列车运行线——上海轨道交通10号线</td><td></td><td>5</td><td>首条拥有完全自主知识产权的磁浮线路——长沙磁浮快线</td><td></td></tr>
<tr><td>3</td><td>国内首条自主研发全自动运行线——燕房线</td><td></td><td>6</td><td>国内首条跨市域轨道交通线路——广佛线</td><td></td></tr>
<tr><td colspan="6" align="center">重难点视频动画资源在教材中的融入</td></tr>
<tr><td>序号</td><td>名称</td><td>页码</td><td>序号</td><td>名称</td><td>页码</td></tr>
<tr><td>1</td><td>车辆</td><td>3</td><td>11</td><td>上海城市轨道交通客运组织规则</td><td>102</td></tr>
<tr><td>2</td><td>车辆段</td><td>4</td><td>12</td><td>列车撞到列检车门</td><td>131</td></tr>
<tr><td>3</td><td>电力调度员未按规定发布调度命令</td><td>19</td><td>13</td><td>作业人员未按要求作业</td><td>149</td></tr>
<tr><td>4</td><td>未按规定时间开启车站大门</td><td>54</td><td>14</td><td>某车站自动扶梯故障</td><td>152</td></tr>
<tr><td>5</td><td>试车速度过高导致列车撞击车挡</td><td>65</td><td>15</td><td>多个安全门故障无法关闭</td><td>155</td></tr>
<tr><td>6</td><td>洗车作业后造成挤岔事故</td><td>65</td><td>16</td><td>员工未按规定使用劳动防护用品作业受伤</td><td>175</td></tr>
<tr><td>7</td><td>列车司机未确认信号机闯红灯</td><td>67</td><td>17</td><td>应急预案编制格式</td><td>213</td></tr>
<tr><td>8</td><td>交接工作不到位</td><td>92</td><td>18</td><td>省级和市级应急预案主要内容</td><td>216</td></tr>
<tr><td>9</td><td>城市轨道交通运营管理规定</td><td>102</td><td>19</td><td>运营单位应急预案主要内容</td><td>216</td></tr>
<tr><td>10</td><td>南京城市轨道交通乘客服务标准</td><td>102</td><td></td><td></td><td></td></tr>
</table>

# ◆ "岗课赛证"融通 ◆

"岗"——国家职业技能标准相关工种/岗位技能要求在教材中的融入

城市轨道交通服务员

| 国家职业技能标准 | | 站务员 | | | | | | | | | | | | 行车值班员 | | | | | | | | | | | | | | | | |
|---|---|---|---|---|---|---|---|---|---|---|---|---|---|---|---|---|---|---|---|---|---|---|---|---|---|---|---|---|---|---|
| | | 五级/初级工 | | | | 四级/中级工 | | | | 三级/高级工 | | | | 五级/初级工 | | | | 四级/中级工 | | | | 三级/高级工 | | | | 二级/技师 | | | 一级/高级技师 | | |
| | | 行车组织与施工组织 | 客运与服务 | 票务运作 | 应急情况处理 | 行车组织与施工组织 | 客运与服务 | 票务运作 | 应急情况处理 | 行车组织与施工组织 | 客运与服务 | 票务运作 | 应急情况处理 | 行车组织与施工组织 | 客运与服务 | 票务运作 | 应急情况处理 | 行车组织与施工组织 | 客运与服务 | 票务运作 | 应急情况处理 | 行车组织与施工组织 | 客运与服务 | 票务运作 | 应急情况处理 | 车站运作 | 生产质量监督与指导 | 技术革新与传承 | 车站运作 | 生产质量监督与指导 | 技术革新与传承 |
| 模块1 | 1.1 | √ | | | | | | | | √ | | | | √ | | | | | | | | √ | | | | | | | | | |
| | 1.2.1 | √ | √ | √ | √ | | | | | | √ | √ | √ | | √ | √ | √ | | | | | | √ | √ | √ | | | | | | |
| | 1.2.3 | √ | √ | √ | √ | | | | | | √ | √ | √ | | √ | √ | √ | | | | | | √ | √ | √ | √ | √ | √ | √ | √ | √ |
| 模块2 | 2.4.1 | √ | | √ | √ | | | | | | | √ | √ | | | √ | √ | | | √ | √ | √ | | √ | √ | √ | √ | √ | √ | √ | √ |
| | 2.4.2 | √ | √ | √ | √ | | √ | | | √ | √ | √ | √ | √ | √ | √ | √ | √ | √ | √ | √ | | √ | √ | √ | √ | √ | √ | √ | √ | √ |
| | 2.4.3 | | √ | | | | | | | | | | √ | | | | √ | | | | √ | | | | √ | | | | | | |
| | 2.4.4 | | | | √ | | | | √ | | | | √ | | | | √ | | | | √ | | | | √ | | | | | | |
| 模块3 | 3.6.1 | √ | √ | √ | √ | | √ | √ | √ | | √ | √ | √ | | √ | √ | √ | | √ | √ | √ | | | √ | √ | | | | | | |
| | 3.6.2 | √ | √ | √ | √ | | √ | √ | √ | | √ | √ | √ | | √ | √ | √ | | √ | √ | √ | | | √ | √ | | | | | | |
| | 3.6.3 | √ | √ | √ | √ | | √ | √ | √ | | √ | √ | √ | | √ | √ | √ | | √ | √ | √ | | | √ | √ | | | | | | |
| | 3.6.4 | √ | √ | √ | √ | | √ | √ | √ | | √ | √ | √ | | √ | √ | √ | | √ | √ | √ | | | √ | √ | | | | | | |
| 模块4 | 4.7.1 | √ | | | √ | | | | √ | | | | √ | | | | √ | | | | √ | | | | √ | | | | | | |
| | 4.7.2 | √ | | | √ | | | | √ | | | | √ | | | | √ | | | | √ | | | | √ | | | | | | |
| | 4.8.1 | √ | | | √ | | | | √ | | | | √ | | | | √ | | | | √ | | | | √ | | | | | | |
| | 4.8.2 | √ | | | √ | | | | √ | | | | √ | | | | √ | | | | √ | | | | √ | | | | | | |
| | 4.9.1 | √ | | | √ | | | | √ | | | | √ | | | | √ | | | | √ | | | | √ | | | | | | |
| | 4.9.2 | √ | | | √ | | | | √ | | | | √ | | | | √ | | | | √ | | | | √ | | | | | | |

"岗"——国家职业技能标准相关工种/岗位技能要求在教材中的融入

| 国家职业技能标准 | | 轨道交通列车司机（城市轨道交通列车司机） | | | | | | | | | | | | | | | | 轨道交通信号工（城市轨道交通信号工） | | |
|---|---|---|---|---|---|---|---|---|---|---|---|---|---|---|---|---|---|---|---|---|
| | | 五级/初级工 | | | 四级/中级工 | | | | 三级/高级工 | | | 二级/技师 | | | 一级/高级技师 | | | 五级/初级工 | 四级/中级工 | 三级/高级工 |
| | | 列车操纵 | 列车故障处理 | 非正常行车及突发事件应急处置 | 列车操纵 | 列车故障处理 | 非正常行车及突发事件应急处置 | 救援作业 | 列车操纵 | 列车故障处理 | 非正常行车及突发事件应急处置 | 列车故障处理 | 非正常行车及突发事件应急处置 | 技术管理与培训 | 列车故障处理 | 非正常行车及突发事件应急处置 | 技术管理与培训 | 轨旁信号设备维护 | 轨旁信号设备维护 | 轨旁信号设备维护 |
| 模块1 | 1.1 | √ | √ | | √ | | | | √ | | | √ | | | √ | | | √ | √ | √ |
| | 1.2.1 | √ | √ | √ | √ | √ | √ | √ | √ | √ | √ | √ | √ | | √ | √ | | | | |
| | 1.2.2 | √ | √ | √ | √ | √ | √ | √ | √ | √ | √ | √ | √ | √ | √ | √ | √ | | | |
| | 1.2.3 | √ | | | √ | | | | √ | | | | | | | | | | | |
| 模块2 | 2.3.1 | √ | √ | √ | √ | √ | √ | √ | √ | √ | √ | √ | √ | √ | √ | √ | √ | | | |
| | 2.3.2 | √ | √ | √ | √ | √ | √ | √ | √ | √ | √ | √ | √ | √ | √ | √ | √ | | | |
| | 2.3.3 | √ | √ | √ | √ | √ | √ | √ | √ | √ | √ | √ | √ | √ | √ | √ | √ | | | |
| | 2.3.4 | √ | √ | √ | √ | √ | √ | √ | √ | √ | √ | √ | √ | √ | √ | √ | √ | | | |
| | 2.3.5 | √ | √ | √ | √ | √ | √ | √ | √ | √ | √ | √ | √ | √ | √ | √ | √ | | | |
| 模块3 | 3.5.1 | | | | | | | √ | | √ | √ | √ | √ | √ | √ | √ | √ | | | |
| 模块4 | 4.7.1 | | | | | | | √ | | | √ | | √ | √ | | √ | √ | | | |
| | 4.7.2 | | | | | | | √ | | | √ | | √ | √ | | √ | √ | | | |
| | 4.8.1 | | | | | | | √ | | | | | √ | √ | | √ | √ | | | |
| | 4.8.2 | | | | | | | √ | | | | | √ | √ | | √ | √ | | | |
| | 4.9.1 | | | | | | | √ | | | | | √ | √ | | √ | √ | | | |
| | 4.9.2 | | | | | | | √ | | | | | √ | √ | | √ | √ | | | |

"课"——教学改革在教材中的融入

（1）基于职业能力分级培养的课程标准，在内容上层层递进

遵循职业生涯发展路径规律，在行业企业人才需求调研、工作任务调研、工作过程、工作任务和职业能力分析的基础上，教材与课程标准的培养目标、课程内容体系和职业标准对接。

（2）基于学生认知规律，以学生为主，采用"模块导向"编排模式

本教材吸收课程教学改革成果，为更好实施线上线下混合式教学设计，编排采用以学生为主体的任务驱动式设计，通过任务导入、知识探究、拓展案例和实训工单的设计，方便教与学的交互。

（3）基于专业群不同专业的课程教学需求差异，设计特色教学模块

面向城市轨道交通行业的课程教学需求差异，以学生"预期学习成果"为核心，考虑城市轨道交通专业群不同专业对课程的差异化需求，分模块进行设计，便于在教学中实现同一课程的差异化呈现。

（4）基于课程思政改革理念，设计若干拓展类栏目

为便于教师运用教材开展课程思政教学改革，通过人物故事、案例分析、前沿技术、法规解读等栏目，将思政元素与素养技能、专业知识合理渗透，便于教师开展启发式、讨论式教学。

"赛"——职业技能大赛赛项要求在教材中的融入

| 职业技能大赛 | 城市轨道交通行车值班员职业技能大赛 | | | | | | | | | | 城市轨道交通行车值班员（信号）职业技能大赛 | | | 城市轨道交通列车司机职业技能大赛 | | | | | |
|---|---|---|---|---|---|---|---|---|---|---|---|---|---|---|---|---|---|---|---|
| | 职业道德 | | 理论知识 基本要求 | | | 基础知识 | | | 相关知识 | | 理论知识 | | | 理论知识 | | | | | |
| | 职业道德基本知识 | 职业守则 | 行车安全基础等基础知识 | 客运组织基础知识 | 列车运行图等基础知识 | 设备设施故障等特殊情况下的应急处置 | 突发事件应急处置等知识 | 票务管理知识 | 公共区火灾应急处置 | 站厅火灾应急处置（A/B端） | 社会责任与职业道德 | 城市轨道交通安全基础知识 | 城市轨道交通乘务管理知识 | 社会责任与职业道德 | 安全基础知识 | 相关法律法规知识 | 乘客服务知识 | 行车组织知识 | 安全规章制度 |
| 模块1 | √ | √ | | | √ | | | | | | √ | √ | √ | √ | √ | √ | | | √ |
| 模块2 | | √ | √ | | | √ | √ | √ | | | √ | √ | √ | √ | | | √ | √ | √ |
| 模块3 | | √ | √ | √ | | √ | √ | √ | | √ | | √ | | | √ | | √ | √ | √ |
| 模块4 | | √ | √ | | | √ | √ | | | | | | | | √ | √ | | | √ |

"证"——"1+X"职业技能等级证书技能要求在教材中的融入

城市轨道交通乘务

| "1+X"职业技能证书技能要求 | 初级-行车组织及施工组织 | 初级-客运服务 | 初级-票务运作 | 初级-应急情况处理 | 中级-行车组织及施工组织 | 中级-客运服务 | 中级-票务运作 | 中级-应急情况处理 | 高级-行车组织及施工组织 | 高级-客运服务 | 高级-票务运作 | 高级-应急情况处理 | 高级-班组管理 | 初级-列车运行与操作 | 初级-列车故障处理 | 初级-应急情况处理 | 初级-运作支持 | 中级-列车运行与操作 | 中级-列车故障处理 | 中级-应急情况处理 | 中级-运作支持 | 高级-运作支持 | 高级-传承发展 | 高级-人才培养 |
|---|---|---|---|---|---|---|---|---|---|---|---|---|---|---|---|---|---|---|---|---|---|---|---|---|
| 模块1　1.1 | √ | | | | √ | | | | √ | | | | | | | | | | | | | | | |
| 1.2.1 | √ | | | √ | √ | | | √ | √ | | | √ | √ | | | √ | | | | √ | | | | |
| 1.2.2 | √ | | √ | √ | √ | | √ | √ | √ | | √ | √ | √ | √ | √ | √ | √ | √ | √ | √ | √ | √ | √ | √ |
| 1.2.3 | √ | √ | √ | √ | √ | √ | √ | √ | √ | √ | √ | √ | | | | | | | | | | | | |
| 2.3.1 | | | | | | | | | | | | | | √ | √ | √ | √ | √ | √ | √ | √ | √ | √ | √ |
| 2.3.2 | | | | | | | | | | | | | | √ | √ | √ | √ | √ | √ | √ | √ | √ | √ | √ |
| 2.3.3 | | | | | | | | | | | | | | √ | √ | √ | √ | √ | √ | √ | √ | √ | √ | √ |
| 2.3.4 | | | | | | | | | | | | | | √ | √ | √ | √ | √ | √ | √ | √ | √ | √ | √ |
| 模块2　2.3.5 | | | | | | | | | | | | | | √ | | √ | √ | √ | | √ | √ | √ | √ | √ |
| 2.4.1 | √ | √ | √ | √ | √ | √ | √ | √ | √ | √ | √ | √ | √ | | | | | | | | | | | |
| 2.4.2 | √ | √ | √ | √ | √ | √ | √ | √ | √ | √ | √ | √ | √ | | | | | | | | | | | |
| 2.4.3 | √ | √ | √ | √ | √ | √ | √ | √ | √ | √ | √ | √ | √ | | | | | | | | | | | |
| 2.4.4 | √ | √ | √ | √ | √ | √ | √ | √ | √ | √ | √ | √ | √ | | | | | | | | | | | |
| 3.5.1 | | | | | | | | | | | | | | √ | √ | √ | √ | √ | √ | √ | √ | √ | √ | √ |
| 3.5.2 | | | | | | | | | √ | √ | √ | √ | √ | | | | | | | | | | | |
| 模块3　3.6.1 | √ | √ | √ | √ | √ | √ | √ | √ | √ | √ | √ | √ | √ | | | | | | | | | | | |
| 3.6.2 | √ | √ | √ | √ | √ | √ | √ | √ | √ | √ | √ | √ | √ | | | | | | | | | | | |
| 3.6.3 | √ | √ | √ | √ | √ | √ | √ | √ | √ | √ | √ | √ | √ | | | | | | | | | | | |
| 3.6.4 | √ | √ | √ | √ | √ | √ | √ | √ | √ | √ | √ | √ | √ | | | | | | | | | | | |

**"证"——"1+X"职业技能等级证书技能要求在教材中的融入**

**城市轨道交通乘务**

| "1+X"职业技能等级证书技能要求 | 初级 | | | | 中级 | | | | | 高级 | | | | 初级 | | | | 中级 | | | | 高级 | | |
|---|---|---|---|---|---|---|---|---|---|---|---|---|---|---|---|---|---|---|---|---|---|---|---|---|
| | 行车组织及施工组织 | 客运服务 | 票务运作 | 应急情况处理 | 行车组织及施工组织 | 客运服务 | 票务运作 | 应急情况处理 | 班组管理 | 行车组织及施工组织 | 客运服务 | 票务运作 | 应急情况处理 | 列车运行与操作 | 列车故障处理 | 应急情况处理 | 运作支持 | 列车运行与操作 | 列车故障处理 | 应急情况处理 | 运作支持 | 运作支持 | 传承发展 | 人才培养 |
| 模块4 4.7.1 | | | | √ | | | | √ | | | | | √ | √ | √ | √ | √ | √ | √ | √ | √ | | | |
| 4.7.2 | | | | √ | | | | √ | | | | | √ | √ | √ | √ | √ | √ | √ | √ | √ | | | |
| 4.8.1 | | | | √ | | | | √ | | | | | √ | √ | √ | √ | √ | √ | √ | √ | √ | | | |
| 4.8.2 | | | | √ | | | | √ | | | | | √ | √ | √ | √ | √ | √ | √ | √ | √ | | | |
| 4.9.1 | | | | √ | | | | √ | | | | | √ | √ | √ | √ | √ | √ | √ | √ | √ | | | |
| 4.9.2 | | | | √ | | | | √ | | | | | √ | √ | √ | √ | √ | √ | √ | √ | √ | | | |

**"证"——"1+X"职业技能等级证书技能要求在教材中的融入**

**轨道交通车辆机械维护**

| "1+X"职业技能等级证书技能要求 | 高级 | | | | | |
|---|---|---|---|---|---|---|
| | 轨道交通车辆车体及主要设备的维护 | 轨道交通车辆转向架的维护 | 制动与风源系统的维护 | 轨道交通车辆车体及主要设备的维护 | 轨道交通车辆转向架的维护 | 制动与风源系统的维护 |
| 模块1 1.1 | √ | √ | √ | √ | √ | √ |
| 模块3 3.5.2 | √ | √ | √ | √ | √ | √ |

# 目　录

# 城市轨道交通运营管理基础

# 单元1　城市轨道交通主要行车设备

1. 了解城市轨道交通主要行车设备；
2. 掌握与本专业岗位相关设备的功能与使用。

**建议学时**

4 学时

作为现代化城市的重要基础设施,建设城市轨道交通系统的目的是最大限度地满足市民出行需要,迅速、舒适、安全、便利地运送旅客。城市轨道交通系统包括地铁系统、轻轨系统、单轨系统、有轨电车、磁浮系统、自动导向轨道系统、市域快速轨道系统等。各类城市轨道交通运输系统都是由各种先进的设施、设备组成的。行车设备主要由车辆、线路、车站、车场、轨道、信号系统、通信系统、供电系统及列车自动控制系统构成。作为城市轨道交通系统的职工,必须了解和掌握这些行车设备的基本知识,以更好地利用这些设备来确保行车安全。

## 一、车辆

城市轨道交通车辆是技术含量高且集中的机电设备,是整个城市轨道交通系统中最关键的设备,其选型和技术参数不仅是确定线路技术标准的基础,也是确定系统运营管理模式和维修方式的基本条件,而且还是系统设备选型和确定设备规模的重要依据。各城市城轨车辆的结构和性能不尽相同,这与许多因素有关,除与车辆提供商的技术背景和设计时考虑问题的角度不同有关外,还与当时的城轨车辆发展水平及城市运营环境等有很密切的关系。这些车辆都结合了各自所属城市的特点,满足城市交通客流量大、安全、快速、舒适、美观、节能和环保的要求,具有先进性、可靠性和实用性。

城市轨道交通车辆类型不同,技术参数不一样,但其结构基本相同。城市轨道交通车辆的组成一般包括车体、车门、车钩缓冲装置、转向架和制动装置。例如,目前上海城市轨道交通运营的车辆均为城市轨道交通列车,它们均以电动车组编列运行,编组为 6 节(远期为 8 节),分4 节动车与 2 节拖车。上海轨道交通目前主要有 4 种车型,包括:直流传动的 DC-1 型,交流传动的 AC-1 型、AC-2 型、AC-3 型。

在城市轨道交通车辆中还有另一种车辆,即工程车辆。它的作用是维护线路设备设施,并承担突发事件处理、事故救援工作。按照用途不同可分为内燃机牵引车、轨道牵引车、接触网线车、起重车、清扫车、平板装卸车等。

## 二、线路

线路是城市轨道交通的重要组成部分，其作用是保证轨道交通在安全、快速前提下，确定列车在城市三维空间的走向。城市轨道交通线路按其在运营中的作用，可分为正线、辅助线（包括折返线、渡线、停车线、车辆段出入线、联络线等）和车场线（包括检修线、试验线、洗车线、出入库线等）；按其所处环境不同可分为地面线路、地下线路及高架线路。

## 三、车站

车站是城市轨道交通系统最重要的组成部分，是乘客上下车、换乘的场所，也是列车到发、通过、折返、临时停车的地点，还具有购物、集聚及作为城市景观等一系列功能。车站的选址、布置、规模等，不仅影响运营效益，而且关系城市的运转。

从使用功能角度讲，大型城市轨道交通系统的车站组成包括车站大厅及广场，售票大厅，站台、垂直交通及跨线设施，运营管理场所，技术设备用房和管理用房。车站大厅及广场是乘客、游客和商业聚集的地方；售票大厅是出售列车车票的地方；站台、垂直交通及跨线设施，供乘客乘降车使用；运营管理场所，是旅客不能进入的地方，如车站办公室、仓库、维修车间及铁路股道等。与车站有关的技术设备用房及管理用房，一般分设于站厅和站台的两端。从建筑空间位置角度讲，车站一般包括主体、出入口及通道、通风道及风亭（地下）和其他附属建筑物。

车站按空间位置不同，可分为地下车站、地面车站、高架车站；按运营功能不同，可分为终点站、中间站、换乘站、区间站(或称折返站)、通勤站；按车站站台形式不同，可分为岛式车站、侧式车站、岛侧混合式车站等；按车站施工方法不同，可分为明挖车站（又可分为浅埋式和深埋式）、暗挖车站等；按车站断面结构不同，可分为矩形车站（又可分为单层、双层、多层）、拱形车站（又可分为单拱、多跨连拱）、圆形车站（又可分为正圆、椭圆）、马蹄形车站等。

车辆段

## 四、车场

车场又称为车辆停放及维修基地，也叫车辆段，是车辆停放、保养、修理的专门场所，主要由停车库、列检库、站场线路、信号控制楼等组成。车辆段主要划分为检修区和运营区。所有的检修工作均集中在检修区域进行，运营区主要负责段属车辆的停放、列检和乘务工作。为了便于统一管理，往往将机电、通信信号、公务、仓库、教育培训等部门设施与车辆段组建在一起，形成更大的车辆基地。

## 五、轨道

轨道是城市轨道交通系统的重要组成部分。轨道是作为一个整体结构铺设在路基之上、直接承受列车车辆及其荷载的巨大压力、对列车运行起着导向作用的一组设备。

轨道是由钢轨、轨枕、扣件、道床、道岔及其他附属设备等组成的构筑物，如图1-1所示。

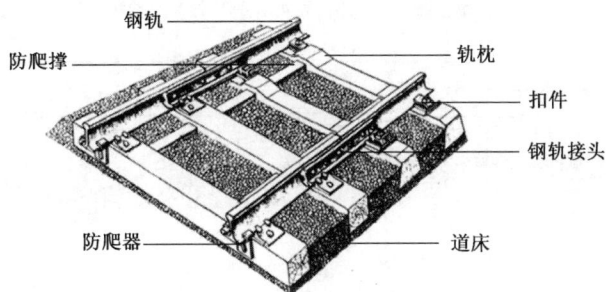

图 1-1 轨道的构成

### 1.钢轨

钢轨是指两条直线呈平行分布安装在轨枕或路基之上的,由钢铁材料制成的金属构筑物。钢轨是轨道的组成部分,其功用是直接承受车轮传递的列车及其荷载的重量,并引导列车的运行方向。此外在城市轨道交通系统中,钢轨还要兼供轨道电路之用。

除上述功用外,钢轨有时还起到安全保护作用,这时的钢轨被称为"护轨"。

(1)防脱护轨。当列车以高速转弯时,外弯一面的轮缘承受着极大的压力,为防止轮缘负荷过重,在内弯的轨条处会装设一段钢轨,使另一边的轮缘分担列车转向时所产生的离心力,而通常这一附加的轨条会比正常的轨条高一些,以加强保护。

(2)桥上护轨。在钢轨两侧分别装设两段钢轨,以防止列车在桥上或高地出轨时继续向外冲。

(3)道岔护轨。在道岔区为防止车轮在岔心处进错路线而安装的护轨称作道岔护轨。

### 2.轨枕

轨枕是轨道的基础部件。它是承垫于钢轨之下,将钢轨所承受的压力,平均传递到道床上,同时又能有效地保持钢轨轨距和方向几何形位的轨道部件。轨枕具有必要的坚固性、弹性和耐久性,有便于固定钢轨、抵抗纵向和横向位移的能力,能阻止钢轨因列车行驶压力而被拖动,保持两条钢轨间的一定距离和方位。列车经过时,它要适当变形以缓冲压力,但列车过后还要尽可能恢复原状。

### 3.道床

道床是指路基、桥梁或隧道等下部结构之上,钢轨、轨枕之下的碎石、卵石层或混凝土层。它是钢轨或轨道框架的基础。道床的主要作用是支承轨枕,把来自轨枕上部的巨大荷载,均匀地分布到路基面上,以大大减小路基的变形。道床依靠本身和轨枕间的摩擦,起到固定轨枕的位置,阻止轨枕纵向或横向的移动。

### 4.道岔

道岔是一种使列车车辆从一股道转入另一股道的线路连接设备,通常在车站、车辆段和停车场大量使用。由于道岔具有数量多、构造复杂、使用寿命短、限制列车速度、行车安全性低、养护维修投入大等特点,与曲线、接头并称为轨道的三大薄弱环节。

道岔的种类很多。最常见的是普通单开道岔,主要由转辙器、连接导轨和辙叉及护轨三大部分组成,如图 1-2 所示。

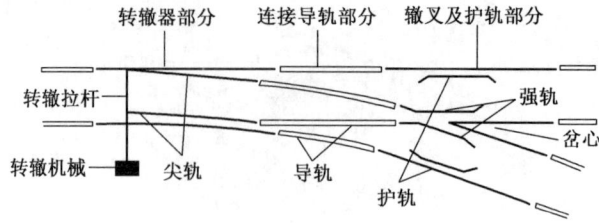

图 1-2　道岔的组成

道岔组合的基本形式有三种,即线路的连接、交叉、连接与交叉的组合。常用的线路连接有各种类型的单式道岔和复式道岔;交叉有直角交叉和菱形交叉;连接与交叉的组合有交分道岔和交叉渡线等。

常用道岔的种类有如下几种:

(1)单开道岔,是指主线为直线,侧线向主线的左侧或右侧分支的道岔。

(2)双开道岔,又称对称道岔,为 Y 形,即与道岔相衔接的两股道向两侧分岔。

(3)三开道岔,如同 Ψ 形,同时衔接三股道,由两组转辙机械操纵两套尖轨。

(4)交分道岔,又称多开道岔、复式交分道岔。复式交分道岔像 X 形,实际上相当于四组单开道岔和一副菱形交叉的组合。它起到两个道岔的作用,且占地的长度较短,特别是连接几条平行线路时,比单开道岔连接的长度缩短得更为显著,而且列车通过时弯曲较少、走行平稳、速度较高,瞭望条件也较好。缺点是构造复杂,使用零件数量较多,维修较困难。

(5)交叉渡线,是将复式交分道岔 X 形上面两点和下面两点分别连接起来,由四组单开道岔和一组菱形交叉设备组合而成。它不仅能开通较多的方向,而且占地不多,所以经常在车站采用。

(6)此外,还有一种交叉设备经常使用,叫作菱形交叉。它由两组锐角辙叉和两组钝角辙叉组成,但没有转辙器,所以股道之间不能转线。

## 六、信号系统

信号系统是城市轨道交通系统中最重要的组成部分之一。信号系统的作用是指挥行车,保证安全,提高效率。由于城市轨道交通具有高密度、短间隔、短站距和快速的特点,因此信号系统也相应地有安全性高、通过能力大、抗干扰能力强、可靠性高、自动化程度高等特点。它改变了传统铁路以地面信号显示指挥行车的方式,而是以车载信号为主体信号,用计算机系统实现速度控制、进路选择、进路控制等功能,并逐步向无人驾驶的方向发展。信号系统从设备上讲主要是信号机、联锁和闭塞等设备。主要的信号系统及相关设备如下。

1. 信号机

信号机用于指挥行车,保证列车的行车安全,列车必须绝对执行信号机显示的命令。城市轨道交通的信号机采用色灯信号机。

(1)信号机命名。正线下行、上行、防护、阻拦等信号机被冠以"X""S""F""Z"的编码,其下缀编号方法为下行方向为单号,上行方向为双号,从站外向站内顺序编号。车辆段进段冠以"JD",其下缀编号方法为下行方向为单号,上行方向为双号,从站外向站内顺序编号。列车调车信号机冠以"D",其下缀编号方法为下行咽喉为单号,上行咽喉为双号,从段内向段外顺序编号。

（2）信号显示的颜色。信号显示的基本颜色为红、黄、绿三种，再辅以蓝、月白,构成信号的基本显示系统。因为人眼对红光最敏感，更能引起人的注意，所以将红色灯光作为停车信号。黄色显示距离远，且具有较强的分辨力，故用黄灯为警惕信号。绿色和红色的反差较大，容易分辨，所以用绿色作为允许信号。调车的禁止信号选用蓝色灯光，而允许信号采用月白色灯光。

（3）各种功能的信号机。

进站信号机：禁止或允许列车进入站台。设于车站入口。

出站信号机：禁止或允许列车从车站发车。设于列车运行方向出口。

通过信号机：禁止或允许列车进入下一个闭塞分区。设于闭塞分区的分界点。

防护信号机：防护列车发生侧向冲突。设于同区间平面交叉地点前方。

阻拦信号机：阻拦列车行进，使列车不能超越规定地点。

调车信号机：禁止或允许列车进入调车进路。

引导信号机：当主体信号因故障显示红灯，通过人工办理点亮其下方月白灯光，准许列车以低于15km/h的速度继续行进，随时准备停车。

2.发车表示器

依据发车表示器的显示告知司机关门发车。

3.信号标志

信号标志是向行车人员显示行车命令及有关机车车辆等运营条件的固定设备，主要有线路标志和信号标志。

4.手信号

在信号机故障或停用情况下，采用手信号接发列车。手信号在昼间通常用信号旗，夜间用信号灯。

5.联锁设备

联锁系统是城市轨道交通的重要组成部分，用来在车站和车辆段实现联锁关系。所谓联锁，是指信号设备与相关因素的制约关系，我们这里所说的联锁其实是指车站信号设备之间的制约关系，是信号、道岔、进路之间的制约关系。

联锁的基本内容是：防止建立会导致列车车辆相冲突的进路，必须使列车或调车车列经过的所有道岔均锁闭在与进路开通方向相符合的位置，必须使信号机的显示与所建立的进路相符。

6.闭塞

闭塞，是指为了防止列车在区间线路上发生迎面相撞和同向追尾事故，采取一定的规律组织列车在区间运行的方法。列车自动控制系统按闭塞制式分为固定闭塞、准移动闭塞和移动闭塞。

7.列车自动控制系统

列车自动控制系统(Automatic Train Control,ATC)是城市轨道交通信号系统最重要的组成部分。它实现了列车指挥和运行的自动化，最大程度地保证列车安全，提高运输效率。列车自动控制系统由列车自动防护(ATP)系统、列车自动驾驶(ATO)系统、列车自动监控(ATS)系统组成。

（1）列车自动防护系统（Automatic Train Protection，ATP）。ATP 系统是保证行车安全、防止列车进入前方列车占用区段和防止列车超速运行的设备。

ATP 系统将联锁系统和操作层的信息、线路信息、前方目标点距离、允许速度信息等通过轨道电路传至车上，车载设备再根据 ATP 所传输的信息计算当前所允许的速度，由测速器测得列车实际的运行速度。如果列车速度大于 ATP 装置指示速度，ATP 车载设备发出制动指令，列车自动制动。当列车速度降至 ATP 指示速度以下时，自动缓解。

ATP 是 ATC 的基本环节，是安全系统，必须符合故障—安全原则。

（2）列车自动驾驶系统（Automatic Train Operation，ATO）。ATO 系统主要是实现"地对车的控制"，即用地面信息实现对列车的控制，根据控制中心指令自动使列车正点、安全、平稳运行。ATO 系统是非故障安全系统，它可以模拟最佳的司机高质量地自动驾驶，提高运行效率和舒适度。

（3）列车自动监控系统（Automatic Train Supervision，ATS）。ATS 系统主要实现对列车运行的监督和控制，主要功能包括对列车运行情况集中监视、自动排列进路、自动列车调整、自动记录列车的运行实迹、自动监测设备状态等，辅助调度人员对全线列车进行管理。

## 七、供电系统

城市轨道交通供电系统（Power Supply System for Urban Rail Transit）是指由电力系统经高压输电网、主变电所降压、配电网络和牵引变电所降压、换流（转换为直流电）等环节，向城市轨道交通线路运行的动车组输送电力的全部供电系统。

城市轨道交通供电系统通常包括两大部分：为沿线牵引变电所输送电力的高可靠专用外部供电系统；从直流牵引变电所经降压、换流后，向动车组供电的直流牵引供电系统。

通常高压输电线到了各城市或工业区后，通过区域变电所（站）时会将电能转配或降低一个等级，如 10~35kV，再向附近各用电中心送电。城市轨道交通牵引用电，既可从区域变电所高压线路得电，也可从下一级电压城市的地方电网得电，这取决于系统和城市地方电网具体情况以及牵引用电容量大小。

对于直接从系统高压电网获得电力的城市轨道交通系统，往往需要再设置一级主降压变电所，将系统输电电压如 110~220kV 降低到 10~35kV 以适应直流牵引变电所的需要。从管理角度上看，主降压变电所可以由电力系统（电业部分）直接管理，也可以归属于城市轨道交通部门管理。

从发电厂（站）经升压、高压输电网、区域输电网、区域变电站至主降压变电所部分，通常被称为牵引供电系统的"外部（或一次）供电系统"。

从主降压变电所（当它不属于电力部门时）至其以后部分统称为"牵引供电系统"，包括主降压变电所、直流牵引变电所、馈电线、接触网、走行轨及回流线等。直流牵引变电所将三相高压交流电变成适合电动车辆应用的低压直流电。馈电线是将牵引变电所的直流电送到接触网上。接触网是沿列车走行轨架设的特殊供电线路。电动车辆通过其受流器与接触网的直接接触获得电力，走行轨道构成牵引供电回路的一部分。回流线将轨道回流引向牵引变电所。

牵引变电所的作用是降压，并将三相电源转换成两个单相电源，然后通过馈电线分别供电给牵引变电所两侧的接触网。

轨道电路是利用钢轨线路和钢轨绝缘构成的电路。它用来监督线路的占用情况和传递列车的行车信息。

## 八、通信系统

通信系统是实现运输集中统一指挥、行车调度自动化、列车运行自动化、运输效率提高的有效手段。通信系统是既能传输语音信号,又能传输文字、数据和图像等信息的综合业务数字通信网。

通信系统按其用途不同可分为传输系统、电话系统、调度系统、时钟系统、闭路电视系统、广播系统、商用通信系统、旅客信息系统等。

(1)公务电话。公务电话以数字程控交换机设备为核心,连接办公室、运行控制中心(OCC)、车站、设备室等电话分机,以满足城市轨道交通对内和对外的通信,为保证安全和减少成本使用专网网络构建。

(2)调度电话。调度电话系统可以为运营、电力、维护和救灾等提供有效的通信,为控制信息的行车调度员、环控调度员、电力调度员、设备维修调度员等提供专用直达通信。

(3)站内和轨旁电话。站内电话是为了适应站内岗位之间频繁通话建立的独立的内部电话系统。站内电话主要提供车站内部通信和与相邻车站、联锁站间的直达通信。站内电话是一个车站内部的电话系统,一般采用小型交换机实现。

轨旁电话可满足系统运营和维护及应急需要,方便列车司机和维修人员在紧急情况下及时联系车站及相关部门。轨旁电缆连接轨旁电话与站内交换机。轨旁电话机具有抗冲击性和防潮等特性,区间内每150~200m安装一部。每3~4部轨旁电话机并接使用同一号码。通常在一条区间线路中将几部电话交叉配置,以提高可靠性。轨旁电话可同时接站内电话和公务电话,通过插座或开关实现号码转换。

(4)无线调度系统是调度员与司机通信的唯一手段,也是移动作业人员、抢险人员实现通信的重要手段。无线调度系统有两种形式:专用频道方式和集群方式。

专用频道方式根据用途配置频道,有多少用途配多少频道,每种频道只作一种用途,空闲也不作它用。专用频道方式有着设备简单,通话相对速度快的特点。但是在话务负荷上分布不均,某些繁忙的信道经常阻塞,而某些信道又经常处在空闲状态。

(5)闭路电视系统。闭路电视系统可以辅助控制中心调度管理人员、车站值班员、站台管理人员和司机实时监控车站客流、列车出入站、旅客上下车,以提高运营组织管理效率,保证列车安全、正点;同时还可借助车站和中心录像进行安全及事故取证。

(6)广播系统是城市轨道交通运营及行车组织的必要手段,它的主要作用有:①对乘客广播。通知列车到站、离站、线路换乘、时间表变更、列车误点、安全状况,播放音乐改善站厅、站台、列车车厢等的候车环境。②防灾广播。突发或紧急情况,组织指挥事故抢险,提高应急响应能力。③对运营人员广播。发布有关通知信息,协同配合工作等。

(7)时钟系统是为运营准时、服务乘客、统一全线设备标准时间而设置的。系统采用全球卫星定位系统(Globe Position System,GPS)标准时间信息。

(8)商用通信系统为旅客提供在城市轨道交通内的无线通信、广播、无线上网等服务。

### 复习与思考

**一、填空题**

1.城市轨道交通车辆类型不同,技术参数不一样,但其结构基本相同。城市轨道交通车辆的组成一般包括：_____、_____、_____、_____ 、_____等。

2. 城市轨道交通线路按其在运营中的作用,可分为_____ 、_____ (包括折返线、渡线、停车线、车辆段出入线、联络线等)和_____ (包括检修线、试验线、洗车线、出入库线等)。

3. 从建筑空间位置角度讲,车站一般包括:_____ 、_____ 、_____ 和其他附属建筑物。

4. 车站按站台形式分为_____ 、_____ 、_____等。

5. 轨道是由_____ 、_____ 、_____ 、_____ 、_____及其他附属设备等组成的构筑物。

6. 列车自动控制系统由_____、_____、_____组成。

7. 通信系统按其用途不同可分为:_____ 、_____、_____ 、时钟系统、闭路电视系统、广播系统、商用通信系统、旅客信息系统等。

**二、问答题**

1. 城市轨道交通主要行车设备有哪些?

2. 城市轨道交通信号系统包括哪些?

# 单元2　城市轨道交通主要作业岗位

1. 了解城市轨道交通主要作业岗位及其相互关系；
2. 了解运营调度工作的作用与任务；
3. 了解运营调度指挥组织架构及其相互关系；
4. 了解城市轨道交通列车司机的岗位要求与作业规范；
5. 掌握调度各工种的岗位职责与基本任务；
6. 掌握车站各岗位的工作职责与作业标准。

## 建议学时

10 学时

城市轨道交通企业是一个多部门、多工种协同作业才能完成运输任务的综合性企业，虽然各个城市轨道交通运营公司组织架构各不相同，但是他们主要作业岗位基本一致。其主要作业岗位有行车调度员、电力调度员、环控调度员、设备维修调度员、信号楼调度员、电客车司机、车站站长、值班站长、客运值班员、行车值班员、售检票员、站台安全员、设备维修员等。

## 2.1　运营调度岗位

### 一、运营调度工作概述

#### （一）运营调度工作的主要作用与任务

1. 城市轨道交通调度工作的作用

城市轨道交通系统是技术密集型的公共交通系统。运营调度（见图2-1）是城市轨道交通企业日常运输组织的指挥中枢，担负着组织行车、提高运营服务质量、确保运输安全、完成乘客运输计划、实现列车运行图的重要责任。它对城市轨道交通日常工作的开展起着决定性的作用。

在生产过程中，为了完成乘客运输计划，实现列车运行图，必须进行一系列的运输日常工作组织，城市轨道运输日常工作组织就是通常所称的调度工作。运营调度工作由调度控制中心实施，实行集中领导、统一指挥、逐级负责的原则，

图2-1　运营调度岗位工作场景

以使各个环节紧密配合、协同动作,从而保证列车安全、正点运行。

2.城市轨道交通调度工作的任务

城市轨道交通调度的主要任务是科学地组织客流,经济合理地使用车辆及其他运输设备,挖掘运输潜力,根据列车运行图和每日的具体状况,组织与运输相关的各部门密切配合工作,采用相应的调整措施,努力完成运输生产任务,以满足乘客出行的需要,更好地服务于城市人们出行。

### (二)运营调度指挥架构

城市轨道交通是一个复杂的、技术密集型城市公交系统。为了实现安全正点的行车,要不间断地进行指挥和监督,有序组织运输生产。轨道交通企业应设立不同级别的调度控制中心(OCC)。调度控制中心实行分工管理原则,按业务性质划分,设置了不同的调度工作岗位。通常在调度控制中心设有行车调度、客运调度、电力调度、环控调度、设备调度等工种。各工种调度人员各司其职:调度控制中心主任全面负责本线路的调度指挥工作;行车主管负责行车调度员的业务指导、突发事件的指挥与报告,运营统计与分析;设备主管负责本线路各相关设备的管理工作,包括施工管理及安全生产管理等。图2-2为控制中心组织架构。各城市轨道交通系统可根据自己的具体情况及管理模式,设置不同的调度工作岗位。但在控制中心,一般都设有行车调度、环控调度、电力调度等调度工种。

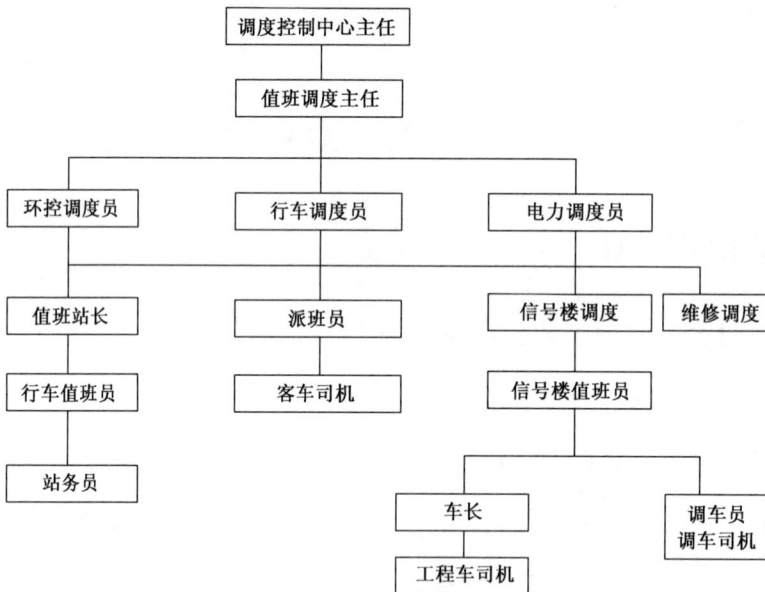

图2-2 控制中心组织架构

值班调度主任(主管)是调度班组工作的领导者,在值班中,接受控制中心主任的领导,负责统一指挥协调各调度工种及车站、车辆段等相关人员的工作,并组织处理运营中出现的各种故障和事故。

行车调度员是一个调度区段行车工作的指挥者,负责监控列车的运行状况,及时掌握列车运行、到发情况,发布调度命令,检查各站、段执行和完成行车计划情况,并在列车晚点或发生事故时,组织和指挥车站工作人员、列车司机以及相关的各个部门,及时采取相应措施,尽快恢复列车运行,减少运营损失。

环控调度员主要监控通风、空调、给排水等与环境相关的各种设备,及时调节所管辖区段内的温度、湿度、空气流动速度、含尘量等参数,保证环境质量,满足乘客的出行需要。

电力调度员主要监控变电所、接触网等与供电相关的各种设备,及时采集各种数据,保证各车站、列车供电的可靠性与安全性。

## 二、行车调度员

### (一)行车调度组织工作的基本任务

(1)负责组织各站及有关行车部门按列车运行计划行车。监督各站及有关行车部门的执行情况,及时正确发布有关行车命令及指示。

(2)监督列车到发及运行情况。遇到列车晚点和突发事件时,及时采取运营调整措施,迅速恢复列车正常运行。

(3)遇列车运行调度调整时,正确指导车站及有关行车部门进行工作。

(4)负责入轨施工作业的管理。

(5)负责工程车、试验列车等上线车辆的调度指挥工作。

(6)当发生行车事故时,按规定程序及时向上级主管部门汇报,采取措施防止事故扩大,并积极参与救援工作的指挥。

(7)建立健全运营生产、调度指挥等各项原始记录台账及统计和分析报表,并按规定向上级主管部门报告。

(8)密切注意客流动态,协同有关部门根据客流变化采取相应的组织方案。

### (二)行车调度员应具备的基本素质

(1)具有运输专业大专以上学历,具有运输专业实践工作经验,并经过调度专业知识的学习,熟悉调度工作规则、行车工作规则以及所在公司的各项运输类规章,并取得调度员上岗资格证。

(2)熟悉人、车、天、地、电、设备、规章等与运营相关的情况。

人:熟悉各站值班站长及站务员的基本情况,包括业务能力、工作习惯、家庭情况、个性特点等,以便更好地组织工作。

车:熟悉车辆结构、列车的基本工作原理以及车辆主要系统(如制动系统、电气系统、传动系统等)常见故障的处理方法,以便在运行时出现车辆故障后,能沉着冷静地进行合理调度,将故障的影响降到最小。

天:熟悉天气变化对行车会造成的影响,如雨、雪天气会对站厅、站台造成哪些影响;针对露天线路,天气变化可能会给行车工作造成哪些影响等。行车调度若能及时掌握天气变化,便可以根据不同的天气情况提前采取有效的调整措施,保证列车安全、正点运行。

地:熟悉列车运行过程中途经线路的曲线、坡度、信号机位置、桥隧及建筑物限界等情况。

电:掌握所管辖区段线路牵引供电区域的划分及供电情况。

设备:主要指信号设备、环控设备、防灾报警设备、车站监控设备、售检票设备、电扶梯系统、动力照明系统、屏蔽门等与列车运行息息相关的各种设备。

规章:行车调度应全面掌握技术管理规程、行车组织规则、行车调度规则、行车事故处理规则等与列车运营及事故处理相关的各种规章制度。

（3）熟悉司机、车站值班员等与列车运行有关的作业人员情况，如工作经历、业务水平、性格特点等，充分调动有关人员的工作积极性。

（4）身体健康，无色盲、色弱、高血压、心脏病、传染病、肠胃病等疾病。

（5）熟悉车辆技术状态、使用性能和特点等情况。

（6）掌握气候变化、节假日、重大活动等因素对客流增减及对列车运行影响的一般规律。

（7）熟悉与行车有关的各种技术设备，如线路平纵断面、信号、联锁、闭塞设备、车站折返设备，调度集中设备和通信广播设备等。

（8）具有高度的责任心，爱岗敬业；应能承受较强的心理压力，具有良好的心理素质；应具有较强的语言表达、人际沟通能力和应急决策能力。

### （三）行车调度员的基本职责与岗位要求

在各种调度中，行车调度是运输调度工作的核心工种，担负着指挥列出运行、贯彻安全生产、实现列车运行图、完成运输计划的重要任务。

1. 行车调度员的基本职责

行车调度员是列车运行的组织者和指挥者，其基本职责有：

（1）组织指挥各部门、各工种严格按照列车运行图的规定和要求行车。

（2）组织列车到发和途中运行、监控列车行车和设备运转状况。

（3）根据客流变化及时调整列车开行计划。

（4）列车晚点、运行秩序紊乱时，通过自动或人工列车运行调整，尽快恢复按图行车。

（5）发生行车事故时，按照规定立即向上级和有关部门报告，迅速采取救援措施，最大限度地减少人员伤亡、降低事故损失，防止事故升级，并及时恢复列车的正常运行。

（6）安排各种检修施工作业，组织施工列车开行。

2. 行车调度员的岗位要求

鉴于行车调度员对列车的安全运营起着决定性的作用，因此每个城市轨道交通企业对行车调度员的要求也是非常严格的，不仅需要扎实的专业知识，还需要具备较强的能力，如分析处理问题能力、反应能力、沟通能力等。

### （四）行车调度工作制度

1. 日常工作制度

日常工作制度包括交接班制度、文件传阅制度、员工大会制度、调班申请制度、卫生轮值制度等。

（1）交接班制度

交接班会在调度工作中具有承上启下的作用，当班的调度人员必须提前 10 分钟到岗，全面了解上一班需要跟进的工作和本班的生产任务。由接班值班主任主持召开交接班会，听取各岗位的汇报，布置本班的工作重点、分配工作任务，并制定具体的工作措施。

（2）文件传阅制度

当值人员必须按时传阅最新文件，学习、贯彻文件的相关精神。在传阅文件后，当值人员应按要求签名并注明日期。

（3）员工大会制度

每月月初召开一次全体员工大会，总结上月的工作情况，并布置本月的工作任务。对重点工作要提出具体要求，同时传达上级（公司或部门）会议精神。

（4）调班申请制度

调度岗位轮值必须按照排班表进行，遇特殊情况无法按照排班表上班时，应与相同岗位的同事协商。双方一致同意调班后，由申请人填写《调度员调班申请表》，经双方值班主任同意后调班。

2. 安全管理制度

安全管理制度包括安全例会制度、安全检查制度、安全演练制度和事故分析制度。

（1）安全例会制度

每月月初召开一次安全例会，总结上月的安全工作情况，对上月发生的故障、事件和事故处理进行分析和学习，同时布置本月的安全工作任务，对安全工作的重点内容提出具体要求，同时传达上级（公司或部门）安全会议的精神。

（2）安全检查制度

安全检查制度包括运营前检查、每周一查、非正班检查、消防日查制度以及安全大检查制度。

①运营前检查制度。

行车调度在每天运营开始前30分钟，检查车站和车辆基地的运营准备情况，填写《运营前准备工作检查记录表》，并进行一次人机界面（Man Machine Interface，MMI）操作功能检查。发现设备设施故障或其他异常情况时，应做好记录，并及时通知设备维修调度处理。

②每周一查制度。

安全员每周检查安全培训记录、设备运行安全、调度日志（兼交接班簿）、调度命令、线路施工作业登记表记录情况、故障及延误报告的填写等，发现问题及时提出整改。

③非正班检查制度。

在非正班时间段，控制中心或上级部门领导会不定期对控制中心进行突击抽查，检查各班组的"两纪一化"和安全运作情况。

④消防日查制度。

控制中心的消防设施一般由物业管理。

⑤安全大检查制度。

逢元旦、春节等重大节日时，在节前对安全网络进行一次安全大检查。检查内容除日常的安全检查内容外，还包括节假日的运营组织方案和运作命令等。

（3）安全演练制度

为使调度员熟练掌握各种应急方案，提高调度指挥水平，各班组每月至少进行一次桌面演练。此外，各班组还须参加上级部门组织的突击演练。

（4）事故分析制度

发生事故后，当值班组要进行全面分析，分析不足，总结经验，写出事故处理报告，由控制中心按部门安全网络进行上报；控制中心视情况召开全体成员分析会，对事故的责任进行内部分析，制定防范措施，教育广大员工，防止出现同类事故。

## 3.业务培训制度

业务培训制度包括班组学习制度、每日一问制度。

（1）班组学习制度

所有调度员必须参加由培训部门组织的班组学习。学习内容包括规章文件、运营方案，以及各种故障、事故处理案例。

（2）每日一问制度

为了检查员工对近期重点工作内容和安全关键点的掌握情况，值班主任每班抽问一名成员，了解班组成员的掌握情况，发现不熟练时要进行有针对性的培训。

## 4.填写书面报告

（1）运营日报

①值班主任每日7时前编写运营日报，报告前一天6时至当日6时运营计划的完成情况。

②运营日报须送交分公司领导、相关部门领导。

③日报主要内容包括：列车服务情况，包括事故、故障和列车延误及处理等；当日完成运送客运量、列车开行情况、兑现率及正点率；列车晚点、清客、下线、抽线、救援、加开等服务情况；当日施工计划件数及截至6时的施工完成件数；有关工程车、试验列车运行方面的信息；耗电量（总耗电与牵引耗电）和车站温湿情况；接待情况说明；派班员上报的当日运营列车运营里程、空驶里程、载客里程；运营日报的格式按城市轨道交通运营分公司的规定执行。

（2）故障和延误报告

①行车调度应在行车设备发生故障及造成列车延误时，及时填写故障和延误报告。

②故障和延误报告应作为编写运营日报原始资料的一部分。

③故障和延误报告主要包括如下内容：发生故障的时间、地点、列车编组、报告人员及概况（故障现象）等情况；发生故障导致的行车延误（直接延误、本列延误）、影响情况；所采用的调整列车运行的措施；恢复正常运作的时间。故障和延误报告格式，见表2-1。

故障及延误报告　　　　　　　　　　　　　　　　　　　表2-1

年　月　日至　月　日　　　　　　　　　　　　　　　　　　编号：

| 序号 | 时间 | 车次 | 车组 | 发生地点 | 报告人 | 概况 | 直接延误 | 本列延误 | 跟进措施 | 维持运营 | 终点检修 | 调整退出 | 恢复时间 |
|------|------|------|------|----------|--------|------|----------|----------|----------|----------|----------|----------|----------|
|      |      |      |      |          |        |      |          |          |          |          |          |          |          |
|      |      |      |      |          |        |      |          |          |          |          |          |          |          |
|      |      |      |      |          |        |      |          |          |          |          |          |          |          |
|      |      |      |      |          |        |      |          |          |          |          |          |          |          |
|      |      |      |      |          |        |      |          |          |          |          |          |          |          |
|      |      |      |      |          |        |      |          |          |          |          |          |          |          |
|      |      |      |      |          |        |      |          |          |          |          |          |          |          |
|      |      |      |      |          |        |      |          |          |          |          |          |          |          |
|      |      |      |      |          |        |      |          |          |          |          |          |          |          |

| 序号 | 时间 | 车次 | 车组 | 发生地点 | 报告人 | 概况 | 直接延误 | 本列延误 | 跟进措施 | 维持运营 | 终点检修 | 调整退出 | 恢复时间 |
|------|------|------|------|----------|--------|------|----------|----------|----------|----------|----------|----------|----------|
|      |      |      |      |          |        |      |          |          |          |          |          |          |          |
|      |      |      |      |          |        |      |          |          |          |          |          |          |          |
|      |      |      |      |          |        |      |          |          |          |          |          |          |          |
|      |      |      |      |          |        |      |          |          |          |          |          |          |          |
|      |      |      |      |          |        |      |          |          |          |          |          |          |          |

行　　调　　日班：_____　　　　　　　夜班：_____

值班主任　日班：_____　　　　　　　夜班：_____

（3）行车事故概况

①行车调度应根据每件行车事故及时填写行车事故概况。

②行车事故概况按公司规定的时间报分公司安全保卫部。

5．统计工作

（1）列车统计

①在运营结束后，由行车调度提供以下数据，值班主任负责进行当日的列车统计分析，并填写运营日报。

②统计的内容有：计划开行列数；实际开行列数及运行图兑现率；救援列次；清客列次；下线列次；晚点列数和正点率；向车辆基地派班员收记运营里程（列公里）。

③行车调度对发生晚点的列车，要记录晚点原因。

④对晚点列车进行分析。晚点原因有车辆故障、线路故障、供电故障、通信故障、信号故障、客流过多、调度不当等。

（2）工程车统计

要求根据当天工程车开行情况进行统计，内容为工程车列数、实际进出车辆基地的时间。

（3）调试列车统计

要求根据当天调试列车开行情况进行统计，内容为实际开行调试列车的列数。

（4）检修施工作业及统计分析

①对前一天正线、辅助线的检修计划件数和完成情况进行统计。

②对检修施工完成情况进行分析，包括：各施工单位周计划、日补充计划、临时补修计划件数统计；检修施工作业请点总件数的统计；各施工单位计划情况、完成情况分析。

# 三、电力调度员

## （一）电力调度员的基本任务与岗位职责

### 1．电力调度员的基本任务

电力调度员是负责对城市轨道交通供电系统运行、检修和事故处理进行指挥的人员。其基本任务有：

（1）监督指挥供电系统的运行和操作，审批供电设备的检修作业，正确、迅速而果断地指挥供电设备的故障处理。

（2）充分发挥城市轨道交通供电设备能力，满足各类设备的用电需求。

（3）监督整个城市轨道交通供电系统安全运行和连续供电。

（4）根据城市轨道交通供电系统实际情况，按供电模式要求监督整个系统在最经济方式下运行。

2. 电力调度员的岗位职责

（1）在值班主任的领导下，负责所辖范围内的供电生产工作；按值班主任的要求协助处理突发事件。

（2）认真贯彻执行有关规章、制度、命令和上级指示。

（3）执行供电协议有关条文。

（4）执行供电系统的运行方式，制定事故情况下的供电运行模式。

（5）对电力调度员管辖范围内的设备进行操作管理。

（6）按照《施工行车通告》的要求审核所辖设备检修计划并批准这些设备的检修计划。

（7）根据《施工行车通告》和日补充计划、临时补修计划的要求，组织设备的检修和施工，并负责审核工作票、填写操作票。

（8）指挥供电系统内的事故处理，参加事故分析，制定系统安全运行的措施。

（9）负责对供电系统的电压调整、继电保护、安全自动装置设备进行运行管理。执行继电保护及自动装置的运行、更改方案。

（10）收集整理电力系统的运行资料并进行分析，总结交流电力调度运行工作经验，不断提高系统调度运行和管理水平。

## （二）电力调度作业规范与值班制度

1. 电力调度作业规范

（1）电力调度员在改变系统运行方式或倒闸操作前，应充分考虑该操作对系统运行是否安全、能否保证城市轨道交通牵引供电的可靠性和灵活性及各车站I、II类负荷的正常供电。

（2）电力调度员值班期间负责调整系统供电电压，使电压符合供电标准（35kV电压不能超过±5%），力求达到安全、经济运行。

（3）电力调度员应根据运行情况合理投入或退出自动装置及继电保护。

（4）停用电压互感器时，电力调度员必须考虑对继电保护、自动装置和表计的影响。

（5）为保证调度操作的正确性，操作时均应执行双重称号和复诵制度。在调度联系时必须做好记录，发布命令时必须使用调度电话。

（6）电力调度员在审核工作票和填写倒闸操作票时，要对照控制PC（Personal Computer）界面逐项检查，不得主观臆测。如发现疑问或对设备运行状态不清楚时，应与现场人员联系，共同核实设备的运行状态，以保证正确操作。

（7）电力调度员在决定系统倒闸操作前，应充分考虑对运行方式、客车牵引供电、车站负荷的影响。在得到现场操作完毕的汇报后，应及时核对模拟屏、PC界面的显示状态。

(8)有计划地进行倒闸操作。电力调度员应在操作前 10 分钟通知施工人员做好操作准备。严禁约时停/送电、装拆接地线、开工检修和竣工送电。

(9)电力调度员、值班运行人员进行倒闸工作的过程,应严格遵守发令、复诵、记录、汇报等程序,要执行调度标准用语。

(10)电力调度员在组织维修施工作业前,应将所有的停电作业申请进行综合安排,审查作业内容和安全措施,确定施工计划中"供电安排"的停电范围正确无误。

2.电力调度值班制度

(1)电力调度员在值班期间是城市轨道交通供电系统调度、运行、操作和事故处理的指挥者,要树立安全第一的思想,指挥人员协调工作,使系统安全、经济地运行。

(2)电力调度员值班期间要严肃认真、集中精神,密切监视系统运行情况,做好事故预想,迅速、正确地处理事故,完成调度值班工作。

(3)严格执行各种规章制度,贯彻上级指示,遵守保密和汇报制度。

(4)全面掌握系统运行情况,审核及执行施工计划、工作票,并根据系统现场情况决定运行方式,处理系统设备的异常及事故。

(5)负责向上级汇报系统运行情况及存在问题。

(6)记录系统运行日志,填写运行日报表。

案例分析-电力调度员未按规定发布调度命令

(7)电力调度员必须按时交接班。交接班时要严肃、认真,接班者应提前 10 分钟到控制大厅查阅各项记录,了解系统情况。

(8)交接班内容:

①设备检修、试验、投运、操作的进行情况。

②系统运行方式的变更及事故的发生与处理过程。

③继电保护、自动装置变动情况。

④检查各种运行日志、表格、报表、记录运行模拟图是否正确、是否清楚、齐全。

⑤上级的指示和文件。

⑥运行中的有关注意事项。

(9)交接班以交接班记录本和各种记录为依据。因交班内容错漏而造成的后果,由交班者负责;若已有记录,接班后遗漏处理而发生责任问题,则由接班者负责。

(10)在处理事故或进行复杂的操作时,不得进行交接班,待处理完毕或告一段落后,方可交接班。若在交接班过程中发生事故,应立即停止交接班,由交班电力调度员指挥处理,由接班电力调度员主动协助。

## 四、环控调度员

### (一)环控调度员的基本任务与岗位职责

1.控制中心环控调度员的基本任务

(1)环控调度员负责城市轨道交通环控系统的调度和管理工作,监督环境监控系统(Building Automation System,BAS)、火灾报警系统(Fire Alarm System,FAS)及气体灭火系统的运行;负责指挥城市轨道交通环控系统,实现城市轨道交通安全、高效、经济地运行,为乘客提供安全、舒适的乘车环境。在城市轨道交通区域内发生火灾时，通过指挥环控设备执行相应的通风模式，协助、配合火灾扑救工作，确保国家财产、乘客和工作人员的生命安全。

（2）环控系统调度管理实行集中领导、分级管理制度，建立中央级（OCC环控调度员）和车站级（车站值班员）两级管理架构。中央和车站是一个不可分割的完整系统，应密切配合，服从统一指挥，树立整体观念；应加强管理，严格执行调度制度，以确保整个系统正常运行和紧急状态下火灾扑救工作的顺利进行。

**2. 控制中心环控调度员的岗位职责**

（1）环控调度员通过BAS、FAS中央级工作站监控车站机电设备，如各车站通风、空调、隧道通风设备和装置、气体灭火系统等系统设备，以及扶梯、照明、给排水等设施。

（2）环控调度员负责监控全线车站环控系统按设定时间运行，确保车站环境温度及空气质量达标。

（3）环控调度员负责监视全线车站的火灾报警情况，确保火灾报警及时被确认。

（4）环控调度员负责监视全线车站环控设备、防灾报警设备、BAS和FAS、气体灭火系统以及电扶梯、照明、给排水设施的运行状态，发现故障及时通报设备维修调度，由设备维修调度通知相关维修部门进行维修。

（5）环控调度员负责指挥BAS和FAS、气体灭火系统及机电设施的故障处理与维修施工。

（6）环控调度员负责在火灾、大客流、列车阻塞等紧急情况下环控系统的指挥及监控工作，确保相关设备在紧急情况下能够正常运行，并协助抢修救灾工作。

（7）环控调度员负责在中央级失控时指挥车站设备值班员进行车站级控制。

（8）环控调度员负责在城市轨道交通发生火灾时向110、119请求支援。

（9）环控调度员负责随时了解和掌握所管辖设备的运行情况，负责定期、定时收集设备运行数据及信息，记录及跟踪设备故障。

环控调度员要及时了解关键设备的运行情况，如影响车站舒适度的关键设备（冷水机组、冷却塔、水泵、组合空调机等）以及影响消防安全设备（隧道风机、站台站厅排烟风机）的运行情况。设备保障部门须及时将设备故障及修复情况报环控调度员。对于一般设备由设备保障部门定期上报设备完好情况。在收集数据方面，环控调度员要针对一些尚未传输到中央级但作为调度员必须要了解的关键数据进行收集，如站台站厅公共区的温湿度、冷水机组进出水温度等。其余一些数据，如运行电流、电压等参数，由设备保障部门进行记录收集。

## （二）环控调度管理制度

**1. 日常管理制度**

（1）文件传阅制度
①当值调度员必须按时传阅最新文件，学习、贯彻文件的相关精神。
②当值调度员在传阅文件后，应按要求签名并注明日期。
（2）交接班制度
①交接班班组应遵照交接班制度认真执行交接班工作。交班班组必须认真将上班重要事情转达给接班班组，保证接班班组清楚上一班发生的事情。必要时可记录在交接班记录本上。
②交接班内容：监控设备及操作设备的运行状态；设备故障情况；检查调度日志、表格、报

表的记录填写是否正确、清楚、齐全;施工检修情况;可预知的恶劣及灾害天气情况;上级的指示和文件。

③现场出现重大事故和当班重要事项(如演练)未处理完成,不得进行交接班。

(3)定期培训、学习制度

①每个环控调度员必须按照计划参加培训和学习。

②内部培训、学习应注重效果,培训应受到每一位参与者的重视,内容要结合工作实际情况,达到学以致用。

③每个环控调度员每月应有不少于 2 个工作日、每年应有不少于 26 个工作日的现场学习,了解现场各相关工作岗位的运作。环控调度员应严格执行中心规定的下现场学习的相关制度。

④每两个月必须编写一篇故障(事件)处理案例,提高同类故障处理水平。

(4)每月安全例会制度

每月月初召开一次安全例会,会议内容包括:

①按照分公司规定的安全措施要求,指导管辖设备的安全运作。

②讨论安全工作,确保 OCC 内部安全运作。

③落实安全检查问题的整改措施。

④对事件和故障处理进行学习、分析、讨论和提高。

## 2.设备检查制度

(1)调度设备功能检查

①每日运营开始前 1 小时,检测 BAS、FAS 运行情况,检查操作功能是否正常。

②每日运营开始前 1 小时,检查机电设备施工作业情况,测试有施工作业的设备是否恢复。

③其他设备设施发现故障后,均应做好相应纪录,并及时通知设备维修调度处理。

④每周进行一次调度电话或无线电话试验。

⑤调度设备功能检查情况应在工作日志上记录,发现故障立即组织相关人员及时处理。

(2)设备运行状态检查工作

①每天环控大系统启动后,逐台检查设备运行状态。

②每天定期检查大系统运行状态。

③每天定期检查扶梯运行状态。

④每天定期检查区间水泵运行状态。

## 3.记录、报告填写制度

(1)工作日志、事故(事件)处理经过编写制度

①当值调度员应将值班期间发生的主要事情记录在调度工作日志中,以便发现工作中存在的问题,并作为日后修改完善规章、手册的第一手资料。

②在处理影响行车、大面积影响客运服务或处理影响较大的火灾报警后,当值调度员应在事故(事件)处理当天编写事故处理经过并交值班主任。

(2)环控调度故障记录表

①属于环控调度管辖范围内的设备若发生故障,环控调度必须详细记录故障处理情况。

②故障记录主要包括发生故障的时间、车站,故障内容、故障应急措施、故障处理情况,以

及故障修复时间(见表2-2)。

**环控调度故障记录表**        表2-2

编号:

| 故障号 | 报告时间 | 故障地点 | 报告人 | 故障内容 | 处理部门 | 接报人 | 通知时间 | 修复时间 | 故障内容 | 环控调度姓名 |
|---|---|---|---|---|---|---|---|---|---|---|
|  |  |  |  |  |  |  |  |  |  |  |
|  |  |  |  |  |  |  |  |  |  |  |
|  |  |  |  |  |  |  |  |  |  |  |
|  |  |  |  |  |  |  |  |  |  |  |
|  |  |  |  |  |  |  |  |  |  |  |
|  |  |  |  |  |  |  |  |  |  |  |

③环控调度员对环控设备范围内的故障维修原则上通过设备维修调度安排,检修人员按照设备维修调度指令及时开展维修和抢修工作。

④设备维修调度员对登记的故障给出故障号码,检修人员处理完故障或不能及时处理都须向设备维修调度员回复,由设备维修调度员将具体情况及时告知环控调度员。在故障彻底消除后,检修人员向设备维修调度员申请消除该故障号码,同时设备维修调度员报环控调度员消除故障。

⑤设备维修调度员关于环控调度部分的故障记录可以共享。

(3)火灾报警信号确认记录

①火灾报警信号确认记录是为了确保火灾报警得到及时确认以及便于事后分析火灾报警原因而设置的。

②记录内容主要包括发生报警的时间、车站、报警地点、报警设备编号、现场确认情况、报警原因分析、火警复位时间、确认者(见表2-3)。

**火灾报警信号确认记录**        表2-3

编号:

| 日期 | 报警时间 | 报警车站 | 报警地点 | 报警设备编号 | 现场确认情况 | 原因分析 | 复位时间 | 现场确认人 | 环控调度 |
|---|---|---|---|---|---|---|---|---|---|
|  |  |  |  |  |  |  |  |  |  |
|  |  |  |  |  |  |  |  |  |  |
|  |  |  |  |  |  |  |  |  |  |
|  |  |  |  |  |  |  |  |  |  |
|  |  |  |  |  |  |  |  |  |  |
|  |  |  |  |  |  |  |  |  |  |

(4)环控设备施工作业登记

①凡计划对环控调度员管辖设备进行拆卸、更换、移位、维修、测试等工作,须中断设备使用,检修人员必须在现场与环控调度员进行请点登记,环控调度员根据中断设备的影响范围和程度审批作业,给出作业编号。作业结束后检修人员向环控调度员销点,环控调度员做好施工登记。

②不松动电气连接螺钉,不拆断电气连线,不更换配件和不分离机械设备的一般检查、巡视可不登记。环控调度员应清楚检修人员的大概巡视范围,便于人员的调用。

③登记内容主要包括作业编号、日期、作业车站、施工作业内容、施工性质、作业令号、施工单位、施工负责人、开始时间、结束时间、作业进度等(见表2-4)。

环控设备施工作业登记表

表 2-4

编号：

| 序号 | 作业编号 | 日期 | 车站 | 施工作业内容 | 施工性质 | 作业令号 | 施工单位 | 施工负责人 | 开始时间 | 结束时间 | 作业进度 | 备注 |
|---|---|---|---|---|---|---|---|---|---|---|---|---|
|  |  |  |  |  |  |  |  |  |  |  |  |  |
|  |  |  |  |  |  |  |  |  |  |  |  |  |
|  |  |  |  |  |  |  |  |  |  |  |  |  |
|  |  |  |  |  |  |  |  |  |  |  |  |  |
|  |  |  |  |  |  |  |  |  |  |  |  |  |
|  |  |  |  |  |  |  |  |  |  |  |  |  |

(5)通过 BAS 记录

环控调度员可根据工作需要通过 BAS 打印全线运行日报表,并在系统发生故障或意外事件时,通过 BAS 查看设备历史启动状态及时间等。车站级运营单位及设备保障单位应定期对 BAS 数据及信息进行收集、整理、分析和归档。

(6)数据分析

①环控调度员汇总设备运行情况,编制设备运行月报。

②环控调度员每月根据温度(站外、站内、天气预报)等数据,绘制温度趋势图。

③环控调度员每周定期从设备维修调度员处统计、跟踪一周未处理故障的情况。

4.FAS 火灾报警确认制度

(1)FAS 系统发出火灾报警信息后,环控调度员必须在 1 分钟内与车站值班员或车控室取得联系。

(2)FAS 发出报警信息后,环控调度员必须在 4 分钟内确认火灾报警原因。

(3)在火灾报警信号没有被确认前,环控调度员必须保持高度的警觉。

(4)在火灾报警信号没有被确认前,任何人都不能对报警信号进行复位。

(5)对任何火灾报警信息,环控调度员都必须进行记录。

5.环控调度演练制度

(1)为提高调度指挥水平,做好事故预想,至少每月进行一次内部演练。

(2)为巩固环控调度员及车站值班员的设备操作能力,提高应急处理能力,至少每月进行一次联合火灾模拟操作演练。

(3)为提高火灾事故应急处理水平,OCC 应联合车站每年进行一次桌面或模拟火灾事故演练。

## (三)环控调度命令发布

### 1.环控调度命令发布原则

(1)指挥环控、消防设备运行的调度命令只能由当值环控调度员发布。环控调度员发布命令前必须详细了解现场情况,听取有关人员的意见。受令人按环控调度员指挥,按时执行调度命令,所有调度命令必须使用调度电话发布。

(2)环控调度员需要更改车站环控模式,应向车站发布书面命令。紧急情况下可以先发口头命令,后补发书面命令。

(3)在火灾情况下,为不影响救灾工作,环控调度员口头发布命令,发令和受令双方必须做好记录。

(4)影响行车或正常运行的设备操作或施工作业作业,可发口头命令。

(5)环控调度员与设备维修人员及车站值班员电话联络时,均应使用文件调度用语和文件设备名称、代号。

2.发布调度命令的要求

(1)调度命令应使用文件调度命令格式。调度命令内容应简短、准确、清晰。调度命令格式,见表2-5、表2-6。

发 令 表 表 2-5

| 步 骤 | 环控调度员 | 设备值班员 |
|---|---|---|
| 1 | ××站注意(询问受令人姓名) | 设备操作 |
| 2 | 环控调度员发布调度命令,请记录 | ××明白 |
| 3 | 请××站复诵<br>命令号码:××<br>受令处所:××、××<br>命令内容:×× | ××站明白<br>命令号码:××<br>(逐条复诵) |
| 4 | 命令完毕请复诵 | (××站全篇复诵) |
| 5 | 发令人:×× | 受令人:×× |
| 6 | 发令时间:××时××分<br>(记录发令时间) | (记录受令时间) |

设备值班员报告表 表 2-6

| 步 骤 | 环控调度员 | 设备值班员 |
|---|---|---|
| 1 | 环控调度员××有,请讲 | ××设备值班××报告 |
| 2 | | 报告内容:×× |
| 3 | (逐条复诵并记录) | 报告完毕请复诵 |
| 4 | (复诵全篇内容) | 报告时间:××时××分 |
| 5 | (记录报告时间) | (记录报告完毕时间) |

(2)掌握好发布调度命令的时机。为缩短抄写命令时间,可先发内容、号码;当发令条件具备时,再发发令时间、环控调度员姓名。

(3)同时向两个或两个以上车站发布调度命令时,由环控调度员指定一人复诵,其他人核对,确保无误,填写调度命令登记簿。调度命令登记簿格式,见表2-7。

调度命令登记簿                                                    表 2-7

编号：

| 日期 | 命 令 | | | | 复诵人姓名 | 受令人姓名 | 环控调度员姓名 | 执行人姓名 | 完成时间 |
| | 发令时间 | 号码 | 受令处所 | 内容 | | | | | |
|---|---|---|---|---|---|---|---|---|---|
| | | | | | | | | | |
| | | | | | | | | | |
| | | | | | | | | | |
| | | | | | | | | | |
| | | | | | | | | | |
| | | | | | | | | | |
| | | | | | | | | | |

3.调度命令号码

调度命令号码根据不同的调度种类有不同的划分,具体见各城市轨道交通运营公司相关文件规定。

4.发布紧急调度命令

(1)常见的紧急情况有列车区间阻塞、设备区发生火灾、气体灭火自动喷气或误喷气、公共区发生火灾、公共区发生毒气泄露,列车发生火灾等紧急事件。

(2)紧急调度命令的发布必须直接向受令人发布,不能代接或转交。

(3)发布紧急调度命令前环控调度员必须核实受令人确为该命令的执行者。

5.火灾发生时的调度

(1)火灾事故时调度的一般原则

①环控调度员在接到报警后,应沉着冷静,根据火灾现场报告信息尽快作出分析判断。对于含糊不清的信息,应询问清楚。

②环控调度员将情况立即报告给值班主任,由值班主任制订应急方案,并向各调度下达命令。各调度应在值班主任的指挥下,协同进行相应的调度作业。

③环控调度员应根据应急方案,向有关车站设备值班员下达人员疏散、送排风、事故风机运行、灭火作业等相关命令。

④环控调度员应随时与在火灾现场的人员保持联系,及时掌握现场动态和救灾活动,并及时通报值班主任。

(2)火灾区域的分类

火灾区域根据所装报警装置和消防设施不同,可做如下火灾区域分类:

①站厅、站台。站厅、站台为人员主要聚集的场所,均装有烟感探测器、手动报警按钮。主要消防设备为消火栓。

②上、下行车站轨道。车站内的上下行正线线路(轨道)为列车停靠点,轨道上部和下部均装有排烟系统。

③重要设备房。重要设备房一般都有自动灭火系统保护,一般包括地下车站的通信设备

机房(含通信电源室及通信电缆间)、信号设备机房(含信号电源室)、牵引变电所、降压变电所、混合变电所、整流变压器室、交流开关柜室、直流开关柜室、整流器柜室、动力变压器室。

④一般设备房。不受自动灭火系统保护的设备房,一般会装烟感探测器,如环控电控室、冷水机房、环控机房、车控室、会议室、站务员休息室等。

⑤区间隧道。区间隧道一般不装火灾探测器,由司机向行车调度员或车站报告火灾。隧道内设有消火栓、手动报警器和插孔电话。

⑥列车。列车内的部分座位下面设置手提式灭火器。

(3)事故现场的火灾报警

①现场工作人员发现火情后,应立即用电话或对讲机向车控室报警,也可击碎手动报警按钮进行报警。

②FAS报警。FAS对车站进行连续不断的监控。当某一探测器探测到火灾信号后,FAS控制盘及工作站会发生报警声响,环控调度员、行车值班员发现报警后,即可从控制盘上的中文显示器或工作站上看到火灾报警的区域、部位。

③列车发生火灾,司机可以通过无线电话向车站值班站长或OCC报警。当列车在区间被迫停车、无法行驶或无线电话通话困难时,司机也可利用隧道电话向OCC或车站报告火灾事故情况。

(4)火警事故确认

为防止误报、虚报而引起不必要的混乱,环控调度员在接到报警后,一般应先加以确认,经证实后方可向值班主任报告。

下面几种情况环控调度员必须立即执行火灾处理程序:

①由设备值班员直接报告环控调度员的火灾报警信息,环控调度员应按火灾程序处理。

②环控调度员在FAS上发现相邻两个以上的火灾探测器报警时,应按火灾程序处理,并命令车站设备操作员了解现场情况。

③FAS报警且BAS启动火灾运行模式时,环控调度员应按火灾程序处理,并命令车站设备操作员了解现场情况。

④FAS报警并且气体灭火系统已经喷气时,环控调度员应按火灾程序处理,并命令车站值班员了解现场情况。

⑤值班主任或行车调度员通报环控调度员发生火灾事故时,环控调度员应按火灾程序处理,并命令车站值班员了解现场情况。

当车站站厅、站台发生火灾报警时,环控调度员可通过闭路电视监控系统(CCTV)观察站厅、站台实情,确认火灾事故的发生。

当施工作业区域发生火灾报警时,环控调度员也可直接联系现场人员确认火情。

火灾事故一旦被证实后,车站值班员应迅速通过无线对讲机或就近的电话,向OCC报告火情。

列车发生火灾时,环控调度员应了解清楚列车所在区间、位置、火灾车厢号及人员疏散方向。

(5)车站站台、站厅火灾的处理

①站厅或站台发生火灾时,环控大系统要立即执行站厅火灾模式或站台火灾模式。

②站厅或站台发生火灾时,车站所有小系统设备执行全停模式,防止窜烟。

③当FAS、BAS能够自动执行火灾模式时,应采用联动执行方式执行火灾模式。

④当确认火灾发生后 2 分钟内 BAS 未能自动执行火灾模式时,环控调度员应在工作站上或通知车站手动执行火灾模式。

⑤环控调度员设备区火灾处理程序可参考各城市轨道交通运营公司《OCC 应急处理手册》中对应环控调度的处理程序。

(6) 车站设备用房发生火灾的处理

①设备区分不同的防火排烟分区。当发生火灾时,小系统要执行对应防火排烟分区的火灾模式。

②设备区发生火灾如不影响环控大系统运行时,大系统正常运行。

③当设备区发生火灾的区域或部位影响到环控大系统运行时,根据受影响情况关闭部分大系统。

④当设备区火灾严重,影响车站供电或设备运行时,应立即停止所有大、小系统的运行,但必须尽量执行对应的小系统火灾模式。

⑤重要机电设备房或车站牵引、降压变电所等电力房间或设备发生火灾时,自动灭火系统启动灭火程序进行灭火。自动灭火系统喷气前,必须关闭该区域的所有防火阀。

⑥环控调度设备区火灾处理程序可参考各城市轨道交通运营公司《OCC 应急处理手册》中对应环控调度员的处理程序。

(7) 列车火灾的处理

①列车在车站轨道内发生火灾,环控运行模式应按站台火灾进行处理。

环控调度员应立即在工作站上手动执行大系统站台火灾模式,小系统执行全停模式。

环控调度员应立即在工作站上手动执行隧道通风系统车站隧道火灾模式。

环控调度设备区火灾处理程序可参考各城市轨道交通运营公司《OCC 应急处理手册》中对应环控调度员的处理程序。

②列车在区间隧道发生火灾。

一旦列车发生火灾并停在区间时,环控调度员的操作必须配合行车组织进行,不能单独完成。列车发生火灾时的 6 种情况及隧道通风系统气流组织原理,如图 2-3 所示。

③列车在区间内发生火灾时隧道风机运行的原则:

a. 列车在行驶中发生火灾,司机在向 OCC 或车站报告的同时,应尽量将列车开往前方车站停靠,列车到站后按列车在车站站台内发生火灾的程序处理。

b. 列车在区间无法行驶,且乘客疏散路径为单向时,环控调度员应立即启动该站预设的隧道风机运行模式向隧道送风;同时该站成为火灾主要现场,一切救灾措施以该站为主,另外一端车站事故风机启动预设的排烟模式。

c. 当乘客疏散路径为双向时,环控调度员应立即按预设的隧道风机运行模式启动隧道风机。

d. 当环控调度员无法判断列车火灾位置时,应立即按与行车方向一致的方向送风。

e. 一旦列车在区间内发生火灾,环控调度员必须紧密联系现场,尽量了解现场情况,确保指令发布的正确性。

f. 车站大、小系统维持正常运行模式不变。

g. 区间火灾产生的烟雾向站台蔓延时,应停止车站大系统的排风,保持车站处于正压状态。

h. 设备区发生串烟时,小系统执行全停模式。

情况1：列车中部着火且停在近前方车站

情况2：列车头部着火且停在区间任意位置

情况3：列车中部着火且停在区间中部

情况4：隧道内的一切情况均不清楚时按与行车一致的方向送风

情况5：列车尾部着火且停在区间任意位置

情况6：列车中部着火且停在近后方车站

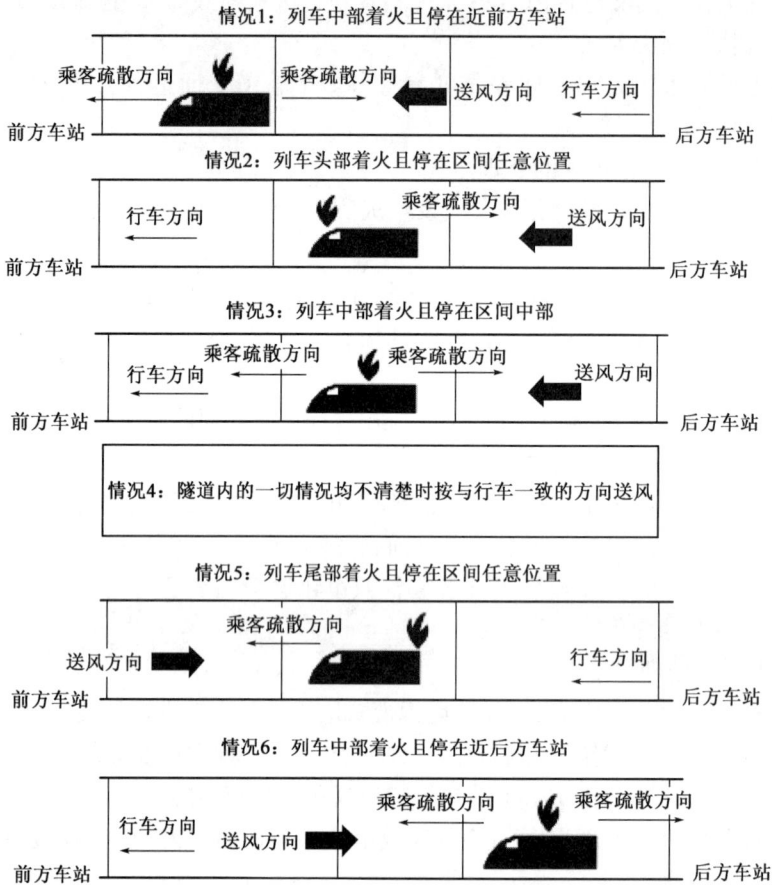

图 2-3　列车发生火灾且停在隧道内时的 6 种情况及隧道通风系统气流组织原理

## (四)机电设备故障的应急处理方案

1. 环控调度员在机电设备故障处理中的基本职责

(1)环控调度员应协助公司有关部门组织的故障原因或事故调查分析、现场勘察、取证等活动。

(2)向有关部门提供与事故有关的材料,如调度值班记录、调度命令记录、调度电话记录、设备检修申请等。

(3)协助上级部门和消防机关完成火灾事故分析报告,总结经验教训,修改和完善有关规章制度。

2. 环控调度员管辖设备故障的应急处理原则

(1)设备出现故障第一时间必须先执行应急模式。

(2)必须严格遵守先通后复的处理原则。

(3)故障处理过程不得影响正常行车。

(4)影响行车的设备故障必须按抢险程序进行。

(5)严重影响客运服务的设备故障必须及时组织抢修。

(6)存在火灾及安全隐患的设备故障必须及时组织抢修,不能立即修复时必须建立跟踪档案。

## 3.列车故障的应急处理原则

(1)列车在区间阻塞

①BAS发出列车区间停车的报警后,应立即向行车调度进行确认。

②监视BAS自动执行阻塞通风模式的情况。当发现3分钟内模式不能自动启动时,应采用手动模式立即执行。

③列车离开区间后复位报警信号,恢复正常运行模式。

(2)区间水泵发生故障

①需要立即到区间抢险的几种情况:区间高水位报警;司机发现区间有积水并将淹到道床;区间水泵电源发生故障;区间主、备水泵全部发生故障。

②区间水泵抢险注意事项。必须在抢险程序规定时间内组织抢修人员到达预定车站;必须确认清楚需要进入区间的抢险人员人数;必须确认抢险人员带齐防护用品;出发前需要测试抢险人员的对讲设备;抢险人员进、出区间过程由行车调度指挥,设备维修调度员每隔15分钟与维修人员联系一次并报行车调度员。

(3)区间发生一台水泵故障或故障暂时不影响区间排水能力时,维修工作应安排在当天夜间,在停止运营后再组织人员抢修。

## 4.区间消防水管爆裂漏水的应急处理原则

(1)区间发生消防水管爆裂时,环控调度员应立即命令设备维修调度员安排给排水专业维修人员现场关闭车站站台两端相关区间消防水管手动碟阀。需要进入轨行区时,应由设备维修调度员向行车调度员提出配合,并协调组织现场的抢修作业。当环控调度员发现BAS车站信号与OCC反馈信号不符时,应要求车站相关人员到车站设备房确认设备状态再回复。

(2)加强对区间水泵的监控,确保区间水泵排水正常、漏出的水能迅速排清。

(3)立即通知相关部门进行抢修准备,必要时立即组织抢修。

(4)立即制订该区间发生水灾时的后备应急方案,确保该区间的排水能力。

(5)如果爆管事故不影响区间行车安全,视情况可以安排给排水维修人员在运营结束后再进行抢修作业。

# 五、设备维修调度员

## (一)设备维修调度员的基本任务与岗位职责

### 1.设备维修调度员的基本任务

设备维修调度是物资设施系统的生产调度。设备维修调度员基本任务有:

(1)负责物资设施系统设施设备故障(事故)信息接收、传递与反馈。

(2)一般性故障(事故)处理的组织、协调。

(3)重大故障(事故)的上报。

(4)故障(事故)的统计分析。

(5)检修作业计划的汇总、协调,检修作业的监控。

(6)负责自动售检票系统(AFC)故障的信息接报、传递。

(7)配合控制中心主任(值班主任)、行车调度、环控调度、电力调度启动应急预案等工作。

**2.设备维修调度员的岗位职责**

(1)接收物资设施系统设施设备和 AFC 系统故障(事故)报告,并记录有关情况。

(2)对接收的物资设施系统设施设备的故障(事故)报告信息进行初步分析判断,报相关部门,并向各中心发布设备维修调度命令,同时跟踪设备维修调度命令的执行情况,对故障(事故)处理过程中发生的各类事项进行必要的协调。

(3)在故障(事故)处理完成后,向各有关部门通报处理情况,并做记录。

(4)对物资设施系统设施设备的故障(事故)进行分类、分析、统计,按时填写物资设施故障(事故)分析日(月)报,并报物资设施部。

(5)校核物资设施部管理范围内的维修计划并协调、配合计划实施,监督、跟踪作业令执行与完成情况,对作业令的执行进行必要的协调;对计划完成情况进行统计,将统计结果报物资设施部。

(6)合理调配工程抢险用车和其他用车。

(7)协助 OCC 主任(值班主任)校核检修计划和临时计划。

(8)业务范围内的其他工作。

## (二)设备维修调度与其他调度的关系

**1.设备维修调度与 OCC 的关系**

(1)设备维修调度在 OCC 大厅工作期间,应接受 OCC 调度、值班主任发出的关于物资设施系统设施设备故障的指令(指令通过书面或录音电话),并积极调配各种力量完成指令。

(2)在物资设施系统设施设备的故障(事故)处理过程中,一般情况由设备维修调度统一指挥、协调处理,并向 OCC 提出必要的协作要求。在遇到影响行车的故障(事故)时,由 OCC 统一指挥、协调处理,设备维修调度根据 OCC 发布的处理指令统一指挥、协调物资设施部归口中心对故障(事故)进行处理,并根据实际情况向 OCC 提出必要的建议及合理要求。在故障(事故)处理过程中,及时向 OCC 提供处理进展情况等信息。

**2.设备维修调度与行车调度的关系**

(1)在发生影响行车的故障(事故)或检修作业时,设备维修调度与行车调度会发生直接的工作联系。在此期间,设备维修调度必须严格执行行车调度所发布的所有正确指令。

(2)在物资设施系统设施设备的故障(事故)处理过程中,当行车调度发布封锁命令并授权设备维修调度进行故障(事故)处理指挥后,封锁区间内的一切工作由设备维修调度统一发令指挥,直至故障恢复、行车调度取消授权为止。

(3)设备维修调度接到行车调度维修(抢修)的报告后,除及时组织有关人员处理外,还应在故障处理过程中,随时掌握处理进度和故障的初步原因,通报给 OCC 值班主任。

**3.设备维修调度与电力调度的关系**

(1)电力调度负责电力系统倒闸操作、供电运行方式改变及电力系统紧急故障(事故)处理等的指令发布。接收供电中心值班人员及巡检、检修人员的故障(事故)报告并对故障(事故)按"先通后复"的原则发布运行方式改变和紧急处理的指令。处理过程中如须物资设施部配合协助的,及时与设备维修调度联系。设备维修调度在接到电力调度紧急处理中的配合要求后,应立即向相关中心、相关专业发出配合作业命令或向相关部门提出配合要求,并监督处理过程,及时报告进展情况。电力调度将供电故障影响范围、停电区段、时间报电力调度备案。故障处理工作完成后,设备维修调度必须将故障(事故)的详细情况、处理结果、故障(事故)原因等报设备维修调度备案。若不能及时抢修恢复正常供电时,应将目前故障的处理程度、影响范围和检修所需时间通知电力调度。

(2)设备维修调度负责接收供电中心以外人员的有关供电系统故障(事故)报告,并在接报后及时通报电力调度及供电专业,同时协调其他有关专业部门对故障(事故)进行处理。

(3)设备维修调度在接到电力调度的紧急处理报告后,记录备案;若需要进行进一步维修处理的,通报供电专业部门进行安排。设备维修调度在接到电力调度紧急处理中的配合要求后,应立即向相关专业发出配合作业命令或向相关部门提出配合要求,并将配合工作的反馈结果及时通知电力调度。

4.设备维修调度与环控调度的关系

(1)环控调度负责环控系统设备操作及环控模式改变等的指令发布;接收机电设备操作人员、值班人员及机电中心巡检、检修人员的故障(事故)报告,并对故障(事故)按"先通后复"的原则发布模式改变和紧急处理的指令。处理过程中如须物资设施部配合协助的,及时与设备维修调度联系。设备维修调度在接到环控调度紧急处理中的配合要求后,应立即向相关专业发出配合作业命令或向相关部门提出配合要求。紧急处理工作结束后,设备维修调度应将故障(事故)的详细情况及处理结果、故障(事故)原因等报电力调度、环控调度备案。

(2)设备维修调度负责接收机电和自动化中心以外人员的有关环控、低压配电、给排水、电扶梯等系统设备的故障(事故)报告,并在接报后及时通报环控调度及机电专业,同时协调其他有关专业部门对故障(事故)进行处理。

(3)设备维修调度在接到环控调度的紧急处理报告后,记录备案。若需要进行进一步维修处理,通报机电专业进行安排。设备维修调度在接到环控调度紧急处理中的配合要求后,应立即向相关专业发出配合作业命令,或向相关部门提出配合要求。

5.设备维修调度与检修调度的关系

设备维修调度接故障(事故)报告,需要运用车辆部专业管理的接触网作业车、平板车等工程车配合。须进一步维修处理时,应立即向检修调度员提出配合要求。检修调度员在接设备维修调度的配合要求后,应立即组织工程车等相关人员,并在10分钟内响应配合要求,具备发车条件。

# 六、车辆基地调度员

## (一)车辆基地调度工种与岗位职责

1.信号楼调度员

(1)信号楼调度员(A)。统一指挥基地内的行车组织工作,全面负责组织实施客车、机车车辆转轨、取送作业,组织实施调试作业、列车出入车辆基地等工作;合理科学地调配人员、机车车辆,协调安排车辆基地内行车设备、消防设备及库房等设备设施的检修维护。向行车调度通报运用客车情况,协调基地内与外部的工作接口问题,组织相关部门及时处理设备故障问题。

(2)信号楼计算机联锁设备控制室设置另一名信号楼调度员(B)。由其负责接受信号楼调度员 A 的接发列车、调车作业计划,操作计算机设备,实现计算机联锁设备的用途及功能。

2. 车辆检修调度员

全面负责车辆的计划维修、故障抢修、事故处理、调试、改造作业安排及组织实施,监视所有车辆技术状态,提供运行图所规定的客车数上线服务,并确保其状态良好、符合有关规定。负责车辆检修内务管理及协调、调配车辆部各中心的生产任务。

3. 派班统计员

负责安排城市轨道交通列车司机的出/退勤作业,制订和组织实施城市轨道交通列车司机的派班计划,遇突发事件及时调整交路、调配好城市轨道交通列车司机的派班。负责与车辆检修调度交接检修及运用客车、与出/退勤司机交接运营客车,向行车调度通报司机的配备情况。协助乘务中心主任管理城市轨道交通列车司机日常事务,检查落实各项管理制度和作业安全规定。

## (二)信号楼调度员作业标准

为加强对信号楼调度人员的日常管理,进一步规范信号楼调度员的工作行为,确保车辆基地行车作业绝对安全,某城市轨道交通企业根据相关文件精神,制定相应的作业标准如下。

1. 班前

(1)交接班时间:白班,8:30—17:30;夜班,17:30—次日 8:30。

(2)接班人员应提前 20 分钟到岗,按规定着装,衣帽整洁,系好领带或丝巾,佩戴标志,按乘务中心交接班制度规定,在岗位上对号交接,并及时更换当值人员工作牌。

(3)信号楼调度员 A 到岗后,做好下列班前准备:

①检查施工作业登记簿、行车设备使用登记簿、设备维修登记簿、调度命令登记簿,查看周施工作业计划及日补充作业计划。

②了解运营计划(列车运营时刻表、出车顺序表)及施工计划情况。

③了解当日运营列车、备用列车及工程车辆装卸情况。

④了解上级有关命令指示、文件通知、演练方案、重点任务、注意事项等有关情况。

(4)信号楼调度员 B 到岗后,检查调度室内所有备品、备件数量和状态,并及时将检查结果向信号楼调度员 A 汇报。

(5)接班时要做到六清,即运营计划清,装卸计划、调车作业计划清,车辆基地内停留车位置、接触网带电状况清,防溜措施清,有关命令、注意事项清,工具、设备、备品清。

(6)信号楼调度员 A 传达运营计划和有关事项,开展安全预想活动,布置重点工作及重点任务执行时的注意事项。

2. 班中

(1)信号楼调度员 A 及时登录调度命令系统,做好命令接收,监控该系统正常运行。运营前 30 分钟,信号楼调度员 A 应组织做好运营前的检查工作,及时将基地内运营前的行车准备工作向行车调度汇报。

(2)认真执行《行车组织规则》《车辆基地运作规则》,正常情况下严格按《接发列车作业标准》办理行车作业、监控计算机联锁显示屏。发生紧急情况或接到相关人员紧急情况的汇报后,应及时按相关规定做好组织指挥和汇报。

(3)全面负责基地内的行车指挥和施工管理工作。

(4)做好基地内各项施工请、销点登记和行车备品使用登记手续。

(5)检查、管理并做好对讲机、应急灯、信号灯、手电筒等需要充电设备的充电工作。

(6)发生突发事件应在第一时间内报告 OCC 值班主任、中心领导、调度工长及相关部门人员,并按指示做好临时组织指挥工作。

(7)认真执行"问路式"调车,及时、准确地开展好车场内的调车工作。

(8)按照中心信息通报程序,及时做好各类信息上报工作。

(9)白班信号楼调度员 A 应及时收取周施工作业计划、日补充作业计划及相关命令指示,为交班做好准备。

(10)注意仪容仪表,严格按规定着装。

3. 班后

(1)与接班人员办理交接,检查信号楼工作日志、施工作业登记簿、行车设备使用登记簿、设备维修登记簿、调度命令登记簿等行车簿册有无漏填。

(2)重要事项应重点交接,并确保接班人员清楚无误。

(3)检查行车备品是否齐全、行车设备是否完好。

(4)搞好设备定置、定标管理及岗位卫生清洁等工作。

(5)注销、退出调度命令系统。

(6)在规定地点与接班人员对号交接。

(7)工作交接完毕,在交接班簿上签名下班。

(8)遇下列情况,不得交班:

①不在规定交接班地点时。

②接车时,自列车由车辆基地所在站发出至列车进基地停妥前不交;发车时,自待发列车出场信号开放或交付行车凭证至列车整列出基地前不交。

③接班人员未到岗时。

④调车作业一批未完时。

⑤设备、备品不清时。

⑥控制室及更衣室卫生不洁时。

⑦不具备交班的其他情况时。

# 2.2　乘务作业岗位

城市轨道交通列车司机是城市轨道交通运营服务环节中的一个特殊工种,也是一线的乘务作业人员,对保证城市轨道交通列车运行安全、正点,满足乘客出行需要具有十分重要的作用。因此,对城市轨道交通列车司机来说,除了要有扎实的专业理论知识与专业技能外,还必须要熟悉列车司机岗位要求,明确岗位规范。

## 一、城市轨道交通列车司机的岗位要求

(1)城市轨道交通列车司机(见图 2-4)必须牢记"安全第一、便民第一"的宗旨,遵守和学

习有关安全规定和运行规则,严格按照安全制度、行车规则执行乘务驾驶任务。

图2-4　城市轨道交通列车司机

城市轨道交通是一个现代化程度很高的体系,必须由具有良好职业素质的人去完成各种行车任务。而城市轨道交通列车司机正是第一线的操作者,必须具有高度的安全意识,并且要有能够不断学习与遵守规则的素质,才能确保城市轨道交通运行正常。我们把富有纪律性、严格执行规章制度的城市轨道交通列车司机看作保证安全行车的基本因素之一。在人与技术设备的有机联系中,人是最主要的方面,如果经常性发生人为失误造成事故,再精良、再先进的设备也会变得不可靠了。对国内外多次事故的分析与调查都表明,由于人为失误造成事故的比例大于技术缺陷造成的事故的比例。因此,行车人员树立安全意识、学习和遵守安全规定是十分重要的。

(2)城市轨道交通列车司机必须掌握列车的基本构造、性能,具有一般的故障处理能力,熟悉运行线路和停车场等基本设施情况,熟练掌握所担任驾驶区段的情况及停车场线路纵断面情况。

城市轨道交通列车司机对列车必须有一个较完整的了解,主要表现在对操纵列车技能的掌握和对主要部件构造、性能的知晓。只有在掌握和了解性能、作用的基础上,才能够使自己具备处理故障的能力。在列车运行中出现故障的情况可以说具有经常性,特别是有关功能性的故障出现较多。所以能否在规定时间内及时、准确地排除故障,实际上已经成为城市轨道交通列车司机技术业务能力的标志之一。一名城市轨道交通列车司机是否合格还表现在对线路纵断面的熟悉程度及驾驶技术是否熟练上。经过学习和经验积累较好地掌握了线路纵断面状况后,就能得心应手地驾驶列车,应付各种运行过程中的突发事件。

(3)城市轨道交通列车司机还必须掌握其他相关的业务能力,具有一定的应变能力,如懂得救援的过程和方法,懂得消防灭火的要求,掌握扑灭初起火灾的方法,知道常用灭火器的使用方法,等等。

关于特殊情况,对一个城市轨道交通列车司机来说,同样要掌握基本常识及明确业务内容范围。因为在城市轨道交通列车的运行中,一般情况下只有城市轨道交通列车司机一人值乘,而运行中的突发事件由于各种因素的存在,又有着不可预测性,在事件的初期往往只有城市轨道交通列车司机能够最早发现,所以一名职业素质较好的城市轨道交通列车司机应该并且必须掌握有关事件初期的处理方法,使事件能够在初期阶段得到控制和处理,包括组织乘客共同应对突发事件,等待进一步帮助,等等,以减小损失,稳定现场局面。

鉴于城市轨道交通列车司机在整个运行过程中的重要作用,城市轨道交通管理部门规定了城市轨道交通列车司机上岗值乘的必要条件。

首先,城市轨道交通列车司机必须经过考试合格,并取得"电动列车驾驶证"后方准独立驾驶电动列车;其次,脱离驾驶岗位6个月以上,如再须驾驶列车必须对业务知识和安全运行知识等进行再培训与考核并且合格;城市轨道交通列车司机的纪律性和身体状况、心理状况要由相关管理部门及有关领导作出鉴定。符合以上几个必需条件时才能够上岗驾驶列车,才能保证行车工作安全和行车秩序正常。

## 二、城市轨道交通列车司机作业标准

为加强对城市轨道交通列车司机的日常管理,进一步规范城市轨道交通列车司机的工作行为,使其严格履行岗位职责,安全平稳驾驶列车,确保列车安全正点运行,某城市轨道交通企业根据相关文件精神,制定列车司机作业标准如下。

1. 班前

(1)交接班时间。白班,8:00—17:00;夜班,16:00—次日9:00。

(2)车场内出勤。

①按规定出勤时间提前30分钟到派班室出勤。

②抄录有关运行、安全注意事项,了解值乘列车(车辆)的技术状况、故障记录、车号、停车股道、担当车次、运行方向等。

③回答派班员的"三交三问"("三交"指交领导指示要求、交行车安全事项、交行车用品;"三问"指问行车安全情况、问车辆质量情况、问行车规章)。

④领取相关行车备品(列车时刻表、车辆故障单、司机报单、手持台、列车钥匙等)。

⑤由派班员在司机手册上签字(盖章)后,(白班、夜班车场出勤时,须与正线司机长联系确认正线注意事项)方可上车。

⑥严格按《列车检查作业标准》对列车进行各种性能试验和部件检查(不超过30分钟),对发现的问题要及时报告信号楼。

⑦检车完毕,确认列车具备动车条件后及时与信号楼联系,按"问路式"调车规定请求列车出场进路。

⑧得到信号楼通知及地面信号开放后,按车场动车"四确认(确认信号、进路、道岔、凭证)"和《车场内呼唤应答用语标准》动车。车场呼唤应答用语标准,见表2-8。根据运行图的规定,运行至转换轨处停车,及时将车载无线电台转换至"正线组"模式与行车调度员联系。

车场内呼唤应答用语标准 表2-8

| 呼唤时机 | 呼唤用语 | 手比 | 备注 |
|---|---|---|---|
| 库门前 | 一度停车 | √ | 列车必须在库门前/一度停车牌前/平交道口前停车 |
| 平交道口前 | | | |
| 一度停车牌 | | | |
| 入库库门前 | 库门好 红灯亮 | √ | 确认库门开启位置正确,接触网有电 |
| 列车接近 道岔时 | 道岔好 | √ | |
| | 停车 | | 道岔位置显示不正确时,立即停车 |
| 列车接近调车 信号机时 | 白灯 | √ | |
| | 红灯停车 | √ | 列车必须在红灯前停车 |

| 呼 唤 时 机 | 呼 唤 用 语 | 手 比 | 备　　注 |
|---|---|---|---|
| 列车进入尽头线 | 尽头线注意 | | 自进入该线起,控制好速度,准备停车 |

说明:

1. 手比方式为左手握拳,食指、中指并拢平伸。指尖须指向确认内容。
2. 列车进出库停车规定:
　(1)入库列车进入 A 端停车时,须在 5km/h 限速牌、库门前分别停车 1 次。
　(2)入库列车进入 B 端停车时,须在 5km/h 限速牌、库门前、A—B 端道口处分别停车 1 次。
　(3)A 端列车出库,动车前确认库门开启正常,动车至库门外平交道口前一度停车。
　(4)B 端列车出库,动车前确认 A—B 端道口安全,动车至库门前、库门外平交道口前各停车 1 次。

⑨接行车调度命令后凭车载信号的显示或地面信号机的显示,动车至车辆基地上行(下行)站台,根据列车运营图的规定决定是否进行折返作业和开关门操作。

⑩压道、巡道车严格按照规定程序行车,加强瞭望确认。

(3)正线出勤。

①按照上岗标准,带齐行车备品在所担当运行车次开车前 20 分钟到指定换乘室出勤。

②抄录有关运行、安全注意事项,了解正线列车(车辆)的技术状况、故障情况等。

③回答司机长"三交三问"。

④由司机长在司机手册上签字(盖章)。

⑤按担当运行车次到达时间提前 5 分钟到相应站台端头,等待接班。

⑥列车到达后按照《司机交接班作业标准》与下班司机交接运行注意事项及车辆状态情况。

⑦由两名司机在站台认真监护乘客的上下车情况。乘客上下车基本完毕〔发车计时器(Departure Time Indicator,DTI)为 15 秒左右〕,接班司机关门,确认无夹人夹物后进驾驶室按规定开车。

2. 班中

(1)司机按规定驾驶模式驾驶列车,途中加强瞭望,确认信号,认真执行《正线呼唤应答制度》(正线呼唤应答用语标准,见表 2-9)。运营中遇车辆出现故障,按《电客车故障应急处理指南》处理。列车故障消失可以继续运行时必须报行车调度后方能动车。途中产生紧急制动,做好客室广播。列车停车后按规定程序缓解,动车前必须与行车调度联系,得到允许动车的命令后,方可采用受限制的人工驾驶(Restricted Manual,RM)模式动车。列车在正线折返线、存车线下线由检修人员处理故障,在故障处理完毕后必须得到行车调度通知方能动车,不得听从检修人员的口头通知随意动车。遇车载 ATC 故障须采取不受限制的人工驾驶(Unrestricted Manual,URM)模式驾驶时,严格按照《行车组织规则》行车。运行中加强地面信号确认,严格按照线路限速运行。遇非正常情况,按照各类《非正常行车办法》执行,并确认各行车凭证和注意事项。

(2)运行中的电客车由车站开出和接近前方站时,要做好客室的广播工作并进行监听,防止漏报或错报站。

(3)列车进站,司机必须加强瞭望,密切注意站台乘客动态及线路,防止乘客跌落站台和异物侵入行车限界。发现异常,应及时采取减速或停车措施。

| 呼唤时机 | 呼唤用语 | 手比 | 备注 |
|---|---|---|---|
| 道岔防护信号 | 绿灯 | √ | 按正常速度通过 |
| | 黄灯,注意限速 | √ | 控制速度(低于25km/h) |
| | 红灯停车 | √ | |
| 列车接近道岔时 | 道岔好(正常情况下不须呼唤) | | 非正常情况下道岔必须呼唤 |
| | 停车 | | 道岔位显示不正确时停车 |
| 距离开车15秒时 | 关门 | | 按压关门按钮 |
| 车门关好时 | 车门关好<br>无夹人夹物 | | |
| 进入驾驶室 | 门关好灯亮<br>有速度码 | √ | (原则上必须在站台确认,如因光线等原因在站台无法确认时,可进入驾驶室内确认) |
| 列车接近站台时 | 进站注意 | | |
| 列车接近站台中部时 | 对标停车 | √ | 列车自动驾驶(ATO)时,注意人机接口(MMI)上目标速度为"0"。目标距离变红,控制速度,准备停车 |
| 列车停稳开门时 | 开左(右)门 | | |
| 列车接近进(出)场信号机时 | 黄灯(白灯) | √ | |
| | 红灯停车 | √ | 列车必须在红灯前停车 |
| 列车折返换端两司机交接时 | 设备正常,安全无事 | | (由交班司机确认设备正常后向接班司机交班) |

（4）列车进站停车时,应按规定停车位置停车。列车停站后,司机应立即打开客室车门,确保乘客及时上下车。列车以自动防护（Supervised Manual,SM）模式驾驶时,列车停站后,严格执行先上站台后开门制度。

（5）司机在站台认真监护乘客上下情况,确认乘客上下车基本完毕,发车计时器DTI在15秒左右时关门。关闭车门后必须确认车门关闭良好、无夹人夹物,方可回驾驶室内准备发车。动车前应通过站台倒车镜再次确认站台无异常。

（6）列车发车时必须确认行车凭证（ATO或SM模式时为速度码,非正常时为路票、电话记录号码或调度命令）。

（7）列车到达终点站后,接班司机打开车门,及时到另一端驾驶室,同时感知客室空调舒适度。待车站工作人员清客完毕后关门,按压折返按钮,确认信号、速度码,进行折返作业。接班司机到达另一端驾驶室后及时按下驾驶室对讲按钮与到达司机联系。折返线停车后换端并交接列车运用情况、安全注意事项等。交接完毕,接班司机确认信号,凭速度码动车至站台,到站台对标停妥后,到达司机下车。

（8）列车出折返线在始发站,接班司机对标停车后,必须及时上站台在打开客室车门后,再进驾驶室做报单填写等其他工作。在发车计时器DTI倒计时在20秒时,必须上站台立岗监护乘客上下车情况。确认乘客上下车基本完毕,发车计时器DTI倒计时在15秒左右时关门。(不参与运营列车在开车前司机必须确认站台安全,鸣笛动车。)

3. 班后

（1）列车回场

①列车回场按运行图规定执行，列车在车辆基地上行或下行站台停车后，及时开门，待车站工作人员清客完毕后关门，视列车运行方向决定列车是否进行换端作业。

②确认回场信号开放后，凭速度码或行车调度命令动车至转换轨处，在进场信号前停车，并及时将车载无线电台转换至"车辆段"模式，与信号楼联系列车停放股道（A 端或 B 端）、是否转线、是否做洗车作业等。

③按照信号楼调度员的命令，在确认进场信号开放后动车，运行中加强对调车信号机的确认。运行至限速牌一度停车，确认平交道口安全情况。库门前再次停车，检查库门开启是否良好、接触网供电状况、有无人或异物侵入限界。

④列车库内运行速度为 5km/h，在规定的位置停车，按要求降弓、休眠（特殊情况除外）。司机携带时刻表、手持台、主控钥匙、方孔钥匙等物品下车，锁闭驾驶室门至派班室退勤。

⑤与派班员交接时刻表、手持台、钥匙等行车备品。交接清楚后回答派班员提问，并在司机手册上签字或盖章。了解入住房间号后在退勤登记簿签名，至相应房间休息。

（2）正线退勤

①站台交接班完毕，交班司机在安全线内目送列车安全离站，至换乘室退勤。

②交司机报单并回答司机长提问，并了解下个班担当列车车次、出勤时间等情况。待司机长在司机手册上签字后休息，等待召开交班会。

（3）遇下列情况，不得退勤。

①不在规定退勤地点时。

②设备备品不清时。

③接班司机未到岗时。

④发生车辆故障或行车事件未交接清楚时。

⑤会议室及换乘室卫生不清洁时。

⑥不具备退勤的其他情况。

# 三、城市轨道交通列车司机岗位规范

## 1. 着装规范

（1）列车司机在工作时间应按规定穿齐工作制服、戴好手套、佩戴标志。在非工作时间，仍穿着工作制服的列车司机，着装和行为举止一律按上岗时的规定执行。

图 2-5 工帽正确戴法

（2）工帽应戴正，帽徽应对着正前方。女帽应保持帽檐水平状，男帽帽檐前缘应与眉同高，如图 2-5 所示。

（3）工号牌应佩戴于领带与制服领口的中间处，呈水平状态。穿着衬衫时，工号牌应佩戴于左胸前，与袋口成水平状态。工号牌损坏或丢失时，应佩戴胸卡，以便识别，如图 2-6 所示。

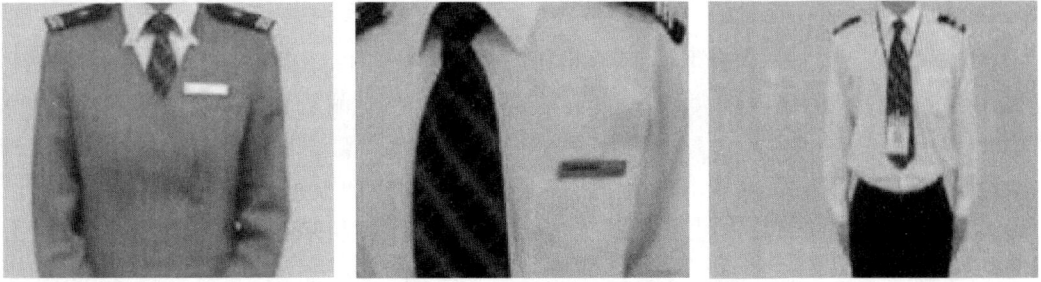

图 2-6　工号牌与胸卡佩戴方法

（4）领带打好之后，外侧应略长于内侧。打好的领带应以领带下端正好触及腰带扣的上端为宜，不得过短或过长，如图 2-7 所示。

2.用语规范

（1）列车司机在上班期间与相关人员进行交流时，应讲普通话。在进行工作联系时，应采用行车标准用语。阿拉伯数字"1、2、3、4、5、6、7、8、9、0"，分别读为"幺、两、三、四、五、六、拐、八、九、洞"。

图 2-7　领带系戴方法

（2）当列车出现自动报站故障或其他情况需要人工报站或播放清客广播时，列车司机应讲普通话，并保持语调沉稳、声音洪亮、吐字清晰、语速适中。

（3）列车司机遇乘客求助时，如由于时间关系不能为乘客解答，应礼貌指引乘客与车站站台岗或车站控制室人员联系。

（4）在接待乘客投诉时，列车司机态度要和蔼、得理让人，不得讲斗气、训斥、顶撞的话。

# 2.3　站务作业岗位

随着我国公交优先政策的推广和对绿色交通的大力倡导，城市轨道交通作为城市公共交通的一个重要组成部分，发展也越来越快。作为城市轨道交通运营企业，为乘客提供方便、快捷、舒适的服务是企业工作人员的工作重心。客运部门是运营企业的核心部分，因为它是最直接接触乘客，为乘客提供服务的部门。其服务的好坏直接影响乘客对整个城市轨道交通运营企业服务水平的评价。为此，客运部门应该认识到服务工作的重要性，更加重视自己的工作。客运服务各岗位的作业标准、岗位责任制度，每个客运服务人员必须严格执行。

## 一、站务人员通用标准

客运部门要时刻牢记自己的承诺，才能为乘客提供更好的服务。服务通用标准主要体现在以下几个方面：

1.仪表着装标准

统一着装（工作制服）、服装整洁整齐；佩戴领带（领结）与标志；不带首饰，不能有怪异的装扮;女子化淡妆。

2.行为举止标准

精神饱满,站有站姿、坐有坐姿,认真工作(履行好自己的岗位职责,严禁在工作岗位上处理私人事情,包括打手机、聊天等)、面对乘客要微笑、要有耐心(不能爱理不理、表现得不耐烦)。

特别说明:穿着工装,就表示在工作岗位上,就要用标准的服务规范来要求自己的言行、举止等,因为此时你代表的是公司,而不是个人(下班后着工装与乘客发生纠纷,也要按照工作标准来处理)。

3.服务语言标准

说普通话,使用十字文明服务用语——"您好、请、谢谢、对不起、再见"。与乘客对话、使用人工广播时,应语调沉稳、圆润,语速适中、音量适宜。遇到乘客有纠纷时,态度要友善,要耐心解释、说明,不能训斥乘客。

4.服务态度标准

要想乘客所想、急乘客所急,主动关心乘客,帮助有困难的乘客解决问题,树立"乘客至上、服务为本"的思想。工作时要加强责任感,以确保乘客和行车安全。

**小贴士**

### "六、五、四、三、五"工作法

六心:接待乘客热心、解决问题耐心、接受意见虚心、工作认真细心、学习业务专心、奉献一颗爱心。

五爱:爱城市轨道交通树形象、爱岗位敬事业、爱车站如家庭、爱乘客如亲人、爱同事如手足。

四到:"心到"——精神高度集中,随时应变异常。"话到"——提醒乘客按排队箭头候车,不越过候车线;礼貌疏导客流,对违章乘客解释制止。"眼到"——三步一回头,密切注视乘客情况及列车运行状态。"手到"——主动处理问题。如发现地面有水,及时设置"小心地滑"牌;遇设备故障放"暂停服务牌"。地面有脏物时及时找保洁员清除。

三不放过:不放过任何一名违反规章的乘客,不放过任何一件为乘客服务的小事,不放过任何一次向他人学习的机会。

五个一:乘客买票问一问、出示车票(证件)叫一叫;票证出示后谢一谢、关门前看一看、遇到老弱病残乘客帮一帮。

**知识链接**

### "七字"文明服务标准

一站:站立服务,精神饱满。双腿直立规范,双手自然下垂。面向乘客、迎送乘客,身体向前微倾。双手接递车票、指路五指并拢。

二坐:坐姿端正,面向乘客。目光注视乘客,身体挺直、双腿并拢。

三笑:面带微笑、服务乘客。嘴唇自然合拢,嘴角微微上翘,笑脸相迎、笑脸相送。

四礼:仪容整洁、礼貌待客。服装整齐、挂牌上岗。岗位操作专心、举止规范。接待乘客讲文明礼貌,纠正违章方法得当,处理问题实事求是。

五讲:讲普通话,用文明用语。"您好、请、谢谢、对不起、再见"十字文明用语不离口,坚持有声服务。认真回答乘客询问,主动宣传乘车常识。

六观:细心观察、认真巡查。学做有心人,注意观察乘客的形态是否有异常,了解乘客是否有困难需要帮助。

七做:全面服务、重点照顾。做热心人,热情接待每位乘客。乐于做分外事,主动迎送,主动搀扶老弱病残幼乘客,主动解决乘客困难。

## 二、车站各岗位工作职责与作业标准

1. 站区长(中心站站长)

(1)岗位职责

①指导所管辖范围内的车站工作,负责全站区范围内的行车、客运和票务管理工作,以及乘客服务、事故处理、员工管理、班组管理、安全管理、员工培训等工作。

②协助部门领导管理站区日常工作,认真贯彻执行各项规章制度和上级指示。

③进行车站巡视和查岗,了解情况、解决问题,遇到重大事情及时汇报,检查、督促值班站长开展各项日常工作。

④制订各项工作计划,并按照计划实施(例如培训、演练),同时做好总结工作,定期召开全站区大会,分析总结工作情况。

⑤处理乘客投诉、来信、来访;汇总服务案例、服务技巧,提高员工服务质量,确保各车站人员提供高品质的服务。

⑥监督各级人员的管理情况(准确掌握当日员工岗位安排情况),掌握员工思想状况,定期与员工谈心,听取员工意见和建议,及时反映情况并反馈解决办法给员工。

⑦严格执行考评制度,确保管辖内车站工作的安排、指导、检查、监督、评价和考核工作,适当及公平、公正地执行,减少内部冲突,保持车站团队的伙伴合作精神,营造积极向上的良好工作气氛。

⑧负责指导并加强车站系统的安全作业,检查排除安全隐患,确保与公安及政府应急抢救部门及其他公交机构保持沟通合作,以便在发生重大交通故障或事故时能及时处理。

⑨有重要任务、事故、事故苗头及设备不正常时必须到现场。在处理故障或事故时,指导各车站人员根据相关的规则及程序处理故障或事故,并做好恢复、善后及预防工作,保证及时、安全、高效地处理突发事故和恢复客运服务。

(2)作业标准

①管。

a. 组织车站行车、客运和票务工作,编制、执行车站行车、票务和客运组织方案。

b. 根据上级的要求和本站培训需求,制订车站培训计划。

c. 确保所属辖区各项制度落实到位,服务工作井然有序。

d. 定期计划、检查、总结车站行车、客运和票务工作。

e. 监督各层级人员的工作情况,统筹安排班表并协调各岗位的工作。

②查。

a. 严格检查各项服务设备运转情况,发现问题及时报修或采取有效防护措施。

b. 根据规定认真执行票、卡、款、账管理制度。

c. 及时查看乘客的来信、来访情况,妥善处理服务纠纷。

d. 确保所管辖区周边环境良好,站内卫生环境达标。

③讲。

a. 对本管辖区人员错误督导或操作不当、业务不精,需及时指出,以便消除隐患。

b. 对本站存在的问题敢讲敢管,有明确的是非观。

**2. 值班站长**

(1)岗位职责

①管理并监督车站内的所有活动,负责本站日常的行车客运、票务管理、乘客服务、事故处理、设备日常管理、安全管理、员工培训等工作。

②监督行车值班员日常工作,负责管理本车站的有效列车运作及客运服务工作,确保站务人员能按要求提供安全、可靠及高效率的车站服务。

③按客运方案组织乘客服务,主动与行车调度员、司机、邻站及有关岗位员工密切配合,随时保持与中心行车调度员、电力系统调度员和站务人员的联络畅通,掌握有关行车和相关设备的情况。

④做好车站票务工作(票款的管理、收缴,填写日常台账),统计、汇总当日的客运量和营收情况,报行车调度员。

⑤处理本站乘客投诉、来访事件,汇总当班的服务案例、服务问题。及时处理车站发生的行车事故,减少对乘客的影响,并每月向站长汇报。

⑥当车站的设施、设备发生故障或出现突发情况时,担任"事故处理主任"的工作。按应急方案操作,组织车站员工处理事故,采取有效措施保证车站的正常使用,并将故障情况通知有关单位。

⑦协助制订站务人员的排班表,加强对本班组员工的管理,组织召开接班会和交班会;合理安排和调配本班组人员工作;对当班人员进行监督、检查、考核;对当班员工进行培训、教育,掌握员工思想状况,营造及维持站务室内团队的伙伴合作精神。

⑧进行车站日常安全检查,每月向站长汇报安全情况。

⑨监督车站保安、保洁等人员的工作,并提出考核意见。

⑩完成上级交办的其他工作。

具体要求:接班时,提前到站了解有关客运及行车情况,查看行车值班员记录本,清点票款、钥匙,检查行车用品等,认真做好与上一班的交接工作;组织召开交班会,布置本班工作重点、注意事项,检查落实上岗前的各项准备工作;正常情况下,对车站各岗位的作业及设备、客运、卫生、保安、员工站风站貌等情况进行巡视检查(每班至少两次),指导员工各项工作,及时制止员工违规行为。

(2)作业标准

①坚持阶梯形交接班制度,加强交接班工作,贯彻值班站长"三字"工作法。

②加强票务管理。确保票务结算单、票务台账记录准确。

③落实安全工作措施,确保安全指标全面完成。

④接待好乘客来电、来访,按规定妥善处理各类服务纠纷。在发生异常情况及突发事件时,要结合实际,认真按上级规定进行汇报及处理。

⑤坚持组织每月不少于两次的班组活动,并认真做好记录。

⑥加强掌握车站设施、设备的管理,发生故障及时报修。

⑦搞好车站综合治理,协调各单位关系,争创安全文明车站。

⑧执行上岗统一着装规定,如遇天气变化须做相应调整的,须向上级报备。

⑨认真对待上级部门检查,对存在问题采取有效措施,积极整改。

⑩完成上级交办的任务。

## 小贴士

### 值班站长"三字"工作法

1. 站

(1)加强对设备的检查,确保车站设施、设备的正常使用,有问题按规定报修。

(2)坚持巡视制度,对各岗位纪律、标准化作业以及岗位服务形象检查不少于4次。

(3)确保车站卫生状况良好。

2. 做

(1)熟练掌握本工种及班组各工种的操作规程。

(2)顶岗时,严格按作业程序熟练操作并督促各岗规范作业。

(3)正确规范填写车站各类台账、资料并及时上报。按规定保管及使用硬币箱钥匙。确认硬币数及记录。

(4)妥善解决各类服务纠纷。

(5)对突发事件按操作规程妥善处理。

(6)掌握列车运营情况,把好行车安全关。

(7)搞好车站综合治理,协调各兄弟部门关系。

(8)结合实际,认真贯彻上级规定,做到有令必行、有禁必止。

3. 讲

(1)对班组存在问题敢讲敢管,有明确的是非观念。

(2)经常结合工作情况,对职工进行相对有效的思想工作。

(3)按上级要求,对本班工作进行评估和总结。具有相应的口头及书面表达能力。

## 知识链接

### 上海城市轨道交通1号线值班站长工作标准

作为上海城市轨道交通1号线最基础的管理人员,值班站长必须从列车安全、客运服务、票务管理、卫生管理、设备财产管理5个方面管理车站的日常生产。他们在城市轨道交通运营生产中具有十分重要的作用。

1. 主题内容和适用范围

本标准规定了对值班站长作业的具体要求。

本标准适用于客运段值班站长。

2. 性质和基本任务

值班站长岗位是车站运营组织工作的重要组成部分,在中心站长的领导下开展工作,是唯一一个涵盖所有对外运营时间的管理岗位。其基本任务是带领本班人员认真执行各项规章制度和上级指示、命令，完成运营指标，并负责本班的行车、客运、后勤等日常管理工作。

3. 工作内容及要求

(1)提前到站了解有关行车及客运情况，掌握上级下达文件和命令的精神，做好安全预想。

(2)组织召开接班会，布置本班工作。检查上岗前的各项准备工作，合理布岗。

(3)认真组织各岗人员的对口交接，发现问题及时解决，重大问题向有关部门汇报。

(4)组织全班人员落实好班组的考勤、交接班、岗位责任制及卫生清扫制度。

(5)负责统计本班各项生产数字，填写"值班站长工作日志"。认真完成本班的各项运营组织工作，末班车后向客运段生产调度汇报当日运营情况。

(6)积极参加客运组织工作，维持车站运营秩序。深入各岗位检查，及时纠正违章。

(7)对本班发生的各项事故、事故苗子、不良反映和投诉信，要及时调查分析，查明原因、及时整改，并向有关人员反馈处理意见。

(8)负责组织本班的各种班组学习和各项活动。每月召开一次班务会，总结本班月度工作。

(9)掌握本班人员业务素质情况，合理安排和调配各岗位人员。组织学习有关业务知识，不断提高班组管理水平。

(10)掌握车站各岗位的工作内容，必要时能顶岗工作。

(11)掌握车站设备情况，发生故障及时报修。

(12)搞好车站综合治理，协调各单位关系，争创安全文明车站。

4. 责任与权限

(1)责任

①对本岗位承担的各项运营指标负责。

②对本岗位及上下级下达任务的完成质量负责。

(2)权限

①对工作范围内的工作有指挥和决定权。

②对本班的违章违纪人员及危及人身、行车和设备安全的行为有临时处置权。

③有向中心站长提出本班职工奖罚、调动的建议权。

5. 检查与考核

按段颁布的经济责任制及上级有关规定进行检查与考核。

3. 客运值班员

(1)岗位技能

①能够处理简单的自动售检票系统 AFC 设备故障。

②掌握相关票务报表、账册的填写方法。

③掌握车站计算机系统(SC)的有关知识，能够熟练操作车站 SC。

④按照公司规定掌控车票、钱款的操作，确保车票、现金安全。

⑤处理与乘客相关的票务事宜。

⑥掌握车站的客流动态，协助值班站长合理安排售检票员岗位。

⑦掌握车站周边的地理环境及交通状况。

⑧其他需要掌握的相关技能。

（2）岗位职责

①执行运营公司、部、中心、车站的有关规章制度，做到有令必行，有禁必止。

②在值班站长的领导下，主管车站客运管理，组织站务员从事客运工作。

③负责车票的发放、回收和保管工作。

④负责本班组售票组织及车站营收统计工作，负责各种票务收益单据填写及保管。

⑤负责车站收益解行的实施和安全。

⑥协助值班站长组织管理安全员、售票员，处理乘客问题，提供优质服务。

⑦监督售票员、安全员在岗行为。

⑧在非运营时间值守车站，统计汇总当日的客运量和营收情况，报行车调度员。

⑨每班巡视车站两次，维护车站安全，防止意外事件发生。

⑩完成上级领导临时交办或外部门须协办的其他工作。

（3）作业标准

客运值班员班次分为早、晚两班。一般早班时间为 8：00—20：00，晚班时间为 20：00—次日 8：00。

①早班。

客运值班员早班作业标准，见表 2-10。

客运值班员早班作业标准 表 2-10

| 作 业 时 段 | 作 业 标 准 |
|---|---|
| 班前 | 1. 早上 7：30（提前 30 分钟到岗）到车控室，在"车站工作人员签到簿"上签到，并认真学习重要文件及上级指示精神。<br>2. 在点钞室与交班客运值班员进行交接。<br>（1）检查车票、现金、钥匙、票务设备备品情况。<br>（2）检查"客运值班员交接班本"是否按要求填写。<br>（3）检查票务、乘客服务的文件通知是否有要注意的重点工作。<br>（4）检查上一班的票务报表。<br>（5）与交班客运值班员交接清楚后签名。<br>填写各类台账、报表，在车站站厅、售票亭巡视、检查售票员工作。通过车站 SC 监控 AFC 设备运行情况。及时更换票箱及清点自动售票机（Ticket Vending Machine, TVM）钱箱、发现故障及时报设备维修调度员。维修人员到场后，全程监控其工作，并负责安全和协助值班站长处理车站内务 |
| 班中 | 1. 在站台交前一天各类报表。<br>2. 准备银行解款和在票亭、站厅巡视。及时安排 TVM 钱箱、票箱的更换、补币、补票工作及车票回收盒的清理工作。在此其间要保管车站的车票、现金、票务备品、部分票务钥匙，并负责安全。<br>3. 顶替售票、补票员吃午饭。<br>4. 为售票员进行配票，给售票员发放票务备品备件。<br>5. 统计好本班的车票、现金、发票及票务设备备品情况，并在值班员交接班本上做相应的记录，准备交班 |
| 班后 | 到车控室在"车站工作人员签到簿"上签字 |

②晚班。

客运值班员晚班作业标准，见表 2-11。

| 作业时段 | 作业标准 |
|---|---|
| 班前 | 1. 晚上 19:30(提前 30 分钟到岗)到车控室,在"车站工作人员签到簿"上签到,学习重要文件及上级指示精神。<br>2. 在点钞室与上班客值进行交接:<br>(1)检查车票、现金、钥匙、票务设备备品情况。<br>(2)检查"客运值班员交接班本"是否按要求填写。<br>(3)检查票务、乘客服务的文件通知是否有要注意的重点工作。<br>(4)检查上一班的票务报表。<br>(5)与交班客运值班员交接清楚后签名 |
| 班中 | 1. 填写各类台账、报表。<br>2. 每两小时巡视车站一遍,检查售票员工作及 AFC 设备运行状态。<br>3. 通过车站 SC 监控 AFC 设备运行情况,及时更换票箱及清点 TVM 钱箱。发现故障时报设备维修调度员。维修人员到场后,全程监控其工作。<br>4. 运营结束前 5 分钟关闭所有 TVM 和进站闸机,到站厅协助值班站长做好对乘客的宣传解释工作。<br>5. 运营结束后,与售检票员结账,将钱款封包。封包后与值班长站一起收取 TVM 钱款,核对钱款封包,填写相关台账,核对后签字确认。<br>6. 完成部分报表台账。<br>7. 开站前 20 分钟协助值班站长巡视各个出入口。<br>8. 开站前 15 分钟做好配票工作,并检查售票员到岗情况和开启 TVM 与闸机。<br>9. 完成本班全部报表、台账,整理票务室,准备交班。<br>10. 同接班客运值班员交接清楚后签名 |
| 班后 | 到车控室在"车站工作人员签到簿"上签字 |

## 4.行车值班员

行车值班员在值班站长的领导下,主管行车组织工作。协助值班站长开展客运、票务等相关工作,协助值班站长监督站务员工作;按列车运行图及行车调度命令监护列车运行,负责监控操作控制区域内的列车运行;非运营时间做好巡道、设备维修的登记和注销工作;监控站厅、站台情况,观察车站客流及列车到发情况,按要求播放广播;上级领导交办的其他工作。

具体要求:接班时,提前到站与上一班行车值班员进行交接(交接 STC 工作站操作情况,车站施工情况,上一班接受的文件、通知,等等)。

(1)岗位技能

①了解车站突发及紧急情况下的处理方法。

②熟悉列车时刻表,并严格按照列车时刻表办理行车。

③掌握现场操作联锁工作站(LOW)的操作使用,以及对闭路电视(CCTV)、环境自动控制、防灾报警等系统进行监控。

④熟练使用车站广播系统,能够做到及时广播。

⑤做好对现场施工及施工过程的监控。

⑥其他需要掌握的技能。

(2)岗位职责

①执行运营公司、部、中心、车站的有关规章制度,做到有令必行,有禁必止。

②在值班站长的领导下,负责车站行车工作。

③服从行车调度员指挥,执行行车调度员命令,严格按列车运行图组织行车。

④严格执行一次作业程序,熟悉行车设备的性能,掌握操作方法。

⑤控制车站广播,密切关注监视屏,掌握站台乘客动态,并视情况及时广播。

⑥LOW 停用时负责现场人工排列进路。

⑦非运营时间做好巡道、设备维修的登记和注销手续。

⑧保管使用行车设备备品,正确填写各种行车日志,字迹清楚。

⑨值班站长不在车控室时,代理其职责。

⑩完成上级领导临时交办或外部门须协办的其他工作。

（3）作业标准

行车值班员班次分为早、晚两班,一般早班时间为 8:00—20:00,晚班时间为 20:00—次日 8:00。

①早班。

行车值班员早班作业标准,见表 2-12。

**行车值班员早班作业标准**　　　　　　　　　　　　表 2-12

| 作 业 时 段 | 作 业 标 准 |
|---|---|
| 接班 | 1. 7:30 前到车控室在"车站工作人员签到簿"上签到。<br>2. 与上一班行车值班员进行交接,详细了解当前运作情况。查看"行车值班员日志""技术工作联系单""车站防火巡查登记簿""设备故障登记簿""施工登记簿""调度命令登记簿"及相关文件通知。<br>3. 检查、清点钥匙,检查行车备品柜内物品是否齐全、状态是否良好。<br>4. 填写相关台账、处理日常事务及交班须完成的工作 |
| 班中 | 1. 监控 CCTV,播放广播,处理相关事务。负责车站各岗位人员调配,传达相关重要信息。<br>2. 列车进出车站时,监控列车运行状态、站台乘客上下车情况。<br>3. 监控站台岗,发现险情或遇危及行车及乘客人身安全的情况时,及时采取应急措施。<br>4. 做好施工登记,加强对现场施工及施工过程的监控。<br>5. 协助当班值班站长处理一些简易事务。<br>6. 吃饭替班。<br>7. 做好交接前准备工作。把当班未完成须下一班完成的工作交接清楚,补充交班记录,填写各类台账,准备交接班 |
| 交班 | 19:30 与下一班行车值班员交接,强调注意事项,交接清楚、完整后签名 |

②晚班。

行车值班员晚班作业标准,见表 2-13。

**行车值班员晚班作业标准**　　　　　　　　　　　　表 2-13

| 作 业 时 段 | 作 业 标 准 |
|---|---|
| 接班 | 1. 19:30 前到车控室在"车站工作人员签到簿"上签到。<br>2. 与上一班行车值班员进行交接,详细了解当前运作情况。查看"行车值班员日志""技术工作联系单""车站防火巡查登记簿""设备故障登记簿""施工登记簿""调度命令登记簿"及相关文件通知。<br>3. 检查、清点钥匙,检查行车备品柜内物品是否齐全,状态是否良好。<br>4. 填写相关台账、处理日常事务及交班须完成的工作 |

| 作 业 时 段 | 作 业 标 准 |
|---|---|
| 班中 | 1. 监控 CCTV,播放广播,处理相关事务。负责车站各岗位人员调配,传达相关重要信息。<br>2. 列车进出车站时,监控列车运行状态、站台乘客上下车情况。<br>3. 监控站台岗,发现险情或遇危及行车及乘客人身安全的情况时,及时采取应急措施。<br>4. 做好施工登记,加强对现场施工及施工过程的监控。<br>5. 协助当班值班站长处理一些简易事务 |
| 运营结束前 | 1. 上/下行尾班车开出前10分钟开始广播。<br>2. 上/下行尾班车开出前5分钟,通知停止售票和进站检票工作,并广播 |
| 运营结束后 | 1. 尾班车开出后按时广播,关闭一般照明、广告照明,协助值班站长清客关站。<br>2. 做好各项施工请、销点登记手续,做好施工和工程车开行的安全防护措施。<br>3. 检查、管理对讲机、应急照明等设备的充电情况。<br>4. 按要求关闭部分环控设备并检查运行情况 |
| 次日运营开始前 | 1. 运营前30分钟组织检查线路出清情况并及时报告行车调度员(如红闪灯有无撤除等)。<br>2. 按要求模式打开环控设备并检查运行情况。<br>3. 首班载客列车到站前15分钟打开车站照明。<br>4. 确认首班载客列车到达前10分钟出入口、闸机、TVM等开启。<br>5. 全面负责车站行车组织,负责车站广播播放、文件收发。<br>6. 做好交接前准备工作,把当班未完成须下一班完成的工作交接清楚,补充交班记录,填写各类台账,准备交接班 |
| 交班 | 7:30与下一班行车值班员交接,强调注意事项。交接清楚、完整后签名 |

5. 售检票员

(1)岗位技能

①熟练掌握 POS 机、TVM 的操作方法。

②熟练掌握对票卡的分析,熟知票务政策。

③掌握售票员结算单及乘客事务处理单等相关报表的填写。

④按照公司规定掌控车票、钱款的操作,确保车票、现金安全。

⑤处理与乘客相关的票务事宜。

⑥掌握车站周边的地理环境及交通状况。

⑦其他需要掌握的相关技能。

(2)岗位职责

①执行运营公司、部、中心、车站的有关规章制度,做到有令必行,有禁必止,为乘客提供优质服务。

②在客运值班员领导下,负责车站售票工作,妥善处理坏票、补票工作。

③按规定时间开关售票窗口。

④严格执行"一收、二验、三找、四清"的作业程序,准确发售票卡,按规定提示乘客确认票卡面值,不得拒收分币。

⑤热情接待乘客,对乘客提出的问题,要按规定妥善解决。

⑥对无法过闸票卡进行分析,并按规定处理。

⑦准确填写结算单,交清当班票款。

⑧正确使用设备,确保售票亭内整洁和设备内部清洁。

⑨加强防范,确保票款安全。

⑩完成上级领导临时交办的工作。

(3)作业流程

售检票员作业流程,见表2-14。

**售检票员作业流程** 表2-14

| 作业时段 | 作业流程 |
|---|---|
| 班前 | 1.早上首班载客列车到站前半小时到车控室在"车站工作人员签到簿"上签到,并领取对讲机。<br>2.首班载客列车到站前20分钟按规定着装,参加点名交接班,学习重要文件及上级指示精神,了解当班注意事项,听从当班值班站长的岗位安排。<br>3.首班载客列车到站前12分钟到车站票务室客运值班员处领取本班所需票务备品(票箱、硬币托盘、验钞机、售票员结算单、乘客事务单、发票)及备用金等。<br>4.首班载客列车到站前12分钟到岗,在售票员结算单上填好POST机上左右票箱的车票数量,检查AFC设备、备品备件及对讲设备情况,做好开窗的一切准备 |
| 班中 | 1.严格按照售票作业程序售票。如果乘客使用大面值的纸币购票,应提醒乘客当面点清票款。<br>2.在帮助乘客充值时提醒乘客看显示器金额,让乘客确认。<br>3.当班过程中须保持客服中心的整洁,票证报表、钱袋须摆放整齐。<br>4.当硬币、车票、发票数量不够时,向车站控制室报告。<br>5.售票结束后,票务员进行设备设施的交接,将本班的报表、车票、所有现金收拾好拿回票务室。<br>6.整理钱、票,带回票务室结算。<br>7.班中如果需要替换岗位时,做好票务钥匙、票务设备、对讲设备的交接工作。<br>注意:不能让非当班人员随意进出(非当班人员须有高一级人员的授权方可进入) |
| 班后 | 1.正确填好"售票员结算单"上的关窗张数,注销POS机,清点好自己的钱款及备品,放好暂停服务牌,关好售票亭的门。<br>2.到票务室与客值结账,填好"售票员结算单"及"封包明细表",将票款打包。<br>3.归还在票务室领取的票务备品。<br>4.到车控室在"车站工作人员签到簿"签字,归还早班领用的对讲机 |

(4)作业标准

①服从站长的安排,按规定时间开关售票窗口。上岗前应备足票卡,票卡用完要及时清理。

②严格按照作业程序正确、迅速发售票卡,做到"一收、二验、三找、四清"。

③主动兑换硬币,不得拒收分币、旧钞。按规定处理假币。

④准确填写结算单,交清当日票款。

⑤正确使用设备,确保工作区域整洁。

⑥准确分析票卡,按规定处理。

⑦加强防范,确保票卡款的安全。

⑧对无法过闸的票卡,准确分析,按规定处理。

⑨文明礼貌地处理与乘客的事务,对乘客提出的问题认真回答,耐心细致。

**知识链接**

### 售检票员处理乘客票卡问题的技巧

售票充值严格执行"一收、二验、三找、四清"的一次作业程序。

"一收":收取乘客票款。除银行规定不能收的钱币不收外,其他都应按规定收取。严禁拒收旧钞、零币、分币的行为。对 20 元及以上面额执行唱票:"收您××元。"收取的票款不应直接放进钱箱。

"二验":采取"一看""二摸""三听""四测"(用验钞机测)的程序待验明真伪后放于桌面。若判断为假币,向乘客说明:"对不起,请您换一张。"

"三找":出售票卡并找零,必须一次完成。操作的同时让乘客查看显示屏上信息,一次完成售票。按照操作步骤发售单程票,发售前执行二次分析制度。发售储值票时应向乘客说明押金金额,并提示其阅读"储值票使用须知"。储值票充值须做到"二次确认":先请乘客确认余额和须充值金额,充值后再次提醒乘客确认充值金额。确认时应唱出读数,并五指并拢指向乘客显示屏,说:"××元,请确认。"需要找零时,必须严格执行"找零一次完成"的作业要求,将大小面额找零和票卡一起交给乘客。唱找时应说:"找您××元,请拿好慢走。"严禁强找零币、旧币。

"四清":待乘客离开窗口后,方可把桌面钞票放进电子钱箱。

行政处理严格执行"一问、二操、三确认"的一次作业程序。

"一问":耐心听取乘客讲述事情经过,并做相应分析处理。

"二操":确属于行政处理事务,立即通知站长到票亭处确认。"行政处理记录单"应按要求填写完整并签字。按照步骤操作并让乘客确认乘客显示屏信息,打印单据并让乘客签字。

"三确认":将已经处理的票卡分析正常后交给乘客,须找零的唱出零钱金额,并让乘客确认。

乘客兑零时,从乘客手中接过钱币,并唱出所收金额,采取"一看""二摸""三听""四测"(用验钞机测)的程序验明真伪,找好零钱,说:"找零××元,请清点。"乘客确认无误离开后,将所收钱币放入钱箱。

车票次序错误重复进闸时,查看刷票时间。如果在 20 分钟以内,更新后递交乘客:"请再次刷票进站。"如果超出 20 分钟,则说:"对不起,您需要补交××元更新车票。"处理完毕后递交乘客:"请再次刷票进站。"车票次序错误无进站记录时,"您的车票进站没有刷卡,所以出闸受阻。请问您在哪站上车?"免费更新车票归还时说:"请拿好。"储值票次序错误重复出闸时,则查看刷票时间,如果在 20 分钟以内,发放免费票递交乘客并说:"请拿好。"如果超出 20 分钟,则询问进站地点,免费更新车票后,递交乘客并说:"请拿好。"乘客持超时车票时说:"对不起,您的车票超时,请补交××元车费。"乘客持超乘车票时说:"对不起,您超乘欠费,请补交××元车费。"乘客无票出闸时说:"对不起,按照规定,您需要补交车票成本费××元。"递交车票时说:"请拿好,欢迎下次光临。"

乘客办理非即时退款时,判断车票是否是人为损坏。若人为损坏达到储值票损坏标准,则将损坏的情况当面告知乘客,提示可办理非即时退款,卡内余额可全额退还,但押金按规定不能退。若属非人为损坏,则告知乘客:"您的卡已不能正常使用,我们为您办理非即时退款。"非即时退款申请手续按程序办理完毕后,将打印小单交给乘客并告知:"5 个工作日后您可以凭小单到车站来领取退款。"乘客办理即时退款时,办理即时退款说:"卡内余额××元,退卡押金××元,一共是××元,请您确认签字。"退还票款,则说"请走好"。

乘客持过期车票时,若为单程票,则说:"对不起,您持的是过期车票,请您另外购票进站,按照规定,我将收回这张车票,谢谢合作。"若为储值票,延时一段时间说:"请再次刷卡进站。"

乘客索取发票时说:"请稍后。"递给相应面额发票时说:"请拿好。"

特殊情况下乘客无法乘车要求退票时,得到站长同意后说:"对不起,退您××元,欢迎下次光临。"

### 6.站台安全员

站台安全员主要负责站台乘客安全,维持站台秩序,及时处理站台乘客问题。上岗时,应携带口哨、对讲机。上岗前要确认对讲机电池状态良好;运营开始前应提前15分钟全面巡视站台,确认线路空闲、无异物侵限,并报告车控室;在岗巡视时,要以规范姿态来回走动,全面巡视站台的行车安全,乘客人身安全,设施、设备运行情况,以及站台的卫生情况。发现问题,要及时处理并向车控室汇报。岗位轮换时,应在两班车间隙进行交接。交接内容为对讲机、设施设备状态等需说明的问题。运营结束后,确保没有乘客逗留在站台上,关闭自动扶梯,全面巡视设备情况,确认其状况良好。

(1)岗位技能

①应掌握站台层发生意外情况时各种处理方法,即站台安全员应知应会知识。

②掌握信号灯使用及其显示规定。

③使用工具的操作和维护知识。

(2)岗位职责

①实行属地管理,必须服从值班站长和值班员指挥,执行、服从值班站长和值班员命令,协助值班站长进行事故处理。

②执行运营公司、部、中心、车站的有关规章制度,做到有令必行,有禁必止。

③随时关注站台动态,防止乘客跳下站台、进入隧道。组织乘客有序乘降,如发现乘客有违规行为,应及时制止,维护车站正常的候车秩序。

④负责站台、自动扶梯的客流组织(客流高峰时限流)工作,必要时采取一定措施,引导乘客站在安全线内候车。

⑤当车辆进站时,应于靠近紧急停车按钮处站岗,提醒乘客不要拥挤,不要手扶车门,注意列车和屏蔽门之间的空隙。列车关门时,密切注意列车车门状态,防止乘客在关门时冲上车夹伤。

⑥列车启动时,注意乘客和列车动态。

⑦解答乘客问询,关注行动不便乘客,必要时扶其上下车。遇有清车或列车不停本站时,做好解释劝说工作。

⑧巡查站台,发现问题及时采取相应的处理措施。车站发生伤亡事故时,做好取证工作,并协助公安人员清理现场。

⑨清客完毕,需要向司机显示"一切妥当"的信号。

⑩完成上级领导临时交办的其他工作。

(3)作业标准

站台安全员作业标准,见表2-15。

**站台安全员作业标准** 表2-15

| 作 业 时 段 | 作 业 标 准 |
|---|---|
| 班前 | 1.首班列车到达前或中班接班前30分钟到站,到车控室签到、领用对讲机。<br>2.提前20分钟到交班会议室进行班前点名、接受工作安排。<br>3.提前12分钟领齐必须的工具(电喇叭、口哨、切门控钥匙+贴纸、对讲机、信号灯或信号旗)到岗 |

| 作业时段 | 作业标准 |
|---|---|
| 班中 | 1. 工作内容:负责站台接发列车工作、乘客乘车安全监控工作,解答乘客问题。<br>2. 工作时间:早班为从首班列车到站前30分钟至下午14点,中班为13:30到运营结束。<br>3. 立岗地点:立岗时,必须站在站台两端"紧急停车按钮"附近±5m区域内。站台有三名安全员时,四班倒安全员在站台中部。<br>4. 站立姿势:接、送列车时,必须呈立正姿势,遵循"一迎、二接、三送"原则。其他时间可呈稍息姿势,但不得坐在站台座椅或灭火器箱上,不得双手背于身后或插在裤兜内。<br>5. 巡视:除接发列车立正时间外,在下一次列车到站前应对站台区域进行不少于一次的巡视。<br>6. 休息:工作满3小时或吃饭时间可休息20分钟,由值班站长安排人员替班。<br>7. 交接:交接内容包括上岗必须的工具,本班上级交待的注意事项。若发生必须工具损坏时报值班站长进行责任界定,否则所损坏的工具及由此产生的不良后果由接班人员承担。中班交接班时,接班人员未能及时到岗时,在无法安排替班人员时,由值班站长指定早班当班人员中一人继续工作,继续工作时间不超过2小时。<br>8. 夜班安全员在运营结束后应负责定时巡视全站及出入口,配合行车值班员做好对施工单位的监控工作。第二日开站前一小时负责检查站内轨行区,确认线路空闲后向行车值班员汇报。开站前40分钟,开启员工通道;开站前15分钟开启所有出入口 |
| 班后 | 1. 上(下)行末班列车开出后,清理站台。确认站台区域无滞留乘客、无异常情况后向值班站长汇报;"站台清理完毕,无滞留乘客,无异常。"<br>2. 配合值班站长做好清客关站工作。<br>3. 按照就近原则,协助关闭站台至站厅的自动扶梯。<br>4. 到车控室归还对讲机,签名下班 |

**小贴士**

## "一迎、二接、三送"原则

"一迎"——列车进站前面向列车开来方向呈立正姿势,提醒乘客:文明乘车,先下后上,有序乘车;站在黄色安全线内候车,切勿抢上抢下;分散车门上车。

"二接"——列车进站越过站立处所时,面向列车,左右扫视提醒乘客不要拥挤、不要手扶车门,注意列车和站台之间的间隙。列车上(下)客中间至发车前,注意防止乘客在列车和站台间隙处受伤。列车关门时防止乘客被车门夹伤。

"三送"——列车发出越过站立处所时,面向列车尾部呈立正姿势,至列车尾部出清站台区域时结束。

上、下行列车同时到站时接发列车工作由各车站根据实际情况自行制定,原则上由处于列车头部位置的人员接发相应的列车。

**知识链接**

## 站台安全员遇特殊情况的处理技巧

1. 大客流时,注意乘客动态,及时疏导乘客,并向车控室报告站台客流情况。

2. 乘客越过黄线时,立即上前阻止,情况紧急或距乘客较远时可先吹哨警示。

3. 乘客物品掉下站台时,第一时间明确告诉乘客:"请勿擅自跳下轨道,我会尽快帮您把失物捡回来。"在不影响行车的情况下,汇报行车值班员,征得同意后用拾物钳夹取。或请乘客留下姓名、联系方式,待运营结束后为其拾取。

4.客车关门夹人夹物时,立即用对讲机通知司机。若司机无法重开车门,视情况按压站台紧急停车按钮并报告车控室。

5.乘客跳下站台时,立即按压站台紧急停车按钮,并向车控室汇报。值班员按压上(下)行站台紧急停车按钮,实施救援。救援后对乘客进行心理疏导。

6.列车清客时,进入列车车厢,请全体乘客下车。(终点站用语:"终点站已到,请全体乘客下车。"列车中途清客用语:"本次列车因故不能继续运营,请全体乘客下车,换乘下趟车。")当所有乘客离开列车时,向司机和车控室报告清客完毕。

7.站厅(厅巡)岗站务员

站厅(厅巡)岗站务员主要在站厅巡视,及时处理乘客进出站时遇到的问题,不能处理的问题向值班站长请示。巡视的重点位置是进出后闸机、电扶梯口等。

具体要求:站厅巡视时,两列车间隙,站厅岗可在站厅范围包括进出站闸机、自动扶梯处巡视或引导乘客购票、进闸、出闸,发现问题及时处理;乘客进出闸时,注意观察闸机指示灯和声音提示,遇使用工作证、乘车证、老人储值票、免费票时,可抽查相应证件。岗位交接,早中班站厅岗人员应在两班车间隙进行交接。

闸机引导严格执行"一迎、二导、三处理"的一次作业程序。一迎:乘客进出站时,应以规范站姿面向闸机提供站立服务,目光关注乘客进出站的动向。二导:引导乘客进出闸机,发现乘客车票无法使用时,应向乘客说明:"请让我为您分析一下票卡。"三处理:对不能正常进出闸的票卡交 BOM 操作员进行分析;拾获车票要及时交 BOM 操作员回收;使用专用通道做到随开随关。对需凭证件出入的乘客,应说明"请出示证件",认真验证后说"谢谢"并放行。遇公司接待和团体票进出专用通道时,应提供站立服务。

购票引导严格执行"一察、二导、三处理"的一次作业程序。一察:注意观察乘客动态,及时发现不会使用 TVM 购票的乘客并给予帮助。二导:引导乘客购票。购票完毕后提醒乘客"请拿好您的钱和票",五指并拢,为乘客指明进闸方向"请从这边进闸"。三处理:出现卡币或卡票等情况时及时到 TVM 前处理,必要时通知值班站长和 BOM 操作员一起处理。

(1)岗位职责

①发现乘客携带超长、超大、超重物品时,应劝阻"对不起,您携带的物品不符合城市轨道交通有关规定,不能带进站",并做好相应的解释工作。

②发现精神不正常乘客应该禁止其进站乘车,并及时报车站控制室。必要时请求警务人员或同事协助,保护自身安全。

③负责保证重点旅客(年老体弱者、小孩、残疾人、携大件物品乘客等)的安全。发现儿童在自动扶梯上嬉戏时,劝阻儿童,"请不要在自动扶梯上嬉戏、打闹",并对其进行教育,必要时通知其监护人。

④负责巡查站厅、出入口,保证设备设施的正常运行,并做好相关巡查记录,发现安全隐患时及时报修,发现有故意损坏城市轨道交通设备的行为应及时制止,并上报车站控制室。

⑤留意地面卫生,发现积水、垃圾、杂物等应及时通知保洁人员处理,同时设置禁示牌,防止乘客摔倒。

⑥站厅、出入口发生治安安全事件时,应及时赶到,保护现场,并寻找两名及以上目击证人。

⑦负责站厅、出入口的客流组织工作。乘客较多时,加强宣传和引导,防止乘客过分拥挤,

必要时采取相应的限流措施。

⑧负责更换钱箱、票箱,引导不能正常进出闸机的乘客到客服中心处理。

⑨乘客反映站内 AFC 设备无法使用时,先确认设备状况。若设备故障,可安抚乘客说"对不起,我们会帮您处理",并报告值班站长。

⑩关注乘客动态,发现进出闸机不规范行为。如发现违反《城市轨道交通乘客守则》的行为应及时制止,并对其进行教育,引导乘客办理购票或补票手续。

(2)站厅岗站务员作业标准

站厅岗站务员作业标准,见表 2-16。

站厅岗站务员作业标准 表 2-16

| 作 业 时 段 | 作 业 标 准 |
|---|---|
| 班前 | 1. 签到,阅读文件,接受上级交代工作并了解注意事项。<br>2. 领取相关的对讲机设备和钥匙。<br>3. 巡视车站及设备。<br>4. 带齐工作备品,准时到岗,配合值班站长做好车站开启工作 |
| 班中 | 1. 引导乘客使用自动售检票设备。<br>2. 运营时间内巡查车站设备,并做好相关记录。<br>3. 回收闸机票卡,补充 TVM 的票卡及找零钱箱的零钱。<br>4. 发生紧急情况时,第一时间报告车站控制室。<br>5. 在上(下)行末班车到站前××分钟,在 TVM 上、每组闸机前应摆放告示牌停止售票 |
| 班后 | 1. 末班车开出后,清理站台,确认车站没有滞留乘客,无异常情况后汇报。<br>2. 协助关闭车站的相关设备。<br>3. 配合值班站长做好车站关闭工作,将相关钥匙和对讲机设备交还给车站控制室 |

## 复习与思考

**一、填空题**

1. _____是城市轨道交通企业日常运输组织的指挥中枢,担负着组织行车、提高运营服务质量、确保运输安全、完成乘客运输计划、实现列车运行图的重要责任。

2. 运营调度工作由调度控制中心实施,实行_____、_____、_____的原则,以使各个环节紧密配合、协同动作,从而保证列车安全、正点运行。

3. 通常在调度控制中心设有_____、_____、_____、_____、设备调度等工种。

4. _____主要监控变电所、接触网等与供电相关的各种设备,及时采集各种数据,保证各车站、列车供电的可靠性与安全性。

5. 行车调度员应熟悉人、车、天、地、电、_____、_____等与运营相关的情况。

6. 行车调度日常工作制度包括_____、_____、_____、_____、_____。

7. 环控调度员负责城市轨道交通环控系统的调度和管理工作,监督_____系统、_____系统及气体灭火系统的运行。

8. _____全面负责车辆的计划维修、故障抢修、事故处理、调试、改造作业安排及组织实施,监视所有车辆技术状态。

9.城市轨道交通列车司机必须牢记_____的宗旨。

10.城市轨道交通列车司机必须掌握列车的基本构造、性能,具有一般的_____能力,熟悉运行线路和停车场等基本设施情况,熟练掌握所担任驾驶区段的情况及停车场线路纵断面情况。

11.城市轨道交通列车司机必须经过考试合格,并取得_____后方准独立驾驶电动列车。

12.司机回答派班员三交三问(三交指_____、_____、_____;三问指_____、_____、_____)。

13.司机得到信号楼通知及地面信号开放后,按车场动车"四确认"(指确认_____、_____、_____、_____)和《车场内呼唤应答用语标准》标准动车。

14.当列车出现自动报站故障或其他情况需要人工报站或播放清客广播时,列车司机应讲普通话,并保持_____、_____、_____、_____。

15.站务人员十字文明服务用语是_____
_____。

16.站务人员"七字"文明服务标准是_____
_____。

17.站厅(厅巡)岗站务员闸机引导应严格执行_____的一次作业程序。

## 二、问答题

1.运营调度工作的作用与任务主要有哪些?

2.行车调度员岗位要求有哪些?

3.行车调度工作制度有哪些?

4.什么是行车调度组织工作? 行车调度组织工作包括哪些环节? 各个环节要求是什么?

5.列车发生晚点时,应如何进行行车调度组织工作?

6.电力调度员岗位要求有哪些?

7.电力调度员作业制度有哪些?

8.环控调度员岗位职责有哪些?

9.环控调度员作业制度有哪些?

10.环控调度员在机电设备故障时有哪些应急处理办法?

11.设备维修调度员岗位职责有哪些?

12.设备维修调度与行车调度有什么关系?

13.信号楼调度员作业标准是什么?

14.城市轨道交通列车司机岗位规范有哪些?

15.值班站长岗位职责有哪些?

16.站务员岗位职责有哪些?

模块2

# 城市轨道交通运输
# 组织管理

# 单元 3　城市轨道交通乘务组织管理

### 教学目标

1. 掌握城市轨道交通列车司机作业规范；
2. 掌握各种特殊情况下的列车驾驶要求；
3. 熟悉列车故障时的处理方法与基本技巧；
4. 熟悉列车安全驾驶的基本规定；
5. 了解乘务管理制度与乘务作业工作纪律。

### 建议学时

8 学时

## 3.1　城市轨道交通列车司机作业规范

### 一、出勤与出场作业

1. 出勤

（1）出勤是城市轨道交通列车司机在投入运营前重要的准备阶段，在这个阶段应做好出库前的各项准备工作，包括业务准备、生理准备和心理准备。

（2）城市轨道交通列车司机在出库前，必须充分休息、班前 8h 内禁止饮酒，生理和心理状况必须符合工作要求。

（3）城市轨道交通列车司机必须在指定时间前到达指定地点，按规定方式出勤。停车库内出勤时，应按列车出库时间提前 30 分钟到运转值班室向运转值班员出勤，听从运转值班员的安排，并向运转值班员领取电动列车钥匙、司机报单、对讲机、应急包等行车物品。正线出勤时，应按接车时间提前 20 分钟到线路车站的指定乘车室，向班组长出勤（遇特殊线路，须于线路两头出勤时，可通过电话方式向班组长出勤）。

（4）备用司机应在首班车出库前 30 分钟出勤。出勤后对备用列车进行检查，检查后应在司机候乘室内待命，严禁擅自外出或到司机公寓休息。

（5）司机出勤时，应穿着乘务人员识别服，佩戴好工作牌、星级标志或其他规定的相应标识，并携带好计时工具、工作证、有效驾驶证。严禁无证上岗，不得携带与行车无关的物品，手机必须调至振动档。

（6）司机出勤后，认真听取班前布置会，了解当日值乘时间、地点及所接列车的车次；认真阅读并抄录运营有关注意事项和调度命令，并交值班员或乘务班组长签字确认。

2. 交接班

(1)司机在停车库内交接班时,接班司机应与交班司机进行对口交接。交接内容包括电动列车钥匙、驾驶专业物品、司机报单及当日正线运行注意事项。同时对电动列车进行检查和试验,了解备用列车的技术状况。一旦发现列车故障或车辆状况不符合出库要求,应及时向运转值班员报告。

(2)司机在正线交接班时,接班司机须等交班司机办理完开关门作业后,再执行对口交接工作。交接内容包括电动列车钥匙、列车行驶交路、所交接列车的技术状况、驾驶专业物品、司机报单、继续有效的行车命令以及其他有必要交接的内容。如遇设备发生故障或发生事故,或者在规定时间内未交接完毕,应随车继续交接,直至处置或交接完毕。

(3)在存车线进行备用列车的交接时,交接班司机应跟车进出存车线路。必须步行进入的,交接班司机应向行车调度员申请,按照面向来车方向通行路径,说明进出路线,得到其同意后,方能下线路与备车司机交接班。进入线路行走时,要加强对线路的瞭望,尽量靠线路限界外侧行走,确保自身安全。

(4)接班司机与交班司机交接完毕后,必须在司机报单上签字确认。

3. 列车检查

(1)列车在投入正线运营前,司机应对电动列车两个驾驶室的所有操作设备进行检查,确保所有设备的状态满足列车正线运营条件。检查内容包括:①客室照明、广播、信息屏、空调通风、车门、车窗、设备柜、安全应急设备等情况是否符合运营条件;②操纵台仪表、开关、指示灯,设备柜所有旁路开关、切除开关,驾驶室内挡风玻璃、驾驶室门等功能是否正常、位置是否正确、铅封是否齐全,状态是否能满足列车上线运营条件。

(2)列车在投入正线运营前,司机应分别在两头驾驶室,对列车进行静态及动态调试,并将检查结果在司机报单上注明。遇列车故障,应根据各车型列车上线标准,及时决定是否上线运营。

(3)遇下列情况,禁止列车出库。

①受电弓及高压电路故障时。

②牵引电机故障时。

③高速开关故障时。

④空压机不能正常工作时。

⑤牵引、制动电路故障影响行车时。

⑥辅助电路故障影响行车时。

⑦各仪表指示灯不显示或显示不正常时。

⑧蓄电池电压过低,列车不能正常启动时。

⑨鸣笛不响时。

⑩雨雪天气雨刷不能正常工作时。

⑪头尾灯任意一项均不亮时。

⑫总风缸漏泄严重时。

⑬三扇以上车门不能打开时。

⑭空气簧不能充气时。

⑮联轴节、轴箱、齿轮箱机械损坏或严重漏油时。

⑯转向架有裂纹时。

⑰车钩、电器连接器及缓冲装置有一项功能不良时。

⑱车体倾斜、变形超限时。

⑲车底吊挂螺栓、插销松脱及机件弯曲变形时。

⑳车轴有裂纹时。

㉑车辆踏面擦伤、剥离超过规定标准时。

㉒列车广播及无线电通信发生故障时。

㉓ATP 车载设备发生故障时。

㉔车载过度信号设备发生故障时。

㉕驾驶室门发生故障不能打开或关闭时。

## 知识链接

### 列车出库前一次出乘检查作业标准

（以上海城市轨道交通阿尔斯通列车为例）

为进一步规范司机在列车出库前的出乘作业，确保列车出库前的状态完好，车辆运作部特制定列车出库前一次出乘检查作业标准。具体内容如下：

1. 检查前准备

确认股道、车号、接触网送电状况，确认列车两侧及车底无人员或物件侵入限界，车库门打开。

2. 列车头部外观检查（从下行端驾驶室开始）

（1）检查列车外部目的地显示屏、挡风玻璃、雨刷、头尾灯、防爬装置，玻璃钢整流罩，确认外观良好，无破损变形。

（2）检查车钩钩舌位置，各类机械结构无损坏，对中风缸阀门打开，手动解钩拉手安装牢固有效。

（3）检查两侧驾驶室脚蹬、过度信号通信卡、ATC 外挂设备安装牢固无变形。

（4）检查列车管隔离阀、解钩风缸隔离阀、风笛隔离阀阀门打开，风管无破损漏泄。

3. 列车启动

（1）司机按压"列车控制"按钮接通蓄电池，蓄电池电压表显示 123V。列车司机显示屏（Driver Display Unit，DDU）启动，电源灯点亮，列车综合信息管理系统（Trian Integrated Management System，TIMS）开始初始化工作，列车控制设备开始自检。大约 1 分钟后显示屏显示"列车准备"页面，列车供电接触器闭合，自检完毕。

（2）将主控制器钥匙转至接通位，本驾驶室被激活，控制台相关仪表指示灯点亮。

（3）将"受电弓控制"旋钮扳至"升弓"位，此时 DDU 显示屏上显示受电弓正在升起。待受电弓升起后，受电弓图标显示升弓位，且接触网电压有高压显示（显示范围在 1200～1800V 之间）。辅助逆变器开始工作，显示屏显示中间电压"OK"。

（4）通过 DDU 面板确认车门关闭良好、各系统无故障。空压机正常打风，压力表制动缸检测压力为 2bar。

（5）如果 ATO、ATP 进入工作状态，那么 DDU 中 ATP、ATO 及 RMO 指示灯闪亮。

（6）列车启动完毕。

4. 驾驶室设备检查

(1)检查确认驾驶室顶部装饰板安装牢固,空调格栅、照明灯无损坏脱落。

(2)检查确认驾驶室门窗无破损,车门关闭、开启自如。

(3)检查确认驾驶座椅无损坏,常用备件及安全防护用品齐全,无缺损。

(4)检查确认控制台上开关位置正确,按钮、仪表、显示屏外观良好,停车制动缓解。

(5)检查确认驾驶室设备柜开关、保险位置正确;关门旁路和 ATC 开关在正常位,且施加铅封。

5. 设备功能调试

(1)紧急制动复位

在列车处于停车状态下,紧急制动施加。打开主控制器将模式开关设在手动驾驶 CM(Coded Manual)模式位,将主手柄拉至制动位(任何位置),同时按下"紧急制动复位"按钮,列车紧急制动撤销。一般情况,在驾驶室进行转换,紧急停车按钮触发,ATP 或 ATO 模式下紧急制动触发。列车启动后必须进行紧急制动复原操作。

(2)警惕按钮测试

列车处于停车状态,紧急制动已撤销,制动缸压力显示 1bar。按下"警惕按钮测试"按钮,持续 3s 左右,列车会施加紧急制动,制动缸压力从 1bar 升至 2bar。

(3)指示灯测试

按下"指示灯测试"按钮,司机控制台上所有指示灯点亮。

(4)紧急停车按钮功能测试

按下"紧急停车按钮",列车施加紧急制动且受电弓落下。拔出按钮,受电弓自动升起(升弓开关必须在升弓位),紧急停车功能撤消。

(5)风笛测试

朝任意方向拨动"喇叭"拨杆,喇叭被触发鸣笛。

(6)车门开关测试

分别打开左右车门查看车门是否能全部打开。按下关门按钮,查看车门关闭情况是否良好,蜂鸣器是否鸣叫,此试验重复 2 次。

(7)雨刷功能试验

雨刷动作速度分为慢速和快速两档,按下开关可喷射水雾,清洁玻璃。

(8)报站广播试验

设置报告内容,任意选择某一车站进行播报。检查确认客室广播内容正确,客室显示屏有显示。

(9)ATC 初始化试验

模式开关设在"CM"位,缓解紧急制动,按下"RMO"限速前进按钮,此时 DDU 面板中 ATC 及 ATP 绿灯闪烁,受限驾驶(Restricted Manual Operating,RMO)模式灯稳定点亮黄灯,速度表中指示速度为 25km/h。列车可以缓解,ATC 初始化完毕。

6. 列车缓解试验

(1)选择 CM 模式,主手柄至制动位,按下紧急制动复位按钮,撤消紧急制动。

(2)推动主手柄至牵引位,待列车空气制动全部缓解后迅速回零,同时检查制动、缓解灯点亮和熄灭是否正常。

(3)主手柄回零后,常用制动施加,司机将主手柄拉至快速制动位,检查确认制动缸压力到2bar。

(4)分别将模式开关转换至"洗车""限速向前""后退"模式,对上述模式下列车缓解制动进行试验,并确认状态正常。

7. 车底设备检查

(1)从驾驶室右侧门下车,顺下行方向左侧对Ⅰ单元车底设备依次进行检查,完毕后从车底下部穿越对Ⅱ单元进行检查。

(2)检查车体无倾斜,外墙、车门、玻璃无刮痕破损,车门指示灯安装良好。

(3)检查构架无裂纹,空气弹簧无破损漏泄、接地线、速度传感器安装良好,闸瓦无破裂脱落。

(4)车底架吊挂设备安装牢固,箱盖锁闭;空压机、逆变器状态良好,无异声。

(5)车辆连接部车钩连接良好,连线无脱落,折蓬无破损;列车管阀门打开,无漏泄。

(6)检查制动控制单元(Brake Control Unit,BCU),箱盖锁闭良好,制动缓解阀BC阀及停车制动(Parking Brake,PB)阀位置正确。

8. 对上行驾驶室进行检查和试验(步骤同4、5、6)

9. 无线通信试验

出车前,司机必须使用无线通信设备与信号楼联系,核对车次、股道和列车号,并确认无线通信正常。

10. 发现故障时的处理

(1)司机在检车过程中发现故障时,如故障影响列车上线运行(参照列车上线技术标准),须立即报告运转值班员,更换出库列车。

(2)如故障不影响列车上线运行,则将故障在报单上注明。

11. 检查顺序

列车检查及静态试验时间共计20分钟,检查内容为上述内容。具体检查顺序如下:

起始端为非驾驶端驾驶室(下行方向)→启动列车并检查驾驶室设备,完成部分功能测试→沿列车出库方向右侧检查走行部及车底设备→两单元之间从下部穿越→沿列车出库方向左侧检查走行部及车底设备→检查驾驶端驾驶室设备,完成所有功能测试。

4. 出场作业

(1)司机在检查完列车后,应主动与信号楼调度员联系,复诵列车车号、车次、股道,并对列车状态进行描述。

(2)司机应进行手指呼唤(手指,伸直手臂,五指并拢,依次指向出库信号、车库门。呼唤,出库信号机信号正确,车库门开启良好、安全销插好)。鸣笛后,方可启动列车。

(3)列车在车库门口应一度停车,确认平交道上无人员走动且具备行车条件并鸣笛后,方可启动列车出库。列车出库时,司机采用"慢速前行"模式驾驶,库内限速5km/h。待列车尾部全部出清出库平交道后,司机以20km/h限速在停车场内运行。

(4)列车在停车场内行驶时,司机应认真确认进路中每个调车信号机的显示及每个道岔的开通位置,并进行相应的手指呼唤(在调车信号机前,动作——伸直手臂,五指并拢,指向调车信号机,呼唤——"调车信号正确";在道岔前,动作——伸直手臂,五指并拢,指向道岔开通方向,呼唤——"道岔位置正确")。

(5)列车在停车场内行驶时,司机应做到瞭望不间断。过平交道或有人员在前方线路上行走时,应鸣笛警示并减速。

(6)列车在出场线(入场线)出场时,司机应将列车运行至一度停车牌前(信号模式转换点处)一度停车,建立 ATP 或 ATO 模式,并对出场信号机开放、进路、速度码进行手指呼唤(手指——伸直手臂,五指并拢,分别指向出场信号机、前方进路、速度码。呼唤——"信号正确"/"进路正确"/"速度码有")。之后,方可以 ATP 模式或 ATO 模式进入正线。

## 二、场内调车与试车作业

### 1.停车场内调车作业

(1)调车作业前,司机应了解车辆技术状态、运行路径和作业要求。在停车场内调车时,遇三钩以上的调车作业——司机应凭运转值班员发布的调车单,执行调度员调车任务;遇三钩及以下的调车作业——司机应凭运转值班员发布的口头命令,执行调度员调车任务,并掌握调动列车的车号、停放股道及调送地点。

(2)司机确认调车信号开放,与信号楼调度员进行呼唤应答(司机:"信号楼调度员,停车库××道调车信号已开放,信号正确。"信号楼调度员:"停车库××道司机,××道至××道调车信号已开放,信号正确可以动车。"司机复诵:"××道至××道调车信号已开放,信号正确可以动车。"并进行相应的手指呼唤(动作——伸直手臂,五指并拢,指向调车信号机;呼唤——信号正确)。鸣笛后,启动列车,在库门平交道前一度停车,确认平交道无行人及异物侵入限界后,方可动车。

(3)在停车场内调车时,列车限速为 20km/h,司机应认真确认进路中每个调车信号机的显示及每个道岔的开通位置,并进行相应的手指呼唤(在调车信号机前,动作——伸直手臂,五指并拢,指向调车信号机,呼唤——"信号正确";在道岔前,动作——伸直手臂,五指并拢,指向道岔开通方向,呼唤——"道岔位置正确")。

(4)利用牵出线、尽头线调车,当列车接近终点时,司机要控制好车速,在停车位置 10m 前一度停车,然后以 3km/h 限速接近停车位置并停车。

(5)当列车须再次进行调车时,司机应确认调车信号开放,在与信号楼调度员进行呼唤应答后,方可动车。

(6)在调车过程中,如遇信号显示或进路错误时,司机应立即采取紧急制动措施,将列车停下,并立即通知运转值班员,等待信号重新开放或由信号楼调度员通知后,根据要求动车,但要减速运行,并加强对线路及信号的瞭望。在信号系统严重故障、行进线路信号全部不能开放时,应根据信号楼值班人员的调车手信号或口头命令动车。

(7)在停车场内调车时,严禁司机采用后退模式调车。如遇特殊情况必须退行时,司机应与信号楼调度员联系,经同意后方可执行,一般退行距离不得大于 20m。

### 2.停车场内试车作业

(1)在停车场内到试车线试车时,司机应凭运转值班员发布的工作单或口头命令执行试车任务,并掌握调试列车的车号、停放股道、技术状态及调式要求。试车由两名司机担当调试工作。一般情况下,严禁利用场线及停车库线进行试车作业。

(2)当列车调至试车线后,司机必须按停车场试车线有关作业规定,在指定地点停车,并在允许试车信号开放及与信号楼调度员进行呼唤应答(司机:"试车线进路正确。"信号楼调度员:"试车线进路正确。"司机动作——伸直手臂,五指并拢,指向调车信号机,呼唤——"试车线信号正确"),之后方能进行试车。

案例分析-试车速度过高导致列车撞击车挡

(3)列车到达试车线后,司机必须先对试车线进行一次往返压道作业,限速为20km/h,确认线路与车辆制动情况正常。当试车车速大于60km/h时,司机应将列车调至线路端头规定位置,确保满足试车的制动安全距离与线路最高限速。夜间试车、接近线路尽头或轮轨黏着条件差时,应加强瞭望,适当降低速度并提前采取制动措施,确保试车安全。

(4)试车完毕后,司机应将列车行驶至规定位置,并向信号楼调度员申请回库(司机:"试车线列车申请回库。"信号楼调度员:"试车线列车回停车库××道。"司机复诵:"试车线列车司机明白,回停车库××道。"待回库调车信号开放后,司机:"信号楼试车线回库信号开放。"信号楼调度员:"试车线至××线信号开放可以动车。"司机复诵:"试车线至××线信号开放可以动车。"动作——伸直手臂,五指并拢,指向调车信号机,呼唤——"信号正确"),之后再动车。

(5)遇雷、暴雨、强风、大雪及浓雾天气,一般不进行试车线试车。

**3. 正线试车作业**

(1)正线运营期间的电动列车试车作业,车辆技术状态应良好,列车必须按照自动闭塞信号方式运行。司机在试车作业前,必须向施工负责人了解具体施工内容。接到调度命令后,要仔细阅读、严格执行调度员命令要求,确保列车正点运行。严禁擅自切除车载ATP进行试车。

(2)对正线运营结束后的电动列车试车作业,作业前司机必须向调试负责人了解具体调试内容,并按照调度命令内容以电话闭塞法方式运行至调试区段。列车占用区间的行车凭证为路票,发车凭证为车站值班员显示的发车手信号。调试列车到达调试区段后,由调试负责人至车站车控室进行施工登记。登记完毕后,司机根据调度命令及施工登记号进入封锁/封闭区段进行试车。调试结束后,由调试负责人至车站车控室办理施工注销手续,司机根据调度命令指定的运行方式及信号驶回停车场。

(3)遇雷雨、暴雨、强风、大雪及浓雾天气,不满足正线试车安全条件时,应立即停止正线试车作业。

**4. 洗车作业**

(1)城市轨道交通列车司机在接到运转值班员洗车作业的通知后,应了解所洗列车的停放股道及列车车体号。

案例分析-洗车作业后造成挤岔事故

(2)城市轨道交通列车司机确认列车车况良好、调车信号开放后,按调车作业相关规定将列车运行至洗车库门口待命。

(3)城市轨道交通列车司机凭开放的洗车库入库信号,限速3km/h进入洗车库,根据各线路洗车设备要求进行洗车作业。

(4)城市轨道交通列车司机确认列车洗车作业完毕后,联系信号楼调度员准备调车回库作业。根据信号楼调度员命令,在手指呼唤确认信号、道岔开放状态正确后,启动列车。

(5)在洗车过程中,城市轨道交通列车司机不得打开车门擅自进入洗车区域。在清洗列车头部时,不得启动列车刮雨器。

(6)在洗车过程中,如发现列车前方进路或设备状态异常,应立即采取紧急停车措施,并与信号楼调度员联系。

### 三、正线驾驶作业

**1.巡道作业**

(1)正线巡道列车由上、下行首班出库列车担当;巡道列车运行限速按照列车运行图规定限速45km/h运行(遇特殊情况,按调度命令执行)。

(2)担当巡道任务的司机,应严格按照限速要求运行,并加强瞭望,同时认真确认限界内线路与设备情况,重点检查接触网、线路和侧部管线有无损坏、侵限。若发现有运行异常情况及不具备列车安全通行情况时,应立即紧急停车,仔细确认、判明情况,并向行车调度员报告,根据调度指示办理相关作业。司机如能排除障碍应积极排除,尽快恢复列车运行。

(3)司机若发现线路设备有异常情况,但不影响列车正常通过时,可以不停车继续运行越过该区段,但必须立即向行车调度员汇报相关情况。

(4)司机若发现线路情况异常时,应汇报行车调度员。内容包括列车车号、车次、发生时间、司机姓名、事发地点百米标位置、影响程度及具体情况、措施建议。

**2.区间运行**

(1)列车在区间运行时,司机应坐姿端正,上身轻靠椅背,左右手均放置在操作台上,做好随时紧急停车准备。座位高度应调节至满足司机瞭望视线清晰。

(2)列车在区间运行时,司机应认真瞭望前方信号、线路及接触网情况。发现异物侵入限界,应立即采取紧急停车措施。

(3)列车在区间运行时,遇进站信号机、出站信号机、道岔防护信号机时,司机应执行手指呼唤(遇进站信号机,手指——伸直手臂,五指并拢,指向进站信号机,呼唤——"信号正确"。遇出站信号机,手指——伸直手臂,五指并拢,指向出站信号机,呼唤——"信号正确"。遇道岔防护信号机,手指——伸直手臂,五指并拢,指向道岔防护信号机,呼唤——"信号正确";遇道岔,手指——伸直手臂,五指并拢,指向道岔开通方向,呼唤——"道岔位置正确")。

(4)在地面线路遇阳光斜射刺眼时,司机可调整遮阳帘至合适位置,严禁拉至底部和遮挡视线。在地下线路或地面线路背光处,严禁用遮阳帘对前窗进行遮挡。

(5)列车在区间运行时,司机应时刻注意列车仪表显示,发现故障应及时判断并处置。若故障影响列车准点运行时,应向行车值班员报告。

(6)在使用ATP或采用车轮防滑保护(Wheel Skidproof Protect,WSP)进行手动驾驶时,司机应做到合理牵引和制动,平稳驾驶,严格按照指示速度和区间信号的显示驾驶列车。运行途中,要不间断核对列车运行时分,防止晚点。

(7)列车在区间运行时,司机应加强瞭望,以防有人或异物侵入限界。无特殊情况,严禁鸣笛。遇大雨、大风、大雪、浓雾等恶劣天气,或在曲线半径较小、瞭望条件不理想的线路上运行时,司机应根据调度命令或规定的限速运行;在经过长、大坡度区段时,应合理使用牵引和制动,避免列车冲动或超速。

**3.进站作业**

(1)列车进站时,司机应注意观察站内及站台情况,以防有人或异物侵入限界。发现异常情况要鸣笛警示,必要时,应及时采取紧急制动措施。

(2)司机在使用ATP或采用车轮防滑保护进行手动驾驶时,进站前应根据指示速度,适当减速。

(3)列车应带制动进站,严禁接近停车位置采取一把闸制动方式停车,以保证制动的平稳。

(4)遇钢轨涂油或轨面湿滑,应提前减速,防止列车越过停车位置。

**4. 车站停车及开门作业**

(1)列车进站后,司机应将列车在规定停车地点(停车牌)处停车。

(2)列车停稳后,司机跨出驾驶室一步(约50cm),转体面对站台、面对车体,以立正姿势站立,按压靠站台侧开门按钮,打开所有该侧车门。同时通过驾驶操作台上DDU面板确认车门是否全部打开,CCTV无异常情况发生后,通过站台与CCTV显示情况监护乘客上下情况及发车表示器显示。

(3)在装有屏蔽门或安全门的车站,司机应同时确认屏蔽门或安全门全部开启。如屏蔽门或安全门未自动开启,立即手动打开屏蔽门或安全门。

(4)当发车表示器闪亮或停站计时器到达15秒后,司机应根据乘客上下车情况,掌握好关门时机,按压靠站台侧关门按钮,关闭所有该侧车门,尽量做到一次关门成功。

(5)列车关门后,司机应确认车门全部关闭,无夹人夹物。遇车门未全部关闭或瞭望不清时,不得上车,待确认无异常后,方能进入驾驶室。

(6)在弯道车站,司机关闭车门后,应凭车站站务员显示车门关闭良好的手信号,进入驾驶室。

(7)司机在安装屏蔽门或安全门的车站应确认:屏蔽门或安全门同步关闭,且屏蔽门或安全门和列车车体之间无人员或物品侵入;站台尾部光带完整。若在弯道站台,应确认屏蔽门安全探测装置未报警。

(8)在安装屏蔽门或安全门的车站,司机在进入驾驶室前,应对车门和屏蔽门或安全门关闭情况进行手指呼唤(以站立姿势面对列车,确认屏蔽门或安全门关门状态,确认车门关闭状态及屏蔽门或安全门与车门间光带是否完整。确认无误后,伸直手臂,手臂与身体呈90°,五指并拢,指向屏蔽门或安全门,呼唤——"双门关闭,无夹人夹物")。

(9)在没有安装屏蔽门或安全门的车站,司机在进入驾驶室前,应对车门关闭情况进行手指呼唤(以站立的姿势面对列车,确认车门关闭状态无误后,伸直手臂,手臂与身体呈90°,五指并拢,指向车门,呼唤——"车门关闭,无夹人夹物")。

**5. 车站作业**

(1)列车启动前,司机对车门、速度码、信号机、发车表示器进行手指呼唤(手指,伸直手臂,五指并拢,分别指向车门、速度码、发车表示器。呼唤:车门——"全列车门锁闭灯亮";速度码——"速度码有";信号机及发车表示器——"出站信号正确")后发车。

案例分析-列车司机未确认信号机闯红灯

(2)列车出站前,遇有道岔时,司机对道岔防护信号机及道岔位置进行手指呼唤(手指,伸直手臂,五指并拢,分别指向道岔防护信号机及道岔位置。呼唤:道岔防护信号机——"信号正确";道岔位置——"道岔位置正确")后方可发车。

(3)司机在使用ATP或采用WSP手动驾驶列车出站时,应控制好牵引,平稳启动列车。

(4)在安装CCTV监视器的车站,司机应通过监视器观察站台情况,发现异常,应立即采取紧急停车措施。

6. 折返作业

(1)列车到达终点站清客完毕,待站务员走出客室,司机应迅速关闭车门,在确认接车司机上车,并对前方道岔防护信号及道岔开通位置进行手指呼唤(手指,伸直手臂,五指并拢,分别指向道岔防护信号及道岔开通位置。呼唤:道岔防护信号机——"信号正确";道岔开通位置——"道岔位置正确")后,方可驶入折返线。前方道岔防护信号未开放,严禁进入驾驶室。

(2)司机采用 ATP 或 WSP 手动驾驶列车时,应根据列车限速要求驾驶,严禁超速行驶。在折返线行驶时,司机应集中思想,做到距离过半,速度减半。

(3)列车在规定地点(折返线车牌)处停车,应确认列车无压岔和占标,停车后,司机应立即关闭主控制器钥匙,并在驾驶室等候。

(4)在驾驶室控制权转换后,交车司机在锁闭驾驶室门及客室通道门、关上车窗,雨雪天气时关闭雨刮器后,方能离开驾驶室。

(5)接车司机应提前在规定地点等候折返列车,到达驾驶室后主动和交车司机联系。同时交车司机须将列车技术状况和其他必要的行车信息告知接车司机。接车司机待列车停稳后打开主控制器,在对前方道岔防护信号机、道岔位置、速度码进行手指呼唤(手指,伸直手臂,五指并拢,分别指向前方道岔防护信号机、道岔位置、速度码。呼唤:道岔防护信号机——"信号正确";道岔位置——"道岔位置正确";速度码——"速度码有")后,方可驶出折返线。

7. 广播报站

(1)列车在始发站发车前,司机应根据运行交路设置好列车报站器。如是手动播报,应在列车启动后,及时按下播报按钮。

(2)用报站器报站时,司机应加强监听,并注意显示屏上站名显示。当发现报站错误时,应及时采用人工广播更正。

(3)当列车报站器发生故障无法使用时,司机应及时通过人工广播进行报站。人工报站应使用普通话,做到声音清晰、语气平和、用语规范。

(4)当遇到列车故障、清客、跳停等特殊情况或其他信息发布时,司机应选取应急广播词及时向乘客进行说明。没有设置应急广播词的列车应采用人工广播。播报内容,见表3-1。

(5)高峰回库的列车,司机应进行人工广播,广播内容包括列车目的地、前方到达站及其他注意内容。

播 报 内 容　　　　　　　　　　　　　　　　　　　　表 3-1

| 状　况 | 播 报 内 容 | 播 报 时 机 |
|---|---|---|
| 车站及区间迫停 1 分钟以上 | 乘客请注意,现在临时停车,请耐心等待 | 车站 1 分钟 1 次、区间 30 秒 1 次 |
| 车站及区间迫停 5 分钟以上 | 乘客请注意,由于临时原因,列车在本站有较长时间停留,请有急事的乘客改乘地面交通,敬请谅解 | 列车停留时间超过 5 分钟 |
| 高峰会库 | 乘客请注意,本次列车终点站为××站,要前往××站方向的乘客请改乘下一班列车,谢谢您的配合 | 列车出站后播报(起始站开始,每站都报) |
| 列车车门切除 | 乘客请注意,由于个别车门故障无法正常打开,请注意车门上的提示,提前做好准备,改从其他车门下车,谢谢您的配合 | 司机切门后列车出站及进站前播报(每站都报) |

| 状　况 | 播报内容 | 播报时机 |
|---|---|---|
| 列车接调度命令放站 | 乘客请注意,由于运营调整需要,列车将不在××站办理上下客作业,须前往××站的乘客请提前下车改乘后续列车,谢谢您的配合 | 司机在接到调度命令后,及时向乘客播报(通过××车站前每站都报) |
| 终点清客 | 乘客请注意,本次列车终点站××站到了,请乘客带好随身物品抓紧时间下车,谢谢您的配合 | 列车到达终点站 |
| 客流高峰期间 | 乘客请注意,由于正值高峰期间,请上下车的乘客尽量往车厢里走,不要紧靠车门。请下车的乘客提前做好准备,谢谢您的配合 | 司机遇到车厢较拥挤的情况下播报 |

## 四、入场与退勤作业

**1. 入场作业**

(1)列车入场前,列车司机应确认客室内没有乘客滞留,按规定要求对出站信号机、前方进路、道岔防护信号机进行手指呼唤,确认信号正确、进路正确后启动列车。

(2)确认入场信号开放后,凭速度码或行车调度命令动车至转换轨处,在入场信号机前停车。按规定要求对入场信号机进行手指呼唤,及时将车载无线电台转换至"车辆基地"模式。与信号楼调度员联系列车停放股道、是否转线、洗车作业等。

(3)列车在车辆基地内行驶时,列车司机应认真确认进路中每个调车信号机的显示及每个道岔的开通位置,并进行相应的手指呼唤,确认调车信号正确、道岔位置正确。

(4)列车在车辆基地内行驶时,列车司机应做到瞭望不间断。过平交道或有人员在前方线路上行走时,应鸣笛警示并适当减速。严格遵守车辆基地内的限速规定。

(5)列车在停车库前平交道处应一度停车。列车进库前,列车司机应对车库门、股道送电、无人及异物侵入限界按规定进行手指呼唤。确认车库门开启良好、安全销插好、股道送电正确、无人及异物侵入限界并鸣笛后,驾驶列车进入车库。

(6)列车进库时,按规定限速运行。在接近停车位置时,列车司机应控制好车速,按规定停车点停车。

(7)列车进入尽头股道停车时,应在离停车位置规定距离处前一度停车,然后以规定限速运行至停车处停车。

(8)列车入库停车后,列车司机应巡视客室内部。发现乘客及不明物品时,应及时与车场安保人员联系。

(9)列车司机离车前,应将有关行车记录填写完毕,并记录两端驾驶室的列车走行公里数,同时携带好时刻表、手持台、主控钥匙、方孔钥匙等物品,根据运转值班员的命令决定是否收车。离开列车时,应将驾驶室杂物进行清理,并将两端驾驶室门安全锁闭。

**2. 退勤**

(1)司机在停车场内退勤时,应到运转值班室与运作值班员办理退勤手续,与运作值班员做好移交手续。移交内容包括电动列车钥匙、司机报单、对讲机、应急包等,并将列车技术状况及当日列车运行情况向运作值班员汇报。

(2)司机在正线退勤时,应到规定地点退勤,将当日运营情况向接班班组长汇报。遇值乘列车发生事故、严重晚点或乘务管理部门认为有必要时,值乘司机应到运转值班室办理退勤手续,书面报告事件经过并积极配合调查。

## 3.2 特殊情况下列车驾驶

### 一、乘客伤亡事故现场处理

1.事故报告

凡在城市轨道交通范围内的车站、停车场及区间线路上发生人员伤亡事故的,司机应立即停车,并按顺序报告。

2.报告方法

(1)在正线区间内,由列车司机向行车调度员报告。

(2)在停车场管辖范围的线路内发生事故,由司机向运转值班员报告。

3.报告内容

(1)日期(月、日)、时间(时、分)、地点(上行线、下行线里程或站名)。

(2)列车车次、列车号、报告人姓名、所在部门及职务(工种)。

(3)事故概况。内容包括:伤亡者姓名、性别、受伤情况;采取的抢救措施,伤者送往的医院、陪同人员姓名;等等。

4.现场处理

(1)事故发生后司机须立即停车,确认伤亡人员状况,并保护好现场。伤者所在车站应派人采取抢救措施,重伤由车站派人及时将伤者送往就近医院。如事故发生在区间,由司机将伤者随车送往前方站(由乘客协助),再由车站按前述内容处置。列车若在隧道内已越过被撞人应立即停车报行车调度,然后限速15km/h运行至前方站。行车调度员应令车站值班站长指定人员与民警随后续列车以15km/h前行,至事发地进行勘查。找到后迅速将被撞人抬上列车带至前方车站送医院急救,并尽快恢复运行。

(2)一时无法断定是否死亡的一律按伤者进行抢救。对死亡者,必须由两人以上(含两人)确认后,由城市轨道交通分局进行勘查。由车站工作人员在轨道交通公安人员协助下,将尸体移到妥善处。

(3)司机在配合处理过程中与现场民警保持联系,需要动车搬移尸体时须得到民警确认。

(4)现场处理完毕恢复运营时,须现场第一指挥人签字认可,并汇报行车调度员,经同意后恢复运行。

### 二、列车运行中发生火情时的处理

列车运行中发生火情时,应及时停车,尽快找到起火设备,切断其电源,及时向行车调度员或行车值班员报告,并立即使用灭火器灭火。当运行至车站的列车发生火情时,应立即打开车门疏散乘客,同时利用广播通知予以清客。

如列车不能运行至车站时,应立即停车。应尽可能停在平直线路上,将列车制动好,做好防溜措施。利用广播稳定乘客情绪,将着火车厢的乘客疏导至安全的车厢。同时司机采取一切通信手段与行车调度员联系线路停电。得到停电的通知并确认后,对接触轨做好搭铁保护。遇有紧急情况、危及行车安全时,可采取强行停电措施。

司机应将人员及车辆的具体情况报告行车调度员,并按其指示办理。如须救援时,按救援的有关规定办理;如须疏散乘客时,按相应的预案进行疏散处理。

列车在运行中发生异味或冒烟时,应尽快查明原因,果断处理。

### 三、特殊天气下瞭望距离不足时的操作

列车运行中遇雾、暴风、雨、雪、沙尘天气,瞭望困难时,司机应及时将情况报告行车调度员或行车值班员,必要时开启前照明灯与标志灯,适时鸣笛,适当降低速度。当看不清信号、道岔时,要停车确认,严禁臆测行车。列车进站时要控制速度,确保对标停车。运行中严禁盲目抢点、臆测行车。

运行中要按规定适时鸣示音响信号,加强瞭望,确认信号。遇有显示停车信号时,要果断停车,及时与行车调度员或行车值班员取得联系,按其指示行车。

因天气原因当能见度低于5m时,原则上应停止运行。

### 四、遇雨、雪、冰、大风天气时的操作

列车运行中遇恶劣天气、自然灾害等特殊情况,司机应及时向行车调度员报告,并采取相应措施。列车启动时,牵引力要逐渐增大,发生轮对空转时,应及时将司机控制器降回,待启动电流稳定后方可继续操作运行。

运行中要严格控制列车速度。制动时要适当延长制动距离,制动力要尽量小,防止滑行。应视其速度,根据具体情况追加或缓解,确保对标停车。

### 五、遇大风时的操作

列车在运行中遇有大风恶劣天气危及行车安全时,司机在接到行车调度员或行车值班员的通知后,按其指示行车。当突遇大风,司机未接到通知时,应立即采取减速措施,必要时立即停车,并及时将情况报告行车调度员或前方站行车值班员。

### 六、遇水害时的操作

列车在区间遇水害,司机要根据水害情况立即停车,查明情况,如走行轨露出水面、接触轨供电正常时,司机可减速到随时可以停车的速度通过水害区段,并及时将情况报告行车调度员或行车值班员。暴风雨天气或汛期,列车在运行途中突遇水害危及行车安全时,司机应立即采取减速措施或停车。如须立即退行时,按有关规定办理,与行车调度员或行车值班员联系,得到准许后以不超过15km/h的速度在将列车退至安全地带后,按行车调度员的指示办理。需要防护时,应根据有关规定进行防护。

因水害造成路基塌陷、滑坡等,危及行车安全时,应立即停车,将情况报告行车调度员或行车值班员,按其指示办理。

### 七、接触网挂有异物时的处理

（1）发现触网挂有异物时，司机应立即停车。地面线路或高架线路上如发现接触网挂有异物须处理时，应报告行车调度员，在得到行车调度员许可后方能下车用绝缘杆拨除异物。

（2）车头越过接触网悬挂异物时或异物较难清除时，司机可汇报行车调度员，经行车调度员同意用切单弓绕过接触网悬挂物的方式继续运行。接触网异物可由后续列车处理。

（3）司机发现邻线线路接触网挂有异物时，应及时报告行车调度员，并说明具体位置。

### 八、发生触网停电时的处理

列车在车站停车发生触网停电时，司机须及时向行车调度员或行车值班员报告，并打开车门，向乘客广播；如停电无法短时间恢复，司机可根据调度命令进行清客并收车。

列车在区间发生触网停电时，司机应尽量将列车惰行至车站。如无法牵引迫停区间时，司机应及时与行车调度员或行车值班员联系，并用客室广播安抚乘客。如触网供电无法及时恢复，且客室内乘客较多时，司机可根据调度命令进行疏散。触网恢复供电后，司机应及时启动列车，并确认列车状况。如车况满足运营条件，应立即恢复运营。

## 3.3  列车故障处理

列车故障是影响列车正常运营秩序的主要原因之一，随着车辆设备的老化以及原有设计的不合理等因素的增加，列车在载客运营中发生因故障掉线、清客、救援的现象时有发生，给正常的运营组织带来混乱。列车故障形成的原因主要有设备老化、欠修、维修保养不当、司机操作不当、人为损坏等。

### 一、故障处理一般要求与基本技巧

#### 1.列车故障处理一般要求

（1）司机处置列车故障时，应严格按照《排故手册》流程操作，并在规定处置时间内判断出故障能否排除，同时根据列车的实际技术状态，向行车调度员明确终点站退出运营、立即清客退出运营和申请救援的行车作业要求。

（2）列车在ATO模式驾驶时，司机须离开驾驶室处置故障或其他事宜时，必须将方向/方式手柄（模式开关）转换至手动模式，防止列车自行发车。

（3）开门后，屏蔽门/安全门自动状态未能打开，司机应激活控制盘，根据车长选择6/8节开关，手动打开屏蔽门/安全门。关闭车门后再关闭屏蔽门/安全门，确认屏蔽门/安全门锁闭灯点亮后恢复开关至自动状态，并恢复6/8节开关。

（4）运营列车发生故障须离开驾驶室处理时，司机必须向行车调度员汇报，说明须处理的地点和大致处置方式。携带无线手持机等工具离开驾驶室后，关闭驾驶室门。处理完毕后，应及时回驾驶室恢复运行。

（5）列车发生故障无法动车时，司机应根据先检查判断，再处理的原则，按检查顺序对驾驶室各指示灯、仪表、开关、故障显示屏、断路器状态等进行检查，综合判断故障后再根据故障处置预案要求处理。

（6）运营中遇单扇车门故障，须切除时，司机应报告行车值班员，携带方孔钥匙至故障车门，人工闭合故障车门后予以切除，扒动车门确认锁闭良好后，张贴"车门故障标识"。

（7）运营过程中，司机发现或接到通知列车有异声或异常情况时，应立即报告行车调度员，并适当减速。根据调度命令或在维修人员确认无碍后，方可恢复正常运营。

（8）列车停在站台遇车门紧急手柄动作时，司机应立即报告行车调度员，由车站人员处理。如列车迫停区间，司机应在报告行车调度员后，立即至故障车门确认乘客安全并恢复车门紧急手柄，然后回驾驶室恢复运营。

（9）ATO 自动驾驶下，列车进站停车时，司机应确认列车程序停车情况，遇程序停车未启动或列车制动力明显不足时，应立即采取紧急停车措施使列车停车，再以手动方式对位。

（10）遇列车制动单元故障或切除部分车辆制动系统维持运行时，司机应使用 ATP 手动驾驶方式，并提前采取适当的制动措施，确保列车在规定停车位置停车。

（11）驾驶室侧门采用开门形式，司机打开驾驶室门时，安全锁不释放，并使车门吸住门吸，司机在进行站台作业时，防止车门自动锁闭。

（12）列车在始发站发出前，司机应根据运行图确认列车交路情况，并按要求设置报站器，在大小交路折返站，司机应确认信号显示与运营交路一致。

（13）列车停站准确，但未收到开门信息，须切除 ATP 门控旁路开关开门。司机必须至站台上开门，并报告行车调度员。动车前，必须恢复 ATP 门控旁路开关。

（14）正线运营发生 ATP 故障须切除时，司机必须报告行车调度员，得到同意后，方可切除。维持运营按照切除 ATP 方式执行，列车退出运营后，由司机负责即刻恢复 ATP 开关，并报运转值班室备案。

2. 故障处理基本技巧

为了减少列车故障发生的频率，除了按时做好维修保养工作以外，司机要规范驾驶列车，合理使用各项功能，最重要的是掌握各类车型的故障排除技能，一旦发生列车故障能及时快速处理，恢复运营秩序。通常列车发生故障后，都有一定的表象，司机可根据表象来判断故障原因和部位，快速、正确地处理。处理故障时可使用下列方法。

（1）故障恢复法

通过驾驶室显示屏或仪表灯显示内容，确定故障发生部位并检查相关设备有无异常。若属空气断路器断开、供气阀门关门等故障，可恢复其功能以达到排除故障的目的。

（2）故障切除法

有些设备故障发生会直接影响列车的驾驶性能及安全性能，因此列车在电路设计中对重要部件安装了监控系统，该设备一旦发生故障，遵循设备故障导向安全这一设计原则，车辆控制系统会采取限速运行或停止运行等手段来确保列车安全。司机必须通过故障现象准确查找故障原因，通过切除故障设备不让其工作的方法来维持列车运行，以减少故障对运行的影响。如车门发生关闭不到位时，司机可以采取切除该车门的方法继续载客运行。

（3）旁路法

车辆监控系统发生故障，也会影响列车驾驶功能，导致列车无法牵引。此时司机必须按故障情况严格区分故障发生的成因，即区分是否是监控系统本身原因发生的故障。在这种情况下，司机可尝试使用旁路相关监控设备维持列车运行。如监测列车空气制动是否缓解的压力传感器发生故障时,会发生全列车无牵引的现象,司机必须先确定列车制动已真正缓解后,再使用旁路制动监控电路的方法排除故障。

(4)重启法

20世纪90年代末引进的列车基本采用计算机控制,在控制信号或通信信号发生误差时会造成信息显示紊乱,严重的会影响列车某些设备的正常使用(或死机),在这种情况下最好采用重新启动列车或重新启动相关设备的方法,激活故障设备,恢复列车功能。如上海轨道交通阿尔斯通 A 型电动列车车门死机后,可通过关闭再开启电子车门控制器(Electronic Door Control Unit,EDCU)的方法重新激活车门控制。

## 二、列车故障救援操作规定

1.列车故障救援的基本要求

(1)列车故障救援的含义

故障救援运行是城市轨道交通运输中较为常见的特殊运行方式,它是为了迅速及时地将在正线运行中出现故障而在规定时间内处理、排除故障的列车及时迅速地移动到指定地点而开通运营线路的运行方式。

(2)列车故障救援的基本方式

故障救援运行一般可使用停车场内的内燃机车或由参加正线运行的电动列车进行牵引或推进作业完成。目前使用较多的是利用正线运行的电动列车完成,在一般情况下,它更加快捷、迅速,有利于线路开通。

(3)列车故障救援的基本原则

①故障救援运行的方式方法由行车调度员根据当时的运行状态决定,各车站、停车场运行的列车司机等有关人员必须根据行车调度员的命令执行,遵循相关行车规则积极、认真、负责地配合故障救援运行的实现。

②正线运行的列车发生故障需要进行救援时,应竭力遵循"正向救援"的原则,以确保其他正线列车运行的秩序。

③正向救援作业原则上要求在实施中不排斥或禁止其他救援方式、方法,实际运用中须由行车调度员依据当时的实际情况应变处置。因为在部分实际状况下采用其他方式会有更好的效果。在一般情况下采用正向运行能够保持比较正常的与其他正线运行列车影响较小的调整效果,阻塞后续列车运行的机率小于反方向救援运行。

(4)列车请求救援后的基本处置要求

①清客的时机要求。

为防止线路堵塞,遇下列情况之一,应及时清客:

a.列车故障,无法安全运行,或需要救援时。

b.由于车辆故障原因(主回路一级故障/一个列车中有1/2车辆失去牵引力/制动一级故障/两辆以上失去制动力),列车最高速度为40km/h及以下时。

c.列车内发生火灾、爆炸或不明物危及乘客时。

d.列车中有一辆及以上车门打不开,或全列中1/2车门打不开时。

e.关门后门灯不灭、或外侧墙门灯显示正常,驾驶室关门灯不亮,制动无法缓解,且司机处理后须切除关门旁路及ATP才能恢复行车时。

f.担当救援列车时。

g.由于 ATP 故障,不能保证切除 ATP 安全运行至终点站时。

h.临时安排,公安请求。

②迫停列车的处置。

a.运行列车在区间或车站因故障被迫停车,在 3 分钟内无法判断故障或在判断故障后 10 分钟内处理完毕,司机要立即采取有效制动措施,用无线电话或其他有效通信工具向行车调度报告情况,并在规定的时间内进行故障排除。如果不能迅速排除应及时向行车调度员汇报并请示故障救援。已经请求救援的列车不得移动。

b.故障列车司机故障救援请求报告内容包括:列车车次、车号;请求救援的事由;迫停时间、地点(以百米标为准);是否妨碍邻线;其他需要说明的事项。

c.救援请求后的处置:行车调度员确认列车状况,并下达调度命令,讲清救援车开来方向;故障车司机根据行车调度员指示的来车救援方向进行救援前的准备工作,包括技术与服务准备,如施加列车停车制动,关闭相关开关、阀门进行客室广播说明情况,进行“清客”等措施。在救援列车开来方向进行防护。

d.命令发布基本格式:

行车调度员向被救援列车司机发令:“命令号×××,××××××次××××号车××站清客等待救援,救援来车为后续(前行反方向)×××××次。”

被救援列车司机复诵:“×××××次明白,××站清客等待救援,救援来车为后续(前行反方向)×××××次。”

行车调度员向被救援列车司机发令:“命令号×××,××××××次××××号车××站清客后担当救援,ATP 手动运行至停车,按连挂信号与故障车××××次连挂后,切除 ATP 开救援车××××次牵引(推送)至××处。”

救援列车司机复诵:“×××××次明白,在××站清客后担当救援,连挂后切除 ATP 开××××次牵引(推送)至××处。”

③救援运行准备。

a.“清客”基本规定。

担任救援的列车在接到行车调度员的命令后,要根据行车调度员的命令在就近的车站进行“清客”作业。在高峰时,原则上救援列车与故障列车不在同一车站“清客’。

“清客”时要按规定进行广播,适时关闭车厢照明。

救援列车开行时不办理行车闭塞,但司机要取得进入已经封锁区间的行车凭证(调度命令)。

有关列车的开行、折返地点、沿途运行进出车站方法等按调度命令执行。

如果故障列车或救援列车在调度命令下达时在区间内,应在救援运行到达的第一个车站清客。

使用内燃机车开行救援列车时,救援机车司机应确认被救援列车的“清客”状态。

b.“清客”程序。

行车调度员做出清客决定后,通知司机、车站做好清客准备。

车站、司机做好宣传解释工作。司机应关闭车厢照明,车站派人协助司机清客。

清客完毕后,由车站通知司机关门。车门关好后,司机与行车调度员联系动车。

清客 2 分钟以后,若车上仍有少数乘客未下车,车站通知司机车内乘客情况,司机与行车调度员联系,确定是否再清或关门动车。

若列车上乘客未清完,则在列车退出正线前最后一个车站再次"清客"。须提前通知车站、公安配合清客。

回库列车若在退出正线前最后一个车站"清客"仍有乘客未下车,行车调度员在决定列车回库后,应通知公安、运转部门。

发生列车清客后,行车调度员应及时通知有关部门。

在"清客"过程中,列车故障被排除可恢复运行时:若已清客完毕,可不组织重新上客,放空至前方站后,再决定是否载客;若清客未完成,行车调度员应通知车站、司机停车清客,恢复载客运行。

在没有直接危及行车安全的情况下,行车调度员根据运营的特殊要求,可决定带客运行。

2.司机与行车调度员的联系方法

(1)调度与司机的通信分类

①故障报修

a.当列车发生故障时,司机应主动与行车调度员联系。若故障无法处理时应及时汇报。

b.汇报内容:车次号、车体号、车站(说明上下行)、故障/事件情况。

②调度命令

a.调度命令分为书面命令和口头命令。口头命令与书面命令同样具有严肃性,均须做到规范发令、严格执行。

b.所有命令必须有命令号。书面命令号每月由1~100顺序循环使用,口头命令号每日由101~200顺序循环使用。

c.口头命令为向单个受令对象(一般为列车司机)直接发布的短期性指令;书面命令一般至少有两个受令对象,有时还须送达司机。较长时间影响行车的命令一般为书面命令。

d.调度命令要求清楚简洁,要素齐全,一般采用任务制发令。司机需要呼唤应答,对调度命令进行复诵。

③调度建议、通知

列车发生故障时,调度员可对相应的处理措施进行提醒和建议。该类建议不作为调度命令,不具有强制执行性,仅作为参考。

(2)调度与司机的通信渠道

①正常手段

在正常情况下,调度与司机之间采用无线对讲机进行联系。行车调度员通过控制台操作可对列车车载台或车持机进行选呼、组呼和全呼。

②紧急手段

在无线对讲机发生故障或受干扰时,司机可用站台电话、轨旁电话或手机与行车调度员联系,并明确联系方式。

司机须离开驾驶室及在其他可能与行车调度员失去联系的情况下,须主动留下手机号码。发生紧急呼叫时,司机须主动与行车调度员联系说明原因。

3.列车救援方法

(1)执行信号与命令的要求

①救援调车作业必须按照行车调度员的救援命令和有关道岔的防护信号机或手信号显示的要求进行。

②进行手信号调车时,调车指挥人为故障列车司机。

③作业时,调车指挥人(故障列车司机)必须正确及时地显示信号。救援司机应确认信号并鸣笛回示。

④无论是故障列车司机还是救援列车司机在接受调度命令时都要复诵核对,在确认无误后再执行。

⑤故障列车司机与救援列车司机应将救援发生时分,包括故障出现、处理、救援、救援开始、结束以及救援列车故障列车清客等时间比较完整地记录,以便运行程序的处理、分析。

(2)救援连挂作业的要求

①救援列车开往故障地点时,应使用 ATP 人工驾驶模式进行,并加强瞭望,限制行车速度。当接近故障车地点时,列车收到"零码";列车停车后司机应使用"close—in"方式驾驶列车进行。

②以内燃机车为救援列车时,必须在运行中高度警惕,不得超过规定速度。彻底瞭望,防止因失去制动时机与制动距离而撞车。

③救援列车在距被连挂故障列车三车距离(约 75m)时要一度停车,在慢行至一车距离(约 25m)时再停车,做连挂准备,按显示的信号进行连接。

④故障列车司机在完成等待救援的准备工作后,应在与救援列车连挂端前方防护。发现救援列车到达,必须按规定显示手信号或用无线电对讲机与救援列车司机联系,待救援列车司机回复后才能允许挂车。

⑤故障列车应按信号显示规定引导连挂作业,连挂作业速度不得超过 3km/h。

⑥连挂后的列车必须进行试拉。试拉距离不小于 2m,确认连挂妥当。

⑦救援列车司机与故障列车司机必须进行无线电对讲设备的测试校对,确认良好后才能按规定动车。

4.救援运行进路确认和速度要求

(1)进路确认

①救援列车连挂故障列车牵引运行时,前方进路确认由救援列车司机负责,行车方式为 ATP 人工驾驶。

②救援列车连挂故障列车推进运行时,前方进路确认由故障列车司机负责,并随时用无线电对讲设备通知救援列车司机。遇有危及行车安全与人员安全的情况,要及时通知救援列车司机采取紧急停车措施。推进运行的行车方式为人工驾驶。

③救援运行时,通过车站的运行方式,车站停车位置等事项按调度命令和有关规定执行。

(2)速度要求

①故障救援牵引运行时的运行速度,正线限速为 40km/h,进站及侧线限速为 30km/h。

②故障救援推进运行时,运行速度限速为 30km/h。

③遇天气不良或环境恶劣时,应适当掌握降低速度。

**知识链接**

## 列车故障救援应急处置预案

### (以上海城市轨道交通运营有限公司为例)

为进一步减少列车故障救援对正常运营的影响,规范各作业环节,明确各环节作业时分,以减少运营严重晚点事件的发生,特制订如下预案。

1. 原则

(1)救援定义、目的

当列车发生故障无法动车时,必须清客下线,并通过其他列车与其连挂,采用牵引或推进的救援方式使其及时驶离正线,以确保正线运行的安全畅通。

(2)处置原则

列车救援应竭力遵循"正向救援、尽快恢复正线运营"的原则。

(3)适用范围

上海城市轨道交通运营有限公司管辖下各条线路,凡迫停在区间或车站站台的电动列车因故发生故障,无法自行动车,必须通过救援驶离时,均适用此预案。

2. 救援程序

(1)在列车运行过程中,如发生列车故障,司机应在3分钟内判断出故障能否现场处理。如须救援,应立即向行车调度员提出救援申请。

(2)行车调度员接到司机的救援申请后,应立即布置故障车和相关救援列车在就近车站清客。如故障车在区间内,则等救援列车与故障车连挂后,运行到就近车站清客。

(3)在客流高峰时段,通过行车调度员调整,应尽量避免故障列车、救援列车在同一车站清客。

(4)救援车、故障车清客作业时分为2分钟。如无法完全清客完毕,列车司机应立即报行车调度员,在得到行车调度员同意、进行广播之后,方可关门开车,并在救援完毕(进入折返线或回库)前所在站台再次清客。如发生乘客不肯下车,强行滞留列车上,应按《轨道交通发生乘客滞留事件应急处置预案》的有关规定执行。

(5)故障车和救援列车清客作业完毕后,行车调度员通知救援列车司机将救援列车运行至故障车处进行救援连挂作业。

(6)故障列车司机在得到行车调度员救援指令后,应按压前进端停车制动施加按钮,同时关闭车厢内的B9阀门(阿尔斯通列车为BC阀门),在检查连挂端车钩状态后在前进端驾驶室内等待救援列车。此时故障车司机应打开连挂端头灯注(打近光灯),表示救援准备工作结束,允许救援车进行连挂作业。

(7)救援列车在接近故障车的行进过程中,应严格按照行车调度下达的救援命令执行。列车以ATP方式运行至收到0码处,救援车司机应以CLOSE-IN方式运行,并在距离故障车三车处一度停车,确认故障车连挂端头灯点亮后进行连挂作业。

(8)进行救援连挂作业时,调车指挥人为救援车司机,救援列车以不超过3km/h的速度与故障车进行连挂。

(9)连挂车进行试拉,确认连挂妥当后,方可启动,以防脱钩溜车。两车司机可通过驾驶室联络按钮进行前后驾驶室联系。如列车对讲系统故障,则必须先确认相互联系方式及与行车调度员的联系方式。

(10)救援车司机确认连挂妥当后,通知故障车司机,故障车司机此时可缓解停车制动施加,释放故障车的所有制动。

(11)两车连挂作业结束后,故障车司机应立即与行车调度员联系,救援牵引运行时前方进路由救援车司机负责瞭望和确认。推进运行时前方进路由故障车司机负责瞭望和确认,并用无线电话通知救援列车司机。连挂车辆按《行车组织规则》或《行车管理办法》有关速度规定运行。遇有危及行车安全的情况应立即通知救援车司机停车。

(12)连挂列车按行车调度员命令,进入折返线或回库,行车调度员或车站值班员须确保救援方案实施过程中,进路提前排列锁闭,信号开放正确,并预先取消相关自动进路,以确保救援列车的运营安全。

3.作业时分要求

列车救援作业总用时约为12分钟45秒。

4.其他

(1)本预案关于列车救援其他未规定的事项,按《行车组织规则》和《行车管理办法》相关规定执行。

(2)列车故障救援,救援车、故障车均须切除 ATP 运行。列车运行按列车切除 ATP 的有关规定执行。

(3)当发生因触网停电而造成的列车迫停,或列车故障发生在离车库距离较近的范围内,行车调度员可以安排由库内内燃机车担当救援任务。内燃机车司机必须提前准备好转换车钩。

(4)发生故障救援,总调应确保后续第一列车在车站进行扣车。

(5)各单位应认真组织有关人员熟悉作业环节和步骤,在列车救援过程中,行车调度员可采用任务制的发令方式,但必须确保发令准确有效、方案明了。

(6)行车调度员应做好救援组织关键环节重点监控工作。

(7)各单位应按本预案有关作业要求,细化各自的作业环节,尽可能做到作业环节平行作业,以减少整个救援时分。

(8)车辆分公司应加强列车车钩状态及列车停车制动功能的保养工作,确保车钩状态良好。

# 3.4 乘务工作纪律与列车安全驾驶的基本规定

## 一、乘务工作纪律

(1)司机在执行手指呼唤时,必须做到"眼到、手到、口到、心到"。呼唤时应讲普通话,做到声音清晰、宏亮。手指时;手心应垂直于地面。

(2)司机工作禁令:

①严禁在接受口头命令时,未按规定进行复诵。

②严禁擅自改变列车运行方式。

③严禁人车冲突后未确认人员状况时,再次动车。

④严禁在挤岔后未经专业人员确认时,再次动车。

⑤严禁在列车压警冲标、冒进信号时未及时报告行车调度员。

⑥严禁夹人夹物动车或车门未关闭且未采取有效措施时动车。

⑦严禁擅自通过按规定应停车的车站或在规定应通过的车站停车。

⑧严禁在非涉及行车事宜时,使用手机。

⑨严禁在运营线路抛弃杂物。

(3)除遇特殊情况外,司机因事需要请假者,应提前3天向班组长请假并办理请假手续。

因病需要请假者,应提前1天向班组长请假并办理请假手续。未经批准不得擅自休假,遇急病或特殊情况,应提前1小时向班组长请假。

(4)在值乘过程中,如遇列车5分钟以上晚点、列车救援、信号设备故障、人车冲突、异物侵入线路、行车事故、重大服务投诉事件、班组或上级部门认为有必要书面澄清的事件时,退勤司机应填写书面报告,并积极配合相关部门调查。

(5)在停车库内,司机上车前,应对列车车底及两侧进行检查,以防人员及设备侵入限界。如驾驶室挂有"禁动牌"时,严禁启动列车,并向运转值班员报告。

## 二、列车安全驾驶的基本规定

### 1.司机出勤时的安全规定

出勤是城市轨道交通列车司机正式开始驾驶电动列车的准备阶段。在这个阶段司机除了按照司机出勤作业程序做好出勤外,还必须遵守以下安全规定:

(1)城市轨道交通列车司机在出勤前,必须充分休息、班前8小时内禁止饮酒。也就是说,司机出乘时必须有清醒的头脑和良好身体状态,能够胜任乘务驾驶。

(2)司机出勤或接班时,必须对车辆状况、列车运行状况、线路状况进行充分了解,特别是对列车的故障情况要做到心中有数,对可能出现的故障有心理上的措施准备,以确保列车的运行安全与秩序。

(3)司机出勤后,应认真听取班前布置会,了解当日值乘时间、地点及所接列车的车次,认真阅读并抄录运营有关注意事项和调度命令。认真做好运营时的安全预想,对可能出现的影响安全运营的恶劣天气做好充分的思想准备,做好必要的措施预想。

### 2.列车整备作业时的安全规定

整备作业对城市轨道交通列车司机来说是指在出勤后按技术规定和操作规范对即将投入运营的列车部件、性能进行各种检测、试验,以满足列车良好的运用状态。电动列车整备作业有目测检查、升弓试验、制动机试验、列车动态试验以及其他操作性能测试等项目,具体要求按"城市轨道交通列车司机一次出乘作业标准"的有关要求执行。

对整备作业中的安全规定主要有:

(1)司机对列车进行各种性能试验和部件检查后,发现问题要及时报告运转值班员。运转值班员在接受司机的报告后应立即通知相关检修部门派人进行处理,司机要在规定的范围内进行配合,并对维修后的状况进行验收和试验,确定故障或问题已经排除或解决。根据有关技术规定的要求,在列车发生严重故障可能影响正常行车的情况下,严禁出库投入运营,如"ATP"故障、通信故障、制动故障、列车重要照明故障、走行部无法确定原因的异常等。

(2)司机对电动列车进行升弓试验、制动机试验、列车动态试验以及其他可能危害周围作业人员安全试验时,应该确认列车周围包括左右前后上下的状况,确定安全无碍后才能够进行,防止在试验时造成其他人员以及相关设备的伤害与损坏,造成不良后果的发生。

(3)要加强自我保护和自我防范措施,防止发生工伤事故,司机在车库内进行作业时与其他各类作业人员一样,必须禁止以下行为:

①跳越地沟。

②紧靠移动中的车辆行走和在移动的车辆前抢越。

③横跨线路时从停留的车辆下部钻越或从列车顶部翻越。

④未经登记许可,不得操作各类电器开关,闸刀。

⑤飞乘、飞降以及未抓稳扶牢即上车。

⑥车辆未停稳就开始进行各种抢修、检修工作。

⑦横越线路和行走时,脚踏道岔尖轨与道岔转动部分。

⑧在检修工作场地吊装物件下部停留或行走。

⑨在工作时嬉闹及抛扔工具、杂物。

作为一名城市轨道交通列车司机必须不断提高安全行车意识和安全生产意识,通过不断的学习和实践使自己成为遵守规章制度的模范,牢固树立安全第一思想,养成守纪律、循规章的良好习惯,克服"自然人"的一般惰性,成为对社会、对集体、对自己负责的"自觉人"。

3.列车出库及出场运行时的安全规定

司机按规定出勤后,进行相关作业。在确认列车情况良好,已经具备运营条件后,应该立即做好出库与出场准备,等待出库、出场投入运营。

(1)列车出库

①司机必须掌握该列车的出库时间,保证按照规定正点出库。

列车的正点出库是列车运行正点的基础保证,如果不能保证列车的正点出库,则会使列车正线运行的列车运行图被打乱,从而使正线的运行秩序产生混乱。虽然可以经过调整使运行秩序恢复正常,但是造成的影响有时却无法有效地通过用行车调度调整消除,特别是社会影响。

②电动列车出库时,司机必须在出库命令到达后、动车前认真确认列车周围安全情况与状态。

确认内容包括:车库大门定位开放、信号或命令正确;与列车相关的其他作业已经停止并撤离动态限界。在列车驾驶室内无闲杂人员和与运行无关的人员停留。由于运行工作而须在驾驶室内随车的人员必须持登乘证。司机对无理强行登乘的人员要立即报告运转值班员,在运行时可报告行车调度员,采取必要的制止措施。

③电动列车出库时,司机应使列车头部越出车库大门时一度停车。

列车出库时应再次确认列车四周及停车库门前平交道口的安全情况,然后按规定速度行驶出库,禁止超速运行。

(2)列车出场

列车出场行驶是列车出库后车场内运行至车站进站的运行过程。

①列车在站场内动车时必须严格按信号显示要求进行。

列车运行中如信号不明、熄灯、红灯时,司机应立即采取措施将列车停下,并及时通知信号楼值班室。等待信号重新开放或由信号楼通知后根据要求启动列车,但要减速运行,加强线路与信号瞭望。在信号系统严重故障、行进线路信号全部不能开放时,司机应根据信号楼值班人员的发车信号动车。

②列车出场运行经路按相关的行车管理办法执行。

③列车出场运行,应在规定的位置一度停车;进行相关的准备后进站,在车站规定站台停车牌处停车。

④列车出场运行时严禁冒进信号进入车站或正线。

在信号灯设备故障情况下,司机必须等待设备修复或在接到调度命令准许或收到引导信号后才能动车进入。

4.列车正线运行的安全规定

列车运行是指列车在城市轨道交通运行正线为了"运营"这个目的而形成的列车按运行图运转的过程。

(1)城市轨道交通列车司机的一般要求:

①列车在运行过程中不允许担任操纵的司机离开驾驶位置。当班值乘的司机必须对所担当的该次列车的安全负责,有新司机或实习司机跟车学习、练习操纵时,列车安全由值乘司机负责。

②列车在运行时,值乘司机包括实习人员均不得做与行车无关的事情,如闲谈、看书报杂志、听无线电广播、抽烟等。随时准备应付突发事件的发生,要切实做到"车动集中看,瞭望不间断",密切关注与确认区间和车站站台的情况、动态。

③司机在运行时必须平稳操作、规范操作、认真瞭望、按图运行。对发现危害行车安全和人身安全的情况,要反应准确、措施及时,正确记录列车故障和线路异常情况。

④列车司机在驾驶过程中还必须遵守和执行行车相关的各种限速规定、线路标志规定、信号规定,严格执行行车调度员的列车运行调度指令,防止责任运缓,确保运行过程中的技术速度和旅行速度的实现,保证列车正常的运行秩序。

⑤除了运行图规定外,任何情况下改变运行方式都必须得到行车调度员的准许。禁止司机擅自改变运行方式,以确保行车安全。

⑥列车在运行中遇到紧急情况时,司机要立刻采取紧急停车措施,报告行车调度员。

⑦列车在区间内运行时,在遇到道岔防护信号时,必须按信号显示的要求进行,不得擅自越过显示停车信号的信号机。同时还必须确认该道岔防护信号机与该列车的运行进路符合,防止由于信号系统失误或其他因素造成的不良后果。

⑧在列车运行时,可能遇到由于"ATP"设备故障和多种因素形成的较大的自动控制失常现象。作为列车司机,首先,要保持冷静的态度,不急躁、不盲目,立刻与行车调度员取得有效的联系。其次,要严格遵循行车调度员指示的行车模式运行。当行车调度员命令切除"ATP",以人工驾驶模式维持运行时,列车司机要加倍集中精力,谨慎驾驶,防止错开客室车门、防止冒进信号、防止用错误凭证驾车进入区间。此时列车运行速度区间为不大于60km/h,进站时不大于20km/h。列车司机必须严格遵守速度规定,避免和防止行车事故发生。

(2)运行中对电客车司机的特殊规定

①司机在运行过程中遇到瞭望视线不佳、确认有困难时,如遇大雾、大雨、大雪、烟雾等,为了防止行车线路中有行人或者线路两侧有异物侵入运行限界,为了看清进路情况,司机应加强瞭望。使用"ATP"人工驾驶模式时,要适当减速、鸣笛。使用"ATO"方式运行时,司机要在进站时鸣笛警示,发现险情应立即采取停车措施。

②列车在行驶过程中越过显示红色灯光的信号机或越过显示红色灯光的道岔防护信号而发生挤岔事故后,要就地停车。严禁擅自移动列车,并立即报告行车调度员。车场内作业时要立即报告运转值班员或信号楼调度员,等待有关人员到达后处理。在有关人员到达现场后,司机应根据允许动车的手信号驾车越过或退回该架信号机,并减速运行至规定位置。

③列车在正线运行发生故障时,司机应立刻采取措施并报告行车调度员。司机要根据车辆故障情况快速判断。如果确定或者经处理短时间内无法恢复车辆正常运行状态,司机应及时请求救援并做好故障救援的技术准备和"清客"服务准备(已请求救援的列车不得擅自移动)。

④列车在正线区间运行,发生人员伤亡事故或发现运行线路限界内以及瞭望视线所及范围内有伤亡人员时,司机必须立即停车并向行车调度员报告情况。要准确记录下时间、地点,要在停车后及时抢救伤员,配合有关部门进行救助。在处理过程中,司机只能根据有关规定移动列车,列车重新投入运营必须有行车调度员的命令。

⑤列车在运行中发生其他恶性事故(事件),司机必须立即报告行车调度员,组织乘客自救与疏散,以最大限度努力防止事故(事件)的扩大和升级,等待有关部门的救援。

⑥以上情况报告时必须讲清事由、地点、时间、状况,内容要清楚、明了,在得到行车调度员的回答后才能停止通话、关闭通话器。

⑦列车救援推进运行时,救援列车司机负责操纵列车,被救援列车(故障列车)司机负责瞭望线路,前后部司机保持不间断联系,及时、准确通报信息,发现异常立即采取措施。

(3)列车发车、到达时的安全规定

①列车发车。正线运营列车的发车,在车站内停车后具备开行的条件后,由车站出发开往前方运行区间、进入下一个车站。

a.列车司机在列车停站后应认真监护乘客的上下乘降情况。见到乘客上下车基本完毕,有车站发车表示器的站台发车表示器开始闪光,可以关闭车门。

b.司机在关闭车门后还必须确认列车客室车门关闭情况良好,包括确认车门无夹人夹物,才能够回驾驶室内准备发车。

c.列车发车时必须确认进入区间的凭证正确、符合要求。

自动闭塞:速度码。

双区间闭塞:出站信号机显示的进行信号。

电话闭塞:路票。

封锁区间或特殊情况:调度命令。

②列车到达。

a.运行中的电动列车在接近车站时要做好客室的广播工作并进行监听与确认,防止漏播和错播,及时更正客室广播的失误。

b.列车进站司机必须加强瞭望,密切注意车站站台乘客及线路状况,防止乘客跌入站台下和异物进入行车限界。如果发现异常情况,司机必须迅速采取制动措施,确保人身安全与行车安全。

c.列车进站停车时,应按规定停车位置停车。列车停车后司机应立即开启客室车门,确保乘客及时上下车。

**5.列车入场及回库时的运行安全规定**

电动列车入场及回库运行,一般是指该列车已经完成运营任务按运行图规定退出正线运行,或者该列车因有故障经行车调度员准许退出运行进行维修,以及因其他因素而退出运行、行驶回场的过程。

(1)列车入场

①电动列车入场时必须按车站调车信号机的显示要求和有关规定执行。应严格控制列车

运行速度,认真确认信号。列车入场按运行图规定执行,特殊情况按命令执行。

②列车驶离车站进入车场,司机必须认真确认车场入场信号机的显示,确认车场内的进路,以及调车信号机的显示状态。

③列车入场运行中,司机禁止驾车越过显示红色灯光的入场信号机与车场内调车信号机。在发现信号机显示红色灯光时,司机要及时采取措施停车,并立即与车场管理部门和信号控制人员联系,等待信号开放或按相关指示执行,必要时由信号楼值班人员按手信号接车。

(2)列车入库

电动列车入库运行是该列车当日行车操作的最后阶段。在列车入库作业时,司机应注意以下两点要求,并认真执行。

①电动列车入库运行至停车库前平交道处10m,应一度停车,确认停车库周围安全情况;看清停车库大门开启良好、安全销定位,库内无异物侵入限界。

②列车入库速度为5km/h。在规定的位置停车、司机在驾驶列车接近停车位置时应严格控制速度,防止意外发生。

(3)列车检修工作

①列车检修工作一般规定如下:

a.列车回库停稳并按规定收车后,如无调动、机洗及其他任务,运转值班员应及时与车辆维修部门办理车辆交接手续。

b.未办理交接手续的电客车辆,未经运转值班员同意检修部门不得擅自进行检修作业。

c.正在进行检修作业的电客车辆。未经检修负责人同意,运转值班员不得擅自调动使用。

d.正在进行检修作业的电客车辆,应在司机控制器上挂上"禁动牌"防止无关人员擅自动车。

e.电客车辆检修完毕后,检修负责人应及时与运转值班员办理车辆交接手续,将电客车辆移交给车辆运转部门使用。

②司机配合检修部门调试车辆,应按以下规定执行:

a.司机配合检修部门调试车辆时,行车安全防护工作应由检修负责,检修负责人在指示车辆动车前,应先确认无关工作人员已撤离、止轮器已撤除、股道上无障碍物、股道接触网已送电。

b.配合检修部门调试车辆时,行车安全由司机负责并严格按信号动车,遇有危险时要及时停车。

c.司机配合检修部门调试车辆时,检修负责人应指派检修联系人进入驾驶室内于司机保持联系。司机严格按照检修联系人的指示操作电客车辆。但检修联系人的指示违反安全规定及危及行车安全时,司机应拒绝执行。

6.退勤的安全规定

城市轨道交通列车司机退勤是指司机在完成正线运行任务后将列车驶回停车库或者将列车交给接班司机继续运行后离开驾驶岗位到规定的地点办理规定手续的程序。司机退勤有以下要求:

(1)回库列车在进库停妥后,司机要全面巡检列车,并且按规定"收车"。

(2)列车回库退勤时司机要将列车运行中发生的异常情况向运转值班员汇报,并将司机报单、列车钥匙交运转值班员存放。

（3）司机在运行中发生列车晚点10分钟以上和运行中发生事故应写出书面材料或说明交运转值班室值班员。

（4）在正线运行的途中退勤还必须向接班司机明确该列车的技术状态、运行状态及其他有必要交接的项目和内容。

（5）司机在运行过程中发生的有关运行事件、行车事故等。有关安全职能部门、行车运转管理部门认为有必要令其退勤时，司机应按规定立即退勤到规定处所报到，配合有关部门做好事件（事故）的分析、调查与处理工作。

（6）司机退勤工作结束后，应认真总结当日工作情况并听取次日行车工作计划与安全注意事项。

# 3.5 乘务管理

城市轨道交通列车司机是轨道交通行车的关键工种。列车在区间运行时，城市轨道交通列车司机要负责列车安全与乘务安全。因此，城市轨道交通企业必须加强乘务管理，合理选择乘务方式，优化配备城市轨道交通列车司机，努力提高乘务管理水平。

## 一、乘务制度

1. 乘务制度概念

乘务制度是城市轨道交通列车司机值勤的一种工作制度，它表示城市轨道交通列车司机对运行列车值乘的方式。

2. 乘务制度类型

城市轨道交通运行管理中通常使用两种乘务制度，即包乘制和轮乘制。

3. 乘务制度比较

（1）轮乘制是列车司机在列车运行的整个工作过程中轮流使用运行列车的制度。其特点为：

①节省参与运行的司机人数，其配量可减少到最小程度，有较高的工作和管理效率。

②能够比较合理地利用列车台数，降低车辆使用成本。

③对列车司机的技术素质要求较高，对列车（车辆）性能的适应性要求较强。

④不利于列车保养、维护。

（2）包乘制是一辆列车由一个乘务组固定使用的制度。其特点为：

①列车司机能够比较全面地掌握值乘列车（车辆）的性能，熟悉列车（车辆）的情况，有利于处理列车运行时的故障。

②有利于管理、监督。

③有利于列车维护、保养。

④由于定人包车，对提高列车（车辆）的技术状况有一定的好处。

⑤投用列车台数较多，列车（车辆）使用相对不均匀、不平衡。

⑥须配备的司机人数较多。

## 二、城市轨道交通列车司机的配备

### 1.配备数计算

城市轨道交通列车司机配备数的计算如下:

$$P_{配备} = (P_{值乘} + P_{替乘})D_{循环}(1 + \alpha_{备})$$

式中:$P_{配备}$——列车司机配备数,人;

$P_{值乘}$——列车上值乘司机总数,人;

$P_{替乘}$——折返站替换休息司机总数,人;

$D_{循环}$——轮班循环天数,d;

$\alpha_{备}$——列车司机备用系数,一般取10%。

城市轨道交通列车司机平均驾驶时间(正线)为:

$$t_{驾驶} = \frac{S_{列}}{V_{旅}(P_{值乘} + P_{替换})D_{出勤}}$$

式中:$t_{驾驶}$——城市轨道交通列车司机平均驾驶时间,h/d;

$V_{旅}$——列车旅行速度,km/d;

$D_{出勤}$——城市轨道交通列车司机在轮班循环中的出勤天数,d。

### 2.配备数比较

假如轨道交通线路运营时间为5:30—23:00,使用车组数为10列,图定列车千米数为5120km/d,列车旅行速度为32km/h,实行单人值乘,在列车折返站配备3名替换休息的司机。

采用轮乘制时,实行四班二运转,即日班(7:30—16:30)、夜班(16:30—7:30)、休息、休息的轮班制。采用包乘制时,实行五班三运转,即早班(5:30—11:00)、中班(11:00—17:00)、夜班(17:00—回库)、休息、休息的轮班制。

经计算,在采用轮乘制时,需要配备城市轨道交通列车司机58名,城市轨道交通列车司机平均每天驾驶时间为6.15小时;在采用包乘制时,需要配备城市轨道交通列车司机72人,平均每天驾驶时间4.10小时,包乘制比轮乘制增加定员24.1%。

## 三、派班管理

(1)列车司机的派班管理工作一般由派班室统一负责管理,派班员必须严格按照运营时刻表执行行车工作,及时公布和传达上级领导有关安全指示精神及行车注意事项。

(2)派班室负责根据运营时刻表编制并及时更新列车司机交路图与配套的列车司机出勤表。

(3)当班派班员必须掌握全体列车司机的动向,并根据生产计划及施工计划需要安排、监督列车司机出乘及待乘等工作。

(4)派班员负责核对施工周计划及每日临时补充计划,根据各类计划要求合理安排列车司机的派班工作。

(5)确因工作需要,可安排列车司机临时值乘。原则上临时值乘的列车司机,特别是参与调试作业的列车司机名单由有关部门决定。计划内临时值乘任务,派班员应提前规定时间确定临时值乘列车司机名单,并负责通知值乘的列车司机。

(6)如因工作需要列车司机临时值乘时,派班员应及时与日勤司机长联系确定值乘人员名单,并在规定时间内通知值乘的列车司机。列车司机接到派班员的通知后,应及时出勤,服从安排,无特殊情况不得以任何理由推诿或拒绝接受任务。在紧急情况下被指定临时值乘的列车司机必须无条件服从安排,完成工作任务。

## 四、添乘管理

(1)为确保行车安全,严禁任何与工作无关的人员添乘驾驶室。

(2)相关工作人员因工作需要添乘列车驾驶室时,须出示添乘证并经列车驾驶查验后方可添乘。

(3)临时抢修人员须凭调度命令添乘驾驶室,列车司机应认真确认调度命令内容,核清人数、检查证件,确认无误方可准许其添乘,并由添乘人员在司机报单上做记录。

(4)乘务车间管理人员(主任、副主任、乘务工程师)凭有关有效证件可直接添乘列车司机室。

(5)添乘人员不得影响列车司机操作,不得擅自触摸驾驶室内任何部件。当添乘影响行车安全时,列车司机有权拒绝添乘。原则上驾驶室内人员不得超过3人。

(6)检查工作的上级领导,凭添乘证或由乘务车间管理人员陪同,方可添乘。

(7)对于不能出示有效证件,擅自、强行添乘人员,列车司机应制止其行为,并报行车调度员处理。

(8)工作人员添乘时必须在站台端门外出示添乘证,列车司机确认添乘证有效后方可打开端门准许其添乘驾驶室。

## 五、公寓及待乘室、休息室管理

### 1.公寓管理

(1)公寓是列车司机待乘休息的重要场所,由城市轨道交通运营公司相关部门统一负责管理和使用。

(2)当班列车司机入住公寓由当班派班员负责安排,派班员将人员入住的房间号和叫醒时间等信息填写在司机公寓叫班表(见表3-2)上,交由公寓管理员执行。临时值乘的列车司机如须在公寓待乘,应凭当班派班员开具的司机公寓临时入住单(见表3-3)由公寓管理员安排入住指定的房间。

司机公寓叫班表 表3-2

20 ____年____月____日____班 公寓管理员_____

| 序　　号 | 车　　次 | 房　　号 | 司机姓名 | 叫醒时间 | 确认签名 | 备　　注 |
|---|---|---|---|---|---|---|
| | | | | | | |
| | | | | | | |
| | | | | | | |
| | | | | | | |

<table>
<tr><td colspan="6" align="center">司机公寓临时入住单</td><td align="right">表 3-3</td></tr>
</table>

| 入住人姓名 | | 部门 | | 岗位 | |
|---|---|---|---|---|---|
| 审批人 | | 房间号 | | 日期 | |
| 入住事由 | | | | | |
| 叫醒时间 | | | | 管理员签章 | |

（3）其他人员因特殊原因入住公寓时须向城市轨道交通运营公司相关部门提出申请,由公寓管理员负责安排入住指定的房间,但首先须保证列车司机(司机长)的使用需求。

（4）待乘的列车司机一律凭有效证件入住公寓,按照司机公寓叫班表指定的房间号入住,严禁私自调房。

（5）所有入住人员应服从公寓管理人员安排,临时入住人员与待乘的列车司机应分开就寝。

（6）入住人员应自觉保持室内卫生,爱护环境,不得在室内乱涂乱画,不得随意移动室内设备和物品。要爱护室内公共财物,损坏照价赔偿。

（7）公寓内不得大声喧哗,所有人员在指定的地点吸烟、就餐。严禁在寝室内打牌、饮酒、玩游戏等,不得随地吐痰。

（8）离开公寓时应关好门窗,关闭电源及空调开关,并与公寓管理人员交接。

2. 待乘室、休息室管理

（1）列车司机应按要求及操作规程使用待乘室、休息室内设备,爱护待乘室内所有公共财物,损坏照价赔偿。

（2）不得在待乘室、休息室内打闹、喧哗,不得在待乘室及休息室内任何地方及公物上乱涂乱写,不得随意移动室内的设备或物品。

（3）保持室内卫生,不得在室内乱吐痰、扔废物、抽烟,用餐完毕要及时清理。

（4）运营结束后,工班人员必须打扫好室内卫生,锁闭室门。

（5）负责开启和锁闭待乘室的工班须对室内物品及行车用品、备品进行清点,并由司机长在司机长交接班日志上做好记录、签认。

## 复习与思考

一、填空题

1. 出勤是城市轨道交通列车司机在投入运营前重要的准备阶段,在这个阶段应做好出库前的各项准备工作,包括＿＿＿＿＿、＿＿＿＿＿、＿＿＿＿＿。

2. 城市轨道交通列车司机停车库内出勤时向运转值班员领取＿＿＿＿＿、＿＿＿＿＿、对讲机、应急包等行车物品。

3. 司机在正线交接班时,接班司机须等交班司机办理完开关门作业后,再执行对口交接工作,交接内容包括：＿＿＿＿＿、＿＿＿＿＿＿＿＿、所交接列车的技术状况、驾驶专业物品、司机报单、继续有效的行车命令以及其他有必要交接的内容。

4. 列车在投入正线运营前,司机应分别在两头驾驶室,对列车进行＿＿＿＿＿调试,并将检查结果在司机报单上注明。遇列车故障,应根据各车型列车上线标准,及时决定是否上线运营。

5.列车在车库门口应_____,确认平交道上无人员走动且具备行车条件并鸣笛后,方可启动列车出库。

6.列车在停车场内行驶时,司机应认真确认进路中每个调车信号机的显示及每个道岔的开通位置,并进行相应的_____。

7.在停车场内调车时,遇三钩以上的调车作业,司机应凭运转值班员发布的_____,执行调度员调车任务。

8.利用牵出线、尽头线调车,当列车接近终点时,司机要_____,在停车位置10m前一度停车,然后以3km/h限速接近停车位置并停车。

9.在调车过程中,如遇信号显示或进路错误时,司机应立即采取_____措施,将列车停下,并立即通知运转值班员,等待信号重新开放或由信号楼调度员通知后,根据要求动车。

10.遇雷雨、_____、_____、大雪及浓雾天气,一般不进行试车线试车。

11.列车在区间运行时,司机应坐姿端坐,上身轻靠椅背,左右手均放置在操作台上,做好_____准备。座位高度应调节至满足司机瞭望视线清晰。

12.列车在区间运行时,司机应_____,以防有人或异物侵入限界。无特殊情况,严禁鸣笛。

13.列车在站台启动前,司机对_____、_____、_____、_____进行手指呼唤。

14.当列车报站器发生故障无法使用时,司机应及时通过人工广播进行报站。人工报站应使用普通话,做到_____、_____、_____。

15.列车运行中发生火情时,应及时_____,尽快找到起火设备,切断其电源,及时向行车调度员或行车值班员报告,并立即使用灭火器灭火。

16.列车运行中遇恶劣天气、自然灾害等特殊情况,司机应及时向_____报告,并采取相应措施。列车启动时,牵引力要逐渐增大,发生轮对空转时,及时将司机控制器降回,待启动电流稳定后方可继续操作运行。

17.司机处理列车故障时可使用_____、_____、_____、_____。

18.司机在执行手指呼唤时,必须做到_____。

19.城市轨道交通运输运行管理中通常使用两种乘务制度,即_____和_____。

20.待乘的列车司机一律凭有效证件入住公寓,按照_____指定的房间号入住,严禁私自调房。

## 二、问答题

1.城市轨道交通列车司机作业程序如何?

2.列车运行中发生火情时应如何正确处理?

3.发生触网停电时司机应如何处理?

4.阐述列车发生故障时的处理方法与基本技巧。

5.列车故障救援的基本原则有哪些?

6.司机出勤时的安全规定有哪些?

7.列车正线运行的安全规定有哪些?

8.什么是乘务制度?乘务制度有哪几种?各有什么特点?

# 单元 4　城市轨道交通站务组织管理

**教学目标**

1. 了解车站行车作业基本要求与作业制度;
2. 了解城市轨道交通客运服务原则与规范;
3. 掌握车站突发事件的应急处理办法;
4. 熟悉城市轨道交通主要客运规章制度。

**建议学时**

8 学时

## 4.1　车站行车作业基本要求与制度

### 一、车站行车作业基本要求

#### 1. 车站管理模式及组织架构

车站是城市轨道交通系统的重要组成部分,是企业与服务对象的主要联系环节。车站管理的核心任务是安全、迅速、方便地组织客流集散,并做好行车组织工作。随着城市轨道交通车站设备设施的不断发展变化,我国各大城市轨道交通车站的设备设施及岗位设置都不尽相同,各客运岗位的工作职责及作业程序也存在很大差异。一般来说,车站常驻人员有站务运营人员、保安人员、保洁人员、设备维修人员、城市轨道交通公安人员等。

城市轨道交通车站以安全、高效、快捷地运送乘客为宗旨,车站应该根据行车计划、施工计划以及客运组织计划等生产任务的要求建章立制,合理设置岗位及组织排班,有序安排各岗位员工履行职责,协调运作。城市轨道交通车站通常设置中心站站长、值班站长、值班员(行车、客运)和站务员等岗位。车站管理模式采用值班站长负责制,负责当班期间车站的行车安全、客运服务、票务、环境清洁、事件处理、人员管理等工作。在值班站长的指挥下,各岗位工作人员按照岗位职责和工作流程开展工作。

除车站的站务工作人员外,城市轨道交通车站通常还有维修、商铺、公安等外单位(部门)驻站人员。车站日常运作以车站运输组织为核心,维修人员、商铺人员、公安人员等以服务于车站运输组织为前提开展工作。车站一般成立站内综合治理小组,由各个驻站单位(或与车站运作相关单位)参加,综合治理小组的组织由站长负责。综合治理小组的主要任务是协调、解决车站的综合治理工作。综合治理小组成员相互通报相关信息,尤其在重大节假日或大型活动前,车站应将有关运营服务信息及站内客运应急方案通报各单位。发生特殊情况时,由值班站长负责指挥处理,可以调动站内的维修人员、商铺人员、公安人员协助处理。

(1)上海城市轨道交通 1 号线车站管理模式介绍

上海城市轨道交通 1 号线车站采取值班站长、中心站长二级负责制,如图 4-1 所示。除了由中心站长对所属车站(一般负责2~3个车站)各项工作全面负责外,每站还设3名值班站长跟班管理,负责当班期间车站的行车、安保、票务、卫生等所有车站工作。

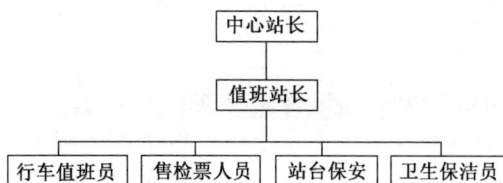

图4-1 上海城市轨道交通1号线车站管理模式

(2)香港城市轨道交通车站管理模式介绍

香港城市轨道交通车站设置站厅、站台两层,采用先进的自动售检票系统及各种人性化服务设施,每日承担香港公共交通工具市场40%以上的客流,周日平均客流达430万人次。车站除设置行车控制、运行监护人员外,还在站厅层设置了客务中心,提供对乘客的服务咨询。香港城市轨道交通车站管理模式,如图4-2所示。

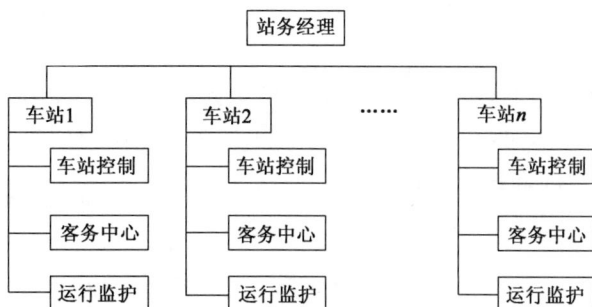

图4-2 香港城市轨道交通车站管理模式

2. 车站行车作业基本要求

车站行车作业包括列车接发作业、列车折返作业等。车站行车作业应按照列车运行图要求,不间断地接发列车与折返列车,确保行车安全与乘客安全。对车站行车作业的基本要求如下。

(1)执行命令听从指挥

严格执行单一指挥制,车站行车作业由车站值班员统一指挥。列车在车站时,列车司机应在车站值班员指挥下进行工作。车站值班员应认真执行行车调度员的命令和上级领导的指示。

(2)遵章守纪按图行车

认真执行行车规章制度,遵守各项劳动纪律。办理作业正确及时,严防错办和忘办,严禁违章作业。当班必须精神集中,服装整洁、佩戴标志,保证车站安全,不间断地按列车运行图接发列车。

(3)作业联系及时准确

联系各种行车事宜时,必须程序正确、用语规范、内容完整、简明清楚,严防误听、误解和臆测行事。

(4)接发列车目迎目送

接发列车严肃认真,姿势端正。认真做好看、听、闻,确保列车安全运行。

(5)行车表报填写齐全

行车表报包括各种行车凭证、行车日志和各种登记簿。行车凭证有路票、绿色许可证和调度命令等,登记簿有调度命令登记簿、检修施工登记簿、交接班登记簿等。应按规定内容、格式认真填写各种行车表报,保持表报完整、整洁。

## 二、行车作业制度

为加强车站行车作业组织,必须建立和健全各项行车作业制度,做到行车作业制度化、程序化、标准化。车站行车作业制度主要有车站值班员岗位责任制度、交接班制度、检修施工登记制度、道岔擦拭制度、巡视检查制度和行车事故处理制度等。

1. 车站值班员岗位责任制度

车站行车作业实行单一指挥制,车站值班员是车站行车作业的组织者和指挥者。根据行车作业的需要,车站还可设置车站助理值班员,但采用 ATC 系统一般不设。

车站值班员的岗位职责包括:执行行车调度员的命令和指示,统一指挥车站的行车作业;监视行车控制台的进路开通方向、道岔位置及信号显示,监视列车运行状态和乘客乘降情况;在实行车站控制时,按列车运行图及行车调度员下达的列车运行计划办理闭塞、排列进路,开闭信号、接发列车;填写行车凭证和其他各种行车报表;办理设备检修施工登记;组织交接班工作;等等。

车站助理值班员的岗位职责包括:接送列车、监护列车运行,交递调度命令及行车凭证,进行手信号发车,组织调车作业现场,进行站线巡视和协助组织乘客乘降,在不设助理车站值班员岗位时,上述职责由站台服务员等员工承担。

2. 交接班制度

车站值班员交班时,应将列车运行和设备状态,上级指示和命令及完成情况等填记在交接班登记簿上,并口头向接班车站值班员交代清楚。

车站值班员接班时,要了解列车运行情况,对行车设备、备品、表报进行检查后,签认接班。内、外勤车站值班员实行对口交接。

案例分析-交接工作
不到位

3. 检修施工登记制度

车站值班员对各项检修施工作业,应根据检修施工计划,在向检修施工负责人交代有关注意事项后,方可登记。凡影响行车作业的临时设备抢修,要在与行车调度员联系作业时间并获同意后,方可登记。检修施工作业结束后,行车设备经试验、确认技术状态良好,方可签认注销。

4. 道岔擦拭制度

道岔必须由专人负责定期擦拭。擦拭道岔,必须与行车调度员联系,办理控制权下放手续。道岔擦拭时,车站控制室要有人监护,不准随意扳动道岔。擦拭道岔人员一律穿绝缘鞋,携带防护用具,于擦拭前施放木楔,无关人员不得擅自进入道岔区。如须换道岔,室内监护人员与现场擦拭人员应进行联系,说明道岔号码及定、反位。现场擦拭人员要离开岔道。道岔擦拭完毕,要认真清理现场,清点工具,撤除木楔,并检查有无妨碍列车运行及道岔转换的物品。试验道岔及确认良好后,与行车调度员办理控制权上交手续。有关按钮由信号人员加封并做记录。填写道岔擦拭登记簿。

5. 巡视检查制度

送电前,车站值班员应进行站线巡视,检查线路上有无影响列车运行的异物。对站内检修

施工后的现场要进行巡视检查,确保符合检修施工登记注销情况。检查行车控制台是否有异常情况。

6.行车事故处理制度

发生行车事故,应立即采取有效措施进行处理,同时向行车调度员及有关部门报告。认真记录事故发生的时间、地点、列车车次、车号、关系人员姓名及人员伤亡和设备损坏情况。赶赴现场,查找人证与物证,并做成记录。清理现场,尽快开通线路。对责任行车事故,应认真找出原因,提出处理意见,制定防范措施。

# 4.2　城市轨道交通客运服务原则与规范

客运服务是城市轨道交通客运组织工作的一项重要内容,是完成城市轨道交通运营任务的重要组成部分,也是反映城市轨道交通服务质量的一个主要因素。在日常工作中,客运服务人员要以端庄大方的仪容举止,给乘客提供美好的形象服务;以热情、和蔼、谦虚的态度,给乘客提供礼貌的语言服务;以文明、和谐的乘车气氛,给乘客提供赏心悦目的文化服务。为了体现城市轨道交通一流的服务质量,客运服务人员必须恪守职业道德,讲究服务艺术,提高服务质量。

客运服务工作必须以确保乘客安全及列车正点为目的,为及时、快速地疏导乘客而提供优美舒适的乘车环境和便利周到的各种服务。为了提高服务质量,客运人员必须认真学习客运服务有关规章制度与标准,掌握服务技能,严格按照各工种的岗位作业标准进行操作,本着全心全意为乘客服务的原则,让乘客享受到城市轨道交通一流的服务。

## 一、服务工作的原则

客运服务人员在日常的工作中,必须贯彻"全面服务、重点照顾、主动热情、诚恳周到"的服务工作原则。中华民族素有"礼仪之邦"的美称,继承和发扬我们民族的优良传统,在建设社会主义物质文明的同时,建设高度的社会主义精神文明,是一个伟大的战略决策。城市轨道交通正是一个反映社会文明的"窗口"。城市轨道交通的发展、城市轨道交通职工的精神风貌,是社会文明的缩影,从侧面反映了国家的巨大变化。客运服务人员一定要从思想上重视本岗位工作的重要性。

1.要树立服务乘客、服务社会的思想

城市轨道交通客运服务人员面对的主要对象是乘客,乘客从购买车票起到出站止,与城市轨道交通公司建立了服务与被服务的关系。乘客除了具有流动性外,还具有广泛的社会性。无论什么年龄、职业、肤色的乘客,只要持票上车,就是我们的服务对象,我们都应以礼相待、以诚相待。客运服务人员为乘客服务,也就是为社会服务,服务工作的好坏,是对社会所做贡献大小的标志之一。客运服务人员要有全心全意为社会服务的精神和不计名利的豁达胸怀。平时要多加强业务学习,多向各条战线的模范人物学习,多向城市轨道交通的先进人物学习,做好本职工作。

2.要破除旧观念

现代社会只有分工不同,并无高低贵贱之分。从广义上讲,无论哪种职业都是服务于人、服务于社会。有人认为为乘客服务是伺候人的工作，因此产生一种自卑心理，工作上也有抱怨情绪。其实不然，在日常生活中，也有许多人在默默无闻地为你付出劳动。虽然科技日新月异，但是许多服务性工作却是机械所不能替代的。社会分工都是相互依存、相互补充的，人们也在这种关系中不断丰富和完美自己。

### 3. 要不断提高自身素养

文明服务、礼貌待客。客运服务人员首先一定要加强思想修养和政治学习，培养良好的职业道德，视乘客为亲人，热情、友好、真诚地对待乘客，不以貌取人，说话办事讲究信誉。其次，要努力学习文化科学知识，研究各地方言，掌握服务本领，丰富头脑，拓宽视野，提高自身的文化水平。此外，要讲究说话的艺术性，言词恳切，态度和蔼，即使纠正违章，也要礼貌相待、语言明确，表达委婉、让人信服。再有要研究乘客心理，探索服务规律，针对乘客的各种要求，做好服务工作。

## 二、车站客运服务工作

城市轨道交通作为城市公共交通系统中一种速度快、运量大、行车间隔小的电动有轨客运系统，作为城市公共交通系统的一个重要组织部分，对缓解城市地面交通压力，减轻城市地面交通拥挤起着十分重要的作用。"快速、准确、安全、舒适、便利"是城市轨道交通运营宗旨。所以要求城市轨道交通车站能安全、快速、方便地组织乘客乘降，为乘客乘坐城市轨道交通提供良好的服务。

城市轨道交通客运服务是指为乘客乘坐城市轨道交通提供的服务，城市轨道交通客运服务人员是直接从事城市轨道交通客运服务的工作人员。在城市轨道交通客运服务中，城市轨道交通客运人员按以下基本服务程序来工作：进站服务→售票→检（验）票→疏导→组织乘降→监护列车→出站服务。

每个岗位都按照以下基本程序作业：准备作业→基本作业→整理作业。

车站的对外客运服务主要按以下几个功能划分：

### 1. 售票服务

在城市轨道交通车站中，售票服务是帮助乘客用有效货币换取价值等同的车票，以便乘客进入车站的计费区。随着城市轨道交通运营的进一步完善，自动售检票系统将逐步取代原有的人工售检票。虽然自动售检票的自动化程度很高，但是人工售检票方式在特殊情况下仍适用。因此掌握各种状态下的售票作业内容，是每个服务人员应有的技能。

（1）人工售票服务

售票员在售票前要备足零钱，售票时严格执行"一收、二唱、三撕、四找"的作业程序，准确迅速地发售车票，严禁以售代检。

（2）半自动售票服务

收款、付款、操作键盘由售票员完成，在出售面值较大车票和智能卡时，必须由售票员提醒乘客确认，报销凭证由乘客自取。售票时严格执行"一验、二售、三找、四清"的作业程序。

（3）自动售票服务

对自动售票设施应进行巡视检查，保证设备正常运转，必要时应及时采取人工售票进行补偿服务。

2.检(验)票服务

检(验)票服务是指为了维护正常的站、车秩序,保证乘客的安全,对乘客所持的车票要进行确认,使乘客按规定乘车。

(1)人工检(验)票服务

在进站检票或出站验票时,检(验)票员要正确佩戴工号牌。检(验)票员应进行对岗交接,认真检(验)票,严格执行"一撕、二看、三放行"的作业程序,并负责检查乘客是否携带超限物品或易燃、易爆、有毒等危险品乘车。对精神病患者、1.2m以下单独乘车儿童等特殊乘客,要劝阻其进站乘车。

(2)自动检验票服务

应设人监督,保持设备的正常运转,指导乘客按要求正确使用票卡,阻止携带易燃、易爆、有毒等危险品的乘客进站乘车。对不能正常进出闸机的票卡进行分析,办理补票等业务。必要时,应及时采取人工检(验)票进行补偿服务。

3.站台服务

站台服务为候车乘客提供各种乘降信息,确保乘客在站候车安全,使车站有一个良好的乘车环境。

(1)对候车人员要做到热情服务、重点照顾。注意乘客候车动态,及时发现乘客异常。防止乘客跳下站台,进入洞内。积极疏导宣传,维护车站正常的候车秩序。

(2)列车进站前,做好乘客的疏导工作,宣传有关安全事项,引导乘客站在安全线内候车。

(3)列车进站后,组织先下后上,照顾重点乘客。人多拥挤时,积极进行人工广播宣传。

(4)列车关门时,密切注意列车车门状态。如有车门关闭不上或者夹人夹物,应及时通知司机并迅速查明原因,在最短时间内排除故障。

(5)列车启动后,注意乘客候车动态及列车的异声、异味、异态。如有异常要及时通知行车值班员,并及时向有关部门汇报。

(6)遇有清空列车或其他站通过列车到达本站时,对需要继续乘车的乘客,要做好解释劝说工作,动员乘客乘坐下次列车。

(7)遇有车站发生伤亡事故,应及时向有关部门汇报,疏导乘客,不扩散事态,并协助公安人员清理现场。

4.广播服务

广播服务是车站客运服务的一个重要组成部分,也是客运服务的一个重要宣传工具。由于其影响面较广,一定要把好关,确保广播内容准确、健康。

(1)车站应进行向导广播,如列车到发情况,换乘介绍等。

(2)车站应广播乘车规定,乘客须知、通告、公告等。

(3)车站的电视应按规定播放有关内容,宣传车站设施的使用方法及有关内容。

# 三、客运服务工作具体要求

客运服务人员每天面对着成千上万的乘客,其一举一动、一言一行都体现着城市轨道交通的形象。除了车站环境整洁优美、列车正点安全运营外,所有客运服务人员的举止言行都是构成城市轨道交通一流服务质量的重要因素。为树立城市轨道交通车站良好的窗口形象,客运服务人员要从着装、仪容等一点一滴的小事做起,向乘客展示城市轨道交通职工的风采。

1. 着装要求

客运服务员的服饰应整洁大方,与城市轨道交通的工作性质相协调。要求上岗的员工必须统一着装,按规定佩戴服务标志。

(1)当班统一着装,严禁大红大绿及奇装异服。制服要清洁平整,当班时不能挽袖,卷裤角。

(2)不歪戴帽子,天热不敞胸露怀。不穿高跟鞋、浅色鞋及带钉帽的鞋。

(3)须穿着防寒衣时,应穿戴整齐,并扣好钮扣,不得披、盖、裹。

(4)胸章一律佩截于左胸前,沿口袋边,使乘客一目了然。不得遮掩。

(5)季节替换时,按规定更换工作衣,不得擅自替换。

2. 仪容举止要求

客运服务人员的仪容举止体现个人的文化素养和城市的文明程度,应做到精神饱满、服装整洁,端庄大方、举止文明。

(1)仪容:讲究卫生,仪容整洁

①男同志不留胡须、长发,不染发,不戴戒指、项链等首饰。

②女同志当班不戴任何首饰,不披长发,不浓妆艳抹,发型大方雅致。

③要经常修剪指甲,保持大方整洁。

④当班不吃零食。

(2)动作:举止大方、姿势端正、注意小节

①乘客问询要站稳回答,不要边走边答。

②乘客到窗口购票、问询要面向乘客答话,不可同时做其他事情。

③乘客到办公场所,要主动让座,没有座位时,要起立接待应答,不得冷淡无理。

(3)服务动作

①清扫卫生时,要先同周围的乘客示意表示歉意,注意清扫用具的轻拿轻放,不得从乘客头上、身上通过或接触乘客的物品。

②须挪动乘客的物品时,事先取得乘客的同意,轻拿轻放,不得损坏。

③交给乘客钱款时,要轻轻递给,不要重手重脚。

④维持秩序时,要加强宣传,说服动员,不要强行拉拽,训斥顾客。

⑤处理违章时,要实事求是,不得擅自对乘客搜身或扣押乘客物品。

(4)举止动作

①站立要直。不得背手、插腰、抱膀、颤腿或把手插在衣袋内。

②坐姿要正。不趴着,不打瞌睡,不用手托腮,不看书报。

③不嘻笑打闹、勾肩搭背,不会客,不做与工作无关的事。

④不推拉乘客抢道。

⑤不随地吐痰,乱扔杂物。

⑥不在乘客面前搔痒、挖耳朵、掏鼻孔、剔牙齿、脱鞋或吸烟。

3. 用语要求

语言是一门艺术,在日常的服务工作中,得体的语言会使乘客倍感亲切;反之则会使顾客

反感。城市轨道交通作为一个展示"两个文明"的窗口,文明之风更应处处涌动。因此要求客运服务人员在工作中做到亲切和蔼、语言文雅,使用普通话。

(1)在服务中,须使用普通话(对外国人宜使用外语),口齿应清晰。

(2)服务用语应文明、简练、规范、通俗易懂。

(3)对乘客的称呼应礼貌得体。

(4)服务用语使用:"您好、请、谢谢、对不起、再见"十字文明用语。

(5)具体文明用语:

①当乘客询问时,应面带微笑说:"您好,请讲。"

②检票时说:"请您出示车票。"

③检查危险品时说:"对不起,请您将包打开,谢谢。"

④整理队伍时说:"请您按顺序排队。"

⑤当乘客人多,要穿行时说:"请让让路,谢谢。"

⑥打扫卫生时说:"对不起,请让让,谢谢。"

⑦遇有重点乘客时说:"请问您有什么困难?"

⑧对待乘客失礼时说:"对不起请原谅。"

⑨乘客违反规章制度时说:"请……,谢谢。"

⑩受到乘客表扬时说:"我们做得很不够,请多提宝贵意见。"

⑪受到乘客批评时说:"对不起,谢谢您的批评。"

⑫售票时说:"请问您到哪里?"

⑬售票窗口拥挤时说:"请大家按顺序排队,不要拥挤。"

⑭乘客之间发生矛盾时说:"请您不要争吵,有问题我们可以商量解决。"

⑮误售车票时说:"对不起,请您稍等,我马上更正。"

⑯当乘客无法使用磁卡车票时说:"请右手持票,按箭头方向插入。"

4. 态度要求

只有每个客运服务人员端正了态度,才可以做到全心全意为乘客服务。全体客运服务人员应做到主动、热情、诚恳、周到、文明、礼貌。

(1)全面服务:做到"三要""四心""五主动"

三要:接待乘客要讲文明礼貌,纠正违章要态度和蔼,处理问题要实事求是。

四心:接待乘客要热心,解决问题要耐心,接受意见要虚心,工作要认真细心。

五主动:主动迎送;主动扶老携幼,照顾重点;主动解决乘客困难;主动介绍乘车知识;主动征求乘客意见。

(2)重点照顾:做到"二知""二有"

二知:知困难,知去向。

二有:有服务,有登记。

虽然以上内容看似平凡,但要真正做到亦不容易,要求服务人员真诚地去为乘客服务,不要做了上述工作,却又让乘客觉得态度生硬,冷冰冰的。只有所有的一切都发自内心,才能收到预期的郊果。

5. 纪律要求

城市轨道交通是一个半军事化的企业,各部门联合协作,任何一个部门都不可擅自行动,因此纪律要求特别高。对于每一个客运服务人员来说,纪律观念不可忽视。在日常工作中要求工作人员坚守岗位,服从指挥,严守规章制度,执行作业程序。

(1)班前点名

按时参加集体点名,学习上级文件,接受任务,开展预想,明确责任。

(2)班后总结

按时参加班后总结,对照岗位责任制,进行考核。讲成绩,找问题,总结经验教训,不断改进工作。

(3)岗位纪律

①不擅自离岗,在岗到位,履行岗位责任。不聚堆聊天,不互相开玩笑,不打斗,不大声喧哗。

②不在值班岗会客和办私事。

③不在岗位吃零食、看书看报及做与本岗位无关的事情。

④班前及值班用餐不饮酒,不在禁止吸烟的场合吸烟。不乱扔、乱倒杂物。

⑤说话和气、语言亲切。不讥笑乘客,不讲有伤乘客自尊心的话,不讲有伤乘客人格的话,不讲怪话及埋怨乘客的话,不讲粗话、脏话、无理的话和讽刺挖苦的话。

⑥不打骂乘客。无理不强争,得理要让人。

⑦清扫卫生,不能影响接待乘客。

**6. 卫生要求**

城市轨道交通车站是人来客往的公共场所,保持车站的整洁是最基本的要求,每一位客运服务人员都应保持本岗位的整洁,做到窗明地净,四壁无尘,内外整洁,消灭“四害”。

(1)地面、台阶达到“三无一光”,即无痰迹、无杂物、无污垢,并要见到原物的一定光泽。

(2)墙、柱、门、窗达到“四无”,即无痰迹、无脏印、无积尘、无泥点。

(3)边、角、棱、沿达到“三无”,即无污垢、无积尘、无蛛网。

(4)厕所达到“四不见”,即便池不见干便、尿池不见尿碱、坑外不见手纸、地面不见泥脚印。

(5)果皮箱达到“三不得”,即箱口不得有堵塞、箱外不得有污垢、箱内不得有过多杂物。

(6)站台、道床达到“三无”,即无污水、无污迹、无污物。

(7)脸池、水池达到“四不”,即池内不堵塞,池边不挂污、池面不见积尘,池上不乱放东西。

(8)门前三包达到“三无”,即无痰迹烟头、无自行车、无杂物污物。

**7. 安全要求**

安全是客运服务的核心,所有工作都必须在安全的条件下进行,为了确保运营安全,要坚持“安全第一、预防为主”的方针。

(1)站内严禁吸烟、使用明火。

(2)严禁携带和存放易燃、易爆、有毒等物品。

(3)保证乘客安全乘车。

**8. 接车要求**

站务人员在列车进站时应目迎目送,并做到“二转体”。

(1)迎车进站,站在安全地方,面向列车,目光左右巡视。

（2）送车时，当车尾部越过送车位置，转身面向列车运行方向。

9. 基本业务要求

各岗位的服务人员都必须掌握本岗位的工作技能，熟练地为乘客服务。

（1）服务人员要精通客运规章中的各项规定。

（2）服务人员要做到"三熟知"：

①熟知乘车注意事项。

②熟知岗位责任制和作业标准。

③熟知城市轨道交通线路之上沿线简况。

10. 客运物品摆放要求

车站客运物品摆放要整齐、有序、不得影响列车运行、乘客通行和车站站容。

（1）各种服务设施、清扫用具应按规定地点摆放，不得影响列车运行、乘客通行和车站站容。

（2）室内物品摆放要整洁，属于公用的物品要放在规定的位置，属于个人的物品要放在个人衣柜中，个人所携带的饭菜要摆放整齐。

（3）大厅排拖、拖把、扫帚等清扫用具及备品应放在墙边或隐蔽处，不得影响乘客通行、列车运行、车站站容。

（4）对升降梯等设施及用具应加固加锁，不能加锁加固的应放在易观望处。

（5）各车站服务于乘客的休息椅、果皮箱、报架等设施要按规定数量摆放。

（6）非纯属物品，应督促有关人员进行清除或协助放置在不妨碍列车运行的隐蔽处。

（7）售票亭和检（验）票亭内的各种设备要摆放整齐有序，并保持物品的清洁。

## 四、客运服务人员服务承诺与岗位五规范

1. 服务承诺

服务承诺：安全第一、乘客至上、准点高效、方便快捷、环境舒适。

（1）安全第一。确保列车正常运行，保持良好的运营秩序，为乘客提供安全可靠的运营服务；无重大安全事故，无责任乘客伤亡事故。

（2）乘客至上。热情周到，耐心迅速处理乘客事务，想乘客之所想、急乘客之所急，帮乘客之所需。乘客投诉 24 小时内答复，乘客来电或来信询问 100% 回复，乘客满意度 90% 以上，乘客责任投诉率为 2 件/千万人次。接到乘客求助后，工作人员 3 分钟之内到达现场。

（3）准点高效。确保列车正点运营率为 98% 以上。

（4）方便快捷。列车全程运营时间控制在规定时间以内；在服务时间内，自动扶梯的正常运转时间不小于 90%（不含人为故障停梯时间）；闸机、自动售票机运营时间 100% 开启，状态良好。城市轨道交通与其他交通工具接驳良好。

（5）环境舒适。确保城市轨道交通列车和车站无污染，清洁明亮、温度适宜、通风良好。车厢温度 27℃ 以下的时间大于 95%，地下站台温度在空调季节保持在 28℃ 以下的时间大于 90%，地下站厅温度在空调季节保持 29℃ 以下的时间大于 90%。

2. 岗位五规范

（1）服务规范：安全乘车、站车洁净、主动服务、语言文明、秩序井然。

（2）道德规范。主动服务、文明礼貌、安全正点、方便周到、着装整洁、卫生达标。

（3）岗位一句话规范：

①值班站长岗。贯彻站规、认真交接、顶岗查岗、纠正违章。

②售票员岗。积极售票、准确迅速、严守秩序、账款相符。

③检票员岗。认真验票、严控禁品、有序进站、以理罚款。

④站务员岗。积极宣传、热情接待、疏导巡视、组织乘降。

（4）语言规范。在工作岗位上坚持使用"您好、请、谢谢、对不起、再见"十字文明用语。

（5）岗位形象规范。上岗要穿识别服，仪表要达标。袒胸赤足披肩发，浓妆艳抹不上岗。

# 4.3 城市轨道交通主要客运规章制度

中华人民共和国交通运输部制定了《城市轨道交通运营管理规定》，自 2018 年 7 月 1 日起施行。基于各城市轨道交通的特殊性，主要是由各城市轨道交通主管部门或运营公司根据城市的具体情况制定相应的运行安全规章制度。

城市轨道交通系统根据系统特征、所在城市的地理气候环境等要素特征，制定详细的运行安全规章制度，使系统各部门、各单位人人有章可循。运行安全规章制度可以体现在各种管理规章制度的相关条例中。

如上海城市轨道交通公司的相关规章制度就有：《城市轨道交通运营技术管理规程》《城市轨道交通行车组织规则》《城市轨道交通客运组织规则》《城市轨道交通行车事故处理规则》，各种专业的操作规程、安全规则，各车站与车辆段的行车组织细则，以及《行车事故示例救援办法》和《乘客服务标准》。此外上海市人民政府颁布的相关地方法规——《上海市城市轨道交通管理办法》，以及相关管理局（市政工程局）颁布的《上海市城市轨道交通管理办法实施细则》，可作为上述系统规章制度的法律支持。

下面以《城市轨道交通行车组织规则》、各车站与车辆段的行车工作细则与《乘客服务标准》为例说明。

## 一、城市轨道交通行车组织规则

各城市轨道交通企业，一般会根据设备功能、设备技术状况、列车运行、行车组织原则、设备检修等编写适合本城市轨道交通的行车组织规则，其主要内容有以下几个部分。

第一部分　总则

该部分内容主要说明运营服务的宗旨。各单位、各部门必须坚持安全生产的方针，贯彻高度集中、统一指挥、逐级负责的原则，紧密配合、协调动作，确保行车和乘客安全，完成各项工作任务。

第二部分　技术设备

该部分内容主要规定了：机车车辆与建筑物的限界；线路的类型、城市轨道交通车站与区间的分界、线路的坡度与上下行方向规定等；通信与信号的设置与使用要求；车站的设置；供电模式与供电电压；电动车客车的组成与运行速度等。

第三部分　行车组织基本原则

该部分内容主要有：在正常情况下采用什么样的模式驾驶列车；行车的时间标准规定；城市轨道交通行车指挥组织与机构；列车车次的规定；信号设备管理；行车闭塞方法与联锁；工作站的操作规定等。

第四部分　列车运行

该部分内容主要有：列车运行模式；客车运行的准备和条件；客车出入车辆基地的组织方式；列车接发作业规定；客车运行中的操作；工程车开行规定；车辆与信号设备调试的规定等。

第五部分　设备检修施工

该部分内容主要有：设备检修施工组织；运营时间的设备抢修及非运营时间的施工组织原则等。

第六部分　非正常情况下的行车组织

该部分内容主要有：扣车规定；信号系统故障的处理与开放引导信号的规定；客车故障处理；救援列车的开行规定；特殊情况下的列车运行要求等。

第七部分　调车作业

该部分内容主要有：调车作业领导与指挥；调车计划的编制、传达和变更；调车作业方法与调车速度的规定等。

第八部分　信号显示

该部分内容主要是有关信号的显示与要求。

第九部分　相关附录

这部分内容主要是对规则中有关名词术语及相关内容进行补充说明。

## 二、各车站行车工作细则

各城市轨道交通运营车站都要根据其作业要求编制车站行车工作细则，其主要内容有以下几个部分。

第一部分　车站概况

这部分内容主要是车站的位置、性质、等级和任务。

第二部分　技术设备

这部分内容主要有：股道与道岔；信号、联锁与闭塞设备；客运设备；自动售检票系统设备；通信、照明与供电等设备。

第三部分　车站行车组织工作

这部分内容主要有：正常运营期间以及非正常情况下车站行车办法；电气集中控制台操作规定；列车转线作业有关要求。

第四部分　检修、施工管理

这部分内容主要有：施工计划；车站施工登记的作业程序；检修施工管理办法；车站线路的清扫与道岔的保养等有关规定。

第五部分　车站运输组织工作

这部分内容主要规定了车站客运组织机构形式与行车值班员交接班制度。

第六部分　有关附录

### 三、乘客服务标准

各城市轨道交通运营单位编制的乘客服务标准,主要内容有以下几个部分。

第一部分　范围

这部分内容主要说明本标准适用的岗位范围。

第二部分　引用标准

这部分内容主要说明本标准所包含的其他条文内容,通过在本标准中引用而构成本标准的条文。

第三部分　服务工作通用标准

这部分内容主要说明服务承诺、服务规范等有关要求。

第四部分　岗位服务标准及服务技能

这部分内容主要说明各个岗位服务要求、岗位服务用语等内容。

第五部分　乘客投诉管理

这部分内容规定了涉及乘客投诉的有关处理办法与原则。

第六部分　乘客遗失物品管理

这部分内容规定了乘客遗失物品的管理办法。

第七部分　有关制度

这部分内容主要有执法工作制度、卫生管理制度、车站管理制度等。

第八部分　服务知识

这部分内容主要规定了乘客乘车守则、乘客安全守则、乘客票务守则等内容。

第九部分　附录

**知识链接**

| 城市轨道交通运营管理规定<br>(交通运输部令2018年第8号) | 南京城市轨道交通<br>乘客服务标准(节选) | 上海市城市轨道交通<br>客运组织规则 |

# 4.4　车站突发事件应急处理办法

## 一、车站突发事件处理原则与报告程序

### 1.车站突发事件处理原则

城市轨道交通车站及列车是人群集中的公共设施,一旦发生火灾、爆炸等突发事件,不仅

会引起轨道交通沿线的交通瘫痪,若应急处理不当,还会造成群死群伤的严重后果,严重地影响社会秩序。当轨道交通车站发生突发事件时,各岗位员工应遵循突发事件的处理原则,团结协作、迅速高效地妥善处置,防止事故的扩大、升级,最大限度减少事故造成的危害损失。

车站突发事件处理原则如下:

(1)突发事件发生时,应急处置的指导思想是先控制、后处置,救人第一。

(2)突发事件现场应急处置的重点是控制事故源头、危险区域,组织人员撤离和抢救受伤人员。

(3)各岗位员工应按规定程序及时间,及时向有关方面报告,迅速开展工作,尽一切可能控制事故的扩大,以减少伤害损失。

(4)各岗位员工应沉着冷静,严格执行规定的标准和程序,优先组织人员疏散、伤员抢救,做好乘客疏导和安抚工作,维持秩序,减少乘客恐慌。

(5)各岗位员工应坚守岗位,立即进入突发事件抢险救灾状态,兼顾重点设备和环境的防护,采取一切可能措施减少损失。

(6)兼顾现场的保护工作,以利于公安、消防和事件调查部门的现场取证。

(7)员工在处理应急事件时,要坚持对外宣传归口管理的原则,不得擅自发布相关信息。

(8)坚持就近处理的原则,在上一级事故处理负责人到达现场前,由值班站长担任现场指挥,担负临时事故处理负责人职责。

2. 突发事件报告程序

(1)突发事件报告原则

①迅速、准确、完整的原则。

②逐级上报的原则。事故发生在区间,列车司机应立即上报行车调度员;事故发生在车站或车厂内,车站值班站长或车厂调度员应立即上报行车调度员。

③任何员工发现或接到突发事件信息,均应立即执行规定的通报流程,不得延误、中断或缺漏。

(2)事故报告前应采取的措施

在报告事故前,站务人员应根据事故的严重性,果断采取下列措施:

①若发现任何可能影响列车安全运行的情况,如信号设备损坏、异物落入轨道等,必须利用下列方法,截停可能受影响的列车。

a. 操作车站控制室内的紧急停车按钮。

b. 按动站台紧急停车按钮。

c. 猛烈摇动"危险"手信号,或猛烈摇动任何物品。

②若发现设备或装置有故障,则必须立即停用或隔离有关故障设备或装置。

(3)突发事件的报告内容

报告突发事故时,应尽可能全面,主要包括下列内容:

①报告人姓名、职务、单位。

②事件发生的时间、地点。

③事件发生的概况、原因(初步判断)及对运营的影响程度。

④人员伤亡情况、设备设施损毁情况。

⑤已经采取的措施。

⑥请求救援的内容(例如公安、消防、救护等)。

⑦其他必须说明的内容。

(4)突发事件报告程序

突发事件发生后,现场人员应严格遵守报告程序迅速报告。调度控制中心应根据当时各部门、各车站上报的情况及时汇总,确认突发事件性质、原因,作出准确判断,高效调动、协调企业内外资源,确保事态得到有效控制,力争将损失降到最低限度。因此,轨道交通公司内部必须建立一套严格、高效的信息传递程序。具体通报流程,如图4-3所示。

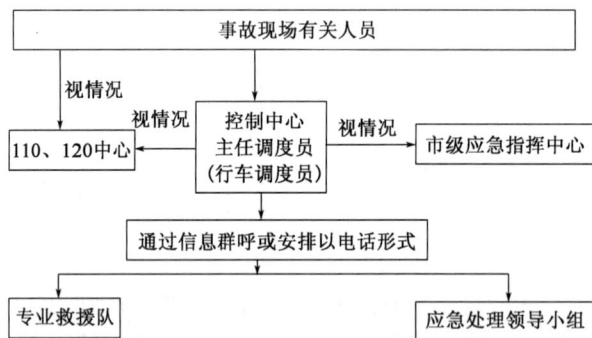

图4-3　突发事件通报流程

## 二、车站突发事件客运组织措施

在某些特定情况下,城市轨道交通设施遭到损坏,正常的营运秩序被打乱,乘客的出行时间被扰乱或人身安全遭到威胁,此时要求客运服务人员保持清醒的头脑,在站长的领导下,按照应急处理办法有步骤地解决问题,在最短时间内恢复车站正常的乘降秩序。

客运服务人员在关键时刻要保持良好的心理状态,将乘客安全放在首位,除了有全心全意为乘客服务的思想,还要有扎实的业务基础。本部分内容介绍在几种特殊情况下的客运组织措施,但遇到实际情况,仍须随机应变,寻找最佳处理方案。

### 1.客流突然大量激增时

在列车运行正常情况下,遇有大量集中乘客购票时,要立即委派专人维持售票窗口旁的秩序。售票窗口处要设专人宣传,在尾处设专人理顺队伍,增加售票员,加开售票口。

在人工售检票情况下,检票处要放宽检票通道,检票员要出室(站)检票,必要时撤除检票亭。若售票口秩序混乱有发生危险的可能性,站务员及公安人员来不及补充与调动时,经站长批准,对不报销车票的采取收现金(零钱)进站的暂时缓解措施,待售票处稍有缓和,立即恢复凭车票进站正常售、检办法。

在自动售检票情况下,每台闸机都调整为可进可出状态。若检(验)票口秩序混乱有发生危险的可能性时,可改为人工售票,或者不计里程票价进站,在出站口人工收取磁卡。

### 2.列车运行秩序不正常造成长时间无车时

列车运行图紊乱,高峰时10分钟以上无车,应立即进行"因城市轨道交通运力不足,列车间隔较大,有急事者请乘坐地面交通车辆"的宣传,减少售票员并降低售票速度。

站务人员要进行宣传解释和安全巡视,并做好解释工作。若大厅乘客拥挤不堪难以出入时,马上采取派人把口节流和分批进站的方法,或临时关闭大门,只出不进。

3.列车密集到达,站台拥挤、出站困难时

立即在车站咽喉处设专人疏导迅速出站。对进出口分开的车站,如进口客流不大或进出比例在3:7以下的岛式车站,可临时用进站口疏散乘客。利用车站广播进行宣传并监视站台边缘乘客动态。当站台出站乘客不得不在安全线以外时,不能再由车上下人,行车值班员与调度联系,经同意后立即采取后续列车在机外一度停车,在本站通过或通知到达列车司机,暂缓开启车门的办法。

4.遇有已知的重点运输情况时

提前作出客运组织方案,确定地上售票地点,张贴各种标志。售票地点要距进站口5m之外,进站口要分开,售票点设不少于3位维持秩序人员(队头、队中、队尾),进站口处要用护绳、围栏隔开,等候买票的乘客要劝阻其站在护栏之外。站台、大厅、出口要有接力传递信息人员或专职人员,随时对售票速度进行灵活掌握和控制。遇有晚间重点运输时,站外要装有足够的照明。

5.在站进行临时清客时

站台站务员、值班站长、行车值班室无作业时的行车人员要全部出动进行清客,对乘客既要做好宣传解释,又要使之有紧迫感。对下车乘客应主动劝慰,确保清客工作顺利进行。

6.因特殊原因造成群众不满,在站集结闹事时

除请公安人员协助外,应将个别领头人带到僻静地点进行教育。如确因城市轨道交通原因造成的,可主动与其单位联系,讲明情况或开具证明,或给其退票。对乘客进行耐心说明,对与司机纠缠的乘客应主动进行劝解,缩小事态,让司机及时开车。

7.车站照明全部熄灭时

应立即通知行车调度员及有关部门,同时利用广播进行宣传,其内容是"现在临时停电,请乘客不要乱跑,照看好老人、小孩和自己携带的物品,向站台中部移动……",用以安定乘客的心理,并立即停止售票,派人把手,停止进站。站务人员携带喇叭和电筒,缓慢引导出站,行车值班员及时通知调度,使上下行列车在站通过。如有少量照明故障,售票处要控制售票,必要时采取派人把口分批进站的措施。

8.遇有大风、雪、雨出入口和通道堵塞时

在出入口处增派人员防止大量人涌入,对下车乘客引导出站,其余人员在两侧墙处待避,疏通出中间通道,电梯暂停使用。大厅混乱时,要着重维持售、检两处的秩序。出现危急情况时,应得到调度同意后,列车在站通过。

9.车门在站发生故障时

列车在站,车门发生故障,在司机处理故障时,站务人员一方面要注意乘客安全,一方面要做好跟车护送的准备,并及时与行车值班员和司机联系,在行车值班员请示调度后,果断跟车护送到终点站或直至有人替换。岗上抽人跟车后及时补充,无多余人员时,由客运值班员代岗。如两个门有故障,确已无人护送,要和调度说明,主动采取消车或其他措施。

10.发生路外伤害时

列车在站内或区间发生乘客伤害事故时,除按公司规定的处理办法外,站务人员要及时疏

散乘客,注意他们的动态,防止再发生事故,站务人员不得声张事态情况,更不得离岗躲避或离岗观看,处理后,对出事地点要及时清迹复原。

11.列车区间、隧道内停车时

列车在区间、洞内由于线路、设备故障无法运行时,值班站长接到通知,应立即组织人员做好应急措施的准备工作,听候客运调度命令。如一时无牵引动力,列车须在区间、洞内停留较长时间,接到客调命令赶赴现场,加强安全宣传,稳定乘客情绪,采取有效措施流通车内空气,每节车厢派员防护,必要时疏散乘客。

## 三、车站突发事件应急处理办法

1.车站火警应急处理办法

根据火灾发生时间、地点不同,车站火灾可分为车站在运营期间失火、车站在非运营期间失火、站台失火、站厅失火、设备用房失火、车站外失火、邻站失火、列车在车站失火、列车在区间失火等多种情况。

(1)车站失火应急处理办法

①火警的处理原则

火警处理的首要原则是保障乘客及工作人员的生命安全。一旦生命安全受到威胁,所有人员必须立即撤离至安全的范围。任何员工若发现城市轨道交通范围内出现火警,必须立即通知有关车站的值班站长,立即通过行车调度员要求消防部门协助,在确保个人人身安全的情况下,员工可尝试将烟火扑灭。

②车站(运营期间)失火应急处理办法

a.火警警报响起时,行车值班员通过 FAS、BAS 确认报警位置,派 1 名携带无线电对讲机的车站员工前往查看,找出报警原因。该员工应实时通知值班站长是否出现火警,火警是否已触动了防火系统。

b.如警报为误报,值班站长要及时通知行车调度员及站内所有员工。

c.若出现火警,现场员工视情况手动操作防火系统,或在安全的情况下,使用灭火器灭火;与现场保持安全距离,并警告其他人远离该处,直至消防人员到场。

d.值班站长确定火警警报属实后,若火势较大,应立即通知行车调度员召唤消防人员到场,并遵照车站疏散程序组织乘客撤离。乘客疏散完毕后,关闭车站出入口(紧急出入口除外)。

e.启动车站排烟模式。

f.如火势很大,值班站长应组织员工撤离车站到紧急集合地点集中,并安排人员在指定出入口引领消防人员到现场灭火。

g.消防人员到现场后,值班站长汇报有关情况,将灭火工作交给消防人员,并加入应急处理救援工作中。

h.协助事故调查工作。

i.值班站长接到可以运营的指令后,清理现场,恢复运营。

车站在运营期间失火的一般应急处理程序,见表4-1。

## 车站(在运营期间)失火应急处理程序

表 4-1

| | | | 处 理 程 序 | 负 责 人 |
|---|---|---|---|---|
| 事故发生 | 1 | 确认火警的真实性 | 火警警报响起时,迅速从 FAS、BAS 确认报警位置,派 1 名携带无线电对讲机的站务人员前往现场确认,同时通知值班站长 | 行车值班员 |
| | | | 立即到达现场查看,找出响起警报的原因。确属火警,立即向值班站长汇报以下内容:火警的详细位置、火势如何(冒烟、明火)。如果能查出原因,初步估计车站设备、人员受影响的程度及范围 | 站务人员 |
| | 2 | 火警属实 | 启动 FAS,监控 FAS 设备的联动情况 | 行车值班员 |
| | | | 立即赶到事发现场,视情况指示行车值班员向行车调度员汇报以及决定是否召唤紧急服务 | 值班站长 |
| | | 立即向行车调度员汇报 | 报告人的姓名、职务及联系电话。<br>火警发生的时分、确切地点。<br>火势大小、烟的浓度。<br>估计起火原因,火势是否可以控制。<br>估计受影响的大概人数、是否影响乘降。<br>是否有人受伤、是否有设备损毁 | 行车值班员 |
| | 3 | 召唤紧急服务 | 通过行车调度员召唤紧急服务(110、120 等) | 行车值班员 |
| | | | **火势可以控制** | |
| 事故处理 | 1 | 现场人工灭火 | 火势较小,在确保安全的情况下,立即人工启动灭火系统或使用灭火器灭火 | 值班站长现场员工 |
| | 2 | 操纵环控系统 | 启动车站排烟模式,设定紧急通风安排,监控环控系统的运转。如果模式不能正常运转立即通知行车调度员 | 行车值班员 |
| | 3 | 疏散现场乘客,维持车站秩序 | 立即到达现场,在确保人员安全情况下进行灭火,准备组织疏散乘客 | 站务人员 |
| | | | 开启相应 PA,乘客信息系统 PIS,使其他人远离起火地点,进行宣传以稳定乘客情绪 | 行车值班员 |
| | | | 根据情况,实施车站大客流管理措施 | 站务人员 |
| | | | 必要时关闭车站控制室内部空调,避免烟雾弥漫 | 行车值班员 |
| | 4 | 恢复正常运营 | 火势扑灭后,与事故负责人确认具备运营条件后,恢复正常运营 | 值班站长 |
| | | | **火势无法控制** | |
| 事故处理 | 1 | 车站紧急疏散 | 立即通过手持电台向车站所有人员下达车站紧急疏散指示。<br>在车站控制室 IBP 盘上按压紧急停车按钮 | 值班站长 |
| | | | 通过 PA、PIS 通知乘客并进行疏散。<br>通知所有工作人员撤离,并报告集合地点。<br>向其他邻近车站的值班站长请求人力支援 | 行车值班员 |
| | | | 在车站控制室 IBP 盘上启动紧急模式,按压 AFC 紧急按钮,打开所有闸机扇门 | 值班站长 |
| | | | 立即引导乘客安全离开站台,从各出入口出站,并阻止乘客进站 | 行车值班员 |
| | 2 | 关闭车站 | 确保所有乘客安全离开后,关闭车站出入口并张贴"车站关闭"通知 | 站务人员 |

| 处 理 程 序 | | | 负 责 人 |
|---|---|---|---|
| | | 火势无法控制 | |
| 事故处理 | 3 | 等待救援人员抵达现场 | 担任临时事故处理负责人 | 值班站长 |
| | | | 在指定出入口等待救援人员,并带他们到达事发地点 | 站务人员 |
| | | | 撤离后,检查站台、站厅是否还有乘客,并将结果上报给事故负责人 | 站务人员值班站长 |
| | 4 | 火灾扑灭后,恢复运营 | 在火灾扑灭后,根据上级命令,同时根据列车、车站的毁损情况,经消防部门同意后全部或局部重新开站 | 值班站长 |

③站外失火应急处理办法

当车站外发生火灾时,空气的自然流动、车站通风设备的运作、列车移动的活塞效应都会使站外产生的烟气通过通风井、车站出入口扩散至站内,给车站内的乘客带来巨大的威胁。因此,车站员工应正确操作车站环控系统,确保车站内乘客的生命安全。

a. 一旦发现烟气由通风井进入站内,必须执行相关程序,阻截烟气继续进入。值班站长应做好以下工作:由行车调度员处取得该车站环控设备的控制权;将车站公共范围的通风设备关掉;通知行车调度员将有关的通风设备关掉,关闭相应的风闸。

行车调度员应指示环控调度员操作有关环境控制系统设备。

b. 一旦发现有烟经由车站入口扩散到公众范围,应执行下列程序:

值班站长应做好以下工作:通知行车调度员,说明烟的浓度;关闭有关的入口;取得该车站环控设备的控制权,操作环控设备。

行车调度员应指示各邻站的值班站长做好以下工作:取得所管辖车站环控设备的控制权;将车站公共范围的通风设备关掉;操作环境控制系统设备,帮助驱散受影响车站的浓度。

行车调度员应指示环控调度员操作有关环境控制系统设备。

(2)列车失火应急处理办法

列车在车站发生火灾或列车在区间发生火灾,列车司机或站务人员必须迅速将下列详情通知值班站长或行车调度员。详情包括列车的位置及列车编号、列车起火或冒烟的车卡编号、火势大小以及是否有人受伤、有设备损毁等情况。

①列车在站台失火应急处理办法

列车在车站发生火灾时,司机应迅速打开站台侧所有车门,使用车内灭火器进行扑救,并对乘客进行广播疏散,配合车站工作人员的引导将乘客疏散到安全区域。车站工作人员应急处理程序,见表4-2。

**列车在站台失火应急处理程序**                表4-2

| 处 理 程 序 | | | 负 责 人 |
|---|---|---|---|
| 事故发生 | 1 | 确认火灾的真实性 | 向值班站长汇报在站台停靠列车有起火冒烟现象 | 司机或站台监控人员 |
| | | | 立即通过 CCTV 进行查看,确认现场情况 | 值班站长 |
| | 2 | 向行车调度员汇报 | 列车的位置、编号(车次) | 行车值班员 |
| | | | 列车起火位置或冒烟的车卡编号 | |
| | | | 是否有伤亡情况(大概人数) | |
| | | | 火情的大小(冒烟、明火等) | |

| | | 处 理 程 序 | | 负 责 人 |
|---|---|---|---|---|
| 事故发生 | 2 | 向行车调度员汇报 | 初步判断火灾性质 | 行车值班员 |
| | | | 设备损毁情况 | |
| | 3 | 召唤紧急服务 | 通过行车调度员召唤紧急服务(119、120等) | 行车值班员 |
| **火势可以控制** | | | | |
| 事故处理 | 1 | 确认火警属实,按下紧急停车按钮 | 在车站控制室按下起火列车所在站线的紧急停车按钮,设法阻止另一侧的列车驶进站台或使其尽快开车 | 行车值班员 |
| | 2 | 监控、操纵环控设备 | 监控环控系统的运行 | 行车值班员 |
| | | | 如设备不能正常运行,及时通知行车调度员。确认站台安全门是打开的 | 值班站长 站台岗员工 |
| | 3 | 进行清客作业 | 通知站务人员对起火列车进行清客 | 值班站长 |
| | | | 对起火列车进行清客,对受伤乘客进行救助,并维护现场秩序,阻止乘客接近火源 | 站务人员 |
| | 4 | 扑救现场火势 | 就近取用灭火器对列车火源进行扑灭 | 站务人员 |
| | | | 站台员工扑灭火势后,向司机显示一切妥当信号 | 司机 |
| | 5 | 向行车调度员汇报火警处理结果 | 列车火势扑灭后,向行车调度员汇报列车损害程度、是否需要救援 | 值班站长 |
| | | | 等待行车调度员的下一步指示 | |
| | 6 | 做好乘客疏导工作 | 做好站内人潮控制工作,避免乘客受伤 | 全体人员 |
| **火势无法控制** | | | | |
| 事故处理 | 1 | 对起火列车立即清客 | 协助司机打开车门,立即对起火列车进行清客作业 | 值班站长 站务员 |
| | 2 | 车站紧急疏散 | 立即通过手持电台向所有人员下达车站紧急疏散命令 | 值班站长 |
| | | | 通过 PA、PIS 通知乘客进行疏散 | 行车值班员 |
| | | | 向控制中心请求人力支援 | 值班站长 |
| | | | 在车站控制室 IBP 盘上启动紧急模式,按压 AFC 紧急按钮,打开所有闸机扇门 | 行车值班员 |
| | | | 引导乘客离开站台 | 站务人员 |
| | | | 接到紧急疏散的通知后,收好钱款与票卡,关闭客服中心电源,将应急疏散门打开,疏导乘客出站 | 票务岗员工 |
| | 3 | 阻止乘客进站 | 立即引导乘客从各出入口出站,并阻止乘客进站 | 站务人员 |
| | 4 | 关闭车站 | 确保所有乘客安全离开后,关闭车站出入口并张贴"车站关闭"通知 | 站务人员 |
| | | | 担任临时事故处理负责人 | 值班站长 |
| | 5 | 等待救援人员抵达现场 | 在指定出入口等待救援人员,并带他们到达事发地点 | 站务人员 |
| | | | 撤离后,检查站台、站厅是否还有乘客,并将结果上报给事故负责人 | 站务人员 值班站长 |
| | 6 | 火灾扑灭后,恢复运营 | 在火灾扑灭后,根据上级命令,同时根据列车、车站的毁损情况,经消防部门同意后全部或局部重新开站 | 值班站长 |

②列车在区间失火应急处理办法

列车在区间发生火灾时,地下线路运行的列车应尽一切可能运行到前方车站,及时向行车调度员报告,请求前方车站协助。若无法运行到前方车站,司机应及时向行车调度员报告并进行初期灭火扑救,同时将起火车厢的乘客疏散到其他车厢。确认灭火器不能抑制火灾时,请求行车调度员接触网(轨)停电,就地疏散乘客。列车在区间发生火灾时,车站工作人员应急处理程序,见表4-3。

列车在区间失火应急处理程序

表4-3

| | | 处 理 程 序 | | 负 责 人 |
|---|---|---|---|---|
| 事故发生 | 1 | 接到行车调度员的通知,列车在区间起火,向行车调度员确认 | 列车的位置、编号(车次) | 行车值班员 |
| | | | 列车起火位置或冒烟的位置 | |
| | | | 是否有伤亡情况 | |
| | | | 疏散的大概人数 | |
| | | | 初步判断火灾性质,估计起火的原因,火情的大小(冒烟、明火等) | |
| | | | 设备损毁情况 | |
| | 2 | 召唤紧急服务 | 通过行车调度员召唤紧急服务(119、120等)。当无法与行车调度员取得联系时,则通过外线电话直接拨打119、120等急救电话 | 行车值班员 |
| 火势可以控制 | | | | |
| 事故处理 | 1 | 监控、操纵环控设备 | 监控环控系统的运行 | 行车值班员 |
| | | | 如设备不能正常运行,及时通知行车调度员,执行隧道起火模式 | |
| | 2 | 准备进行清客作业 | 与行车调度员确认列车是否可以继续运行至车站。若可以,则立即做好到站列车的清客准备工作 | 值班站长 |
| | 3 | 现场扑救火势并清客 | 立即到达站台,对到站起火列车进行扑救 | 值班站长 |
| | | | 进行列车清客工作,对受伤乘客进行救助等待行车调度员的下一步指示 | 站务人员 |
| | 4 | 做好乘客疏导工作 | 宣传乘客远离起火列车,维持站台秩序做好站内人潮控制工作 | 站务人员 |
| 火势无法控制 | | | | |
| 事故处理 | 1 | 接到行车调度员指示,在区间协助司机急救疏散 | 如果列车在区间无法继续运行,接到行车调度员指示,在区间协助司机急救疏散 | 值班站长 |
| | 2 | 与行车调度员确认下车安排 | 确认列车准确的停车地点 | 值班站长 |
| | | | 确认接触网(轨)已停电 | |
| | | | 进行疏散准备 | |
| | 3 | 监控环控系统的运行 | 提醒行车调度员相关运行模式是否运行 | 行车值班员 |
| | 4 | 做好车站紧急疏散准备 | 立即通过手持电台向所有人员下达车站紧急疏散命令 | 值班站长 |
| | | | 在车站控制室IBP盘上启动紧急模式,按压AFC紧急按钮,打开所有闸机扇门 | |

| 处 理 程 序 | | | 负 责 人 |
|---|---|---|---|
| 火势无法控制 | | | |
| 事故处理 | 4 做好车站紧急疏散准备 | 通过 PA、PIS 通知乘客进行疏散 | 值班站长 |
| | | 向相邻车站值班站长请求人力支援 | |
| | | 若区间失火列车无法到达站台,根据行车调度员命令组织区间疏散 | |
| | | 所有进入区间人员佩戴好呼吸器,拿上手台、穿好反光背心、绝缘鞋等防护用品 | |
| | | 站台人员打开疏散端安全门的端门 | |
| | 5 进行区间疏散作业 | 在确认接触网(轨)已断电,区间照明开启后,立即前往现场<br>与司机联系,组织列车乘客向车站疏散 | 站务人员 |
| | | 随时与值班站长和行车调度员保持密切联系,及时将事件最新进展情况向行车调度员汇报 | |
| | | 到达现场后,与司机协商,对列车上乘客进行疏散 | |
| | | 到达现场后,在岔口、洞口处指引乘客疏散,防止乘客走错方向 | |
| | | 在保证自身安全的情况下,确认乘客从列车上疏散完毕 | |
| | | 跟随最后一名乘客疏散到站台,并确认无乘客遗留在区间<br>引导乘客离开站台 | |
| | | 接到执行疏散的通知后,客服中心停止售票并进行票务处理 | 票务岗员工 |
| | 6 关闭车站 | 确保所有乘客安全离开后,关闭车站出入口并张贴"车站关闭"通知 | 站务人员 |
| | 7 等待救援、善后处理 | 担任临时事故处理负责人 | 值班站长 |
| | | 在指定出入口等待救援人员,并带他们到达事发地点<br>撤离后,检查站台、站厅是否还有乘客,并将结果上报给事故负责人 | 站务人员 |
| | | 在火灾扑灭后,根据上级命令,同时根据列车、车站的毁损情况,经消防部门同意后全部或局部重新开站 | 值班站长 |

#### 2. 乘客受伤事故处理办法

在城市轨道交通运营过程中,会发生乘客在城市轨道交通运营范围内感到不适、发病、昏迷或因意外事故受伤等事件,车站工作人员应按照下列原则和程序进行处理。

(1)乘客受伤事故处理原则

①车站在处理乘客受伤事件时,要以维护城市轨道交通公司形象、保护公司最大利益为原则,以人为本,给予乘客必要的帮助。

②车站在处理乘客受伤事件时,要在第一时间内进行取证工作,尽可能得到旁证及当事人签字确认,以事实为依据,客观记录,充分留下原始资料。

③及时将事件的处理结果报告给相关部门,以备后续处理。

(2)乘客受伤事故处理办法

乘客受伤事故处理程序如下:

①车站现场工作人员发现或接到受伤乘客求救时,应立即报告值班站长并赶赴现场,了解伤(病)者情况及初步原因。

a.视伤(病)者情况,若其意识清醒,询问其是否需要车站协助致电 120 急救中心,征得

111

同意后帮助其拨打120急救电话。询问伤(病)者家人联系电话,设法联系其家人尽快来站救护。伤(病)者家人到站后,由其家人将其接走。如车站致电120急救中心,救护人员到达后,车站协助将伤(病)者送至救护车上。如乘客认为是车站原因导致其受伤,要求车站派人同往医院时,车站员工应请示站长及运营单位客伤主管部门,获准后方可派人陪同前往医院。

b.若伤(病)者情况危急,意识不清,不及时救护可能会有生命危险,车站应及时致电120急救中心,同时车站须及时上报行车调度员、车站站长及运营单位客伤主管部门。

②如因城市轨道交通设备造成事故,应立即停止该设备运作(影响列车运行的设备除外),并报告车站控制室。

③疏散围观群众,寻找目击证人,收集、记录有关证人资料。

④需要时,对乘客外伤进行简单的包扎处理。

⑤如调查需要,应保护好现场,必要时对有关区域进行隔离,并用相机记录有关现场情况。

⑥必要时,根据值班站长安排,站务人员到紧急出入口引导急救人员进站。

⑦必要时协助警方进行事故调查。

为保证乘客出现伤亡时的技术抢救和快速处理,城市轨道交通运营公司一般设置乘客伤亡紧急处理经费。若初步判断乘客受伤属于城市轨道交通责任时,车站应立即向有关部门、单位报告。车站可安排员工陪同伤者前往医院检查治疗。伤者在医院所花费用,经请示同意后,可由车站在有关处理经费中垫付。伤者提出索赔时,车站应配合相关部门人员与当事人协商处理。

**3. 列车撞人、撞物事故处理办法**

**(1) 地外伤亡事故处理办法**

在城市轨道交通运营线路上,发现列车撞轧外部人员,或与其他车辆、物体碰撞,造成人员伤亡,即可列为地外伤亡事故。伤亡事故的现场处置应按以下办法进行。

①车站发生伤亡事故,由值班站长担当现场指挥工作;区间发生伤亡事故,由列车司机担当现场指挥工作。

②车站发生伤亡事故,列车司机必须立即停车,将情况向车站行车值班员汇报。行车值班员应根据情况要求接触网(轨)停电,尽快开通线路的原则进行处置,并设法挽留1~2名证人。

③区间发生伤亡事故,列车司机必须立即停车,将情况向行车调度员或邻近车站行车值班员报告;根据情况要求接触网(轨)停电,在事发地点做好标记,并将伤者送到最近前方车站交车站妥善处理。对死者要移至不妨碍行车的地点。地面线路应对死者尸体进行遮盖,处理完毕后,请求送电,恢复行车。

④车站行车值班员接到报告后,应立即上报行车调度员,并通知公安。行车调度员上报值班经理,值班经理接到报告后及时通知公安。

⑤对伤亡事故现场不妨碍行车的事故遗留物品采取保护措施。

⑥公安机关、城市轨道交通工作人员接到报告后,应迅速赶到现场。

⑦城市轨道交通工作人员要协助公安机关调查取证,维护站、车秩序,处理现场,尽快恢复通车。对事故列车,行车调度员要及时调整回段,由公安机关进行勘查。

⑧接触网(轨)停电、送电和列车的移动要服从现场指挥。公安机关、城市轨道交通工作人员进入运营线路勘查、清理现场,必须经现场指挥认定。工作结束时由现场指挥清点人数

后,方可要求接触网(轨)送电。

⑨城市轨道交通工作人员应如实向公安机关陈述事故发生经过,其他知情者应及时向公安机关提供证据。

⑩公安机关依法对事故现场、设备进行勘察。需要时,城市轨道交通工作人员给予配合。

⑪发生伤亡事故,城市轨道交通客运部门应及时将伤者送往医院进行抢救。死者由公安机关依据有关规定进行处理。

⑫发生伤亡事故,车站行车值班员、列车司机应及时告知乘客。对乘客的广播宣传工作要按以下标准用语执行。

a.列车广播词:"各位乘客请注意,现在是临时停车,由于前方发生人员侵入轨道线路事件,公安机关正在积极处理,列车很快将恢复运行,由此给您带来不便,请谅解。"

b.车站广播词:"各位乘客请注意,由于发生人员侵入轨道线路事件,公安机关正在积极处理,列车很快将恢复运行,由此给您带来不便,请谅解。"

⑬发生伤亡事故,需要向媒体发布有关信息时,由城市轨道交通运营公司新闻发言人负责。

⑭伤亡事故的善后处理,由城市轨道交通运营公司根据公安机关出具的事故调查结论,依照《城市轨道交通安全运营管理办法》处理。

(2)站务人员应急处理程序

车站发生撞人、撞物等事故后,各站务岗位人员应急处理程序如下:

①车站发生撞人、撞物、地外伤亡事故后,行车值班员应立即向行车调度员、公安派出所报告,通知值班站长、站区长等上级领导。

②值班站长应立即赶赴现场并在上级领导及公安人员未到达之前担当现场负责人,组织指挥现场处理以下工作:

a.指定专人负责挽留2名以上非城市轨道交通员工的目击者作为证人,索取证明材料。证人有急事不能留下时,应记下其工作单位、家庭地址及联系电话等。

b.利用车站广播设施做好乘客宣传解释工作,劝导乘客改乘其他交通工具。

c.售检票人员维护好站厅秩序,依据现场情况采取限制售票或停止售票方式控制乘客进站。

d.须下站台查看及处理时,必须在接触网(轨)停电后由现场负责人指定专人进行。

e.查看现场时,在未发现之前或当事人未死亡的情况下,严禁送电、动车,找到被轧者后应查看其伤亡情况。无法断定是否死亡的一律按伤者处理,并设法将其尽快移至站台。

f.如被扎者未亡,尽一切努力救人并避免动车。但在只有动车方可救人的情况下,由现场公安人员作出动车决定。

g.须对伤者进行救护时,应及时通知急救中心,指派专人到指定出入口迎候救护车辆。

h.如当事人已经死亡,其位置不妨碍列车运行,可先行送电通车;如其位置妨碍列车运行,可将尸体移上站台或移至边墙、道沟等不侵界位置,再行送电、通车,必要时再次停电处理,做好标记。

i.除进行现场处理以外的其他车站工作人员应做好疏散围观乘客,维护站台、站厅秩序的工作。

③车站工作人员应积极协助公安人员的调查工作。涉及刑事案件的地外伤亡事件,应尽量保护现场,尽一切可能留住嫌疑人、知情人及可提供线索者,积极协助公安人员的工作。

4.炸弹、不明气体、恐吓(袭击)事件应急处理办法

城市轨道交通车站内时常会遇到无主物品,一般为乘客大意遗留或有意丢弃,但也有可能是犯罪分子有意放置的危险物品。对车站、列车范围内的不明物品,城市轨道交通工作人员应保持持续的敏感性,严格按照可疑物品处理预案执行,不可麻痹大意,延误处理时机,而对乘客造成人身、财产的伤害。以下简要介绍某市城市轨道交通运营公司对炸弹、不明气体、恐吓(袭击)事件应急处理办法。

(1)炸弹、不明气体、恐吓(袭击)事件应急处理办法

当城市轨道交通工作人员接到电话、书面或电子邮件等各种形式的恐吓信息时,应按下列应急预案开展工作。

①接获恐吓信息后,城市轨道交通员工应立即向上级领导报告。控制中心(OCC)应立即向公安部门报告该恐吓事件,并通知受影响车站的值班站长、行车线上的列车司机及各级紧急救援抢险部门。

②由公安部门确定恐吓信息的真实性,在车站进行不公开或公开的搜索行动。

a.不公开搜索,无须疏散乘客,由城市轨道交通员工与公安人员联合进行。

b.若公安部门已掌握相关信息,或确实已发现可疑物品时,须在车站进行公开搜索。搜索前须局部或完全疏散乘客,并由公安人员单独进行搜索行动。车站员工停留在安全范围内,为搜索人员提供协助。

③车站接到恐吓信息后,不公开搜索程序。

a.值班站长安排停止所有清洁工作,依次搜索所有公众范围及所有非公众范围,及时将最新进展通报值班经理。

b.公安人员前往有关车站,参与搜救行动,与值班站长保持密切联系,了解搜索工作的最新进展。

c.若发现可疑物品或有毒气体,值班站长应立即封锁现场,决定局部或完全疏散乘客,并立即通知值班经理。进行疏散前,必须先搜索所有疏散线路,确保疏散乘客的安全。

员工发现可疑物品后,应立即向上级报告该物品的形态及准确位置,切勿触摸该物品,并留意周围形迹可疑的乘客。不得在可疑物品50m范围内使用手机、无线电对讲机等通信设备。设置警戒区域封锁物品的四周范围,疏散周围乘客。

d.若未发现可疑物品或有毒气体,值班站长应报告公安人员负责人,请示是否进行二次搜索。公安人员负责人向所有搜索人员查询搜索情况,将搜索结果上报上级公安部门。

### 知识链接

搜索可疑物品时,必须采取以下预防措施:

①在搜索过程中,应只凭肉眼查看,切勿移动、摇动或干扰任何物品,留意是否有定时器或时钟运行的声音。

②停止一切无线电的发送与接收,不得使用手机、无线电对讲机等通信设备。

③切勿开关任何电灯及电器设备。

④认真观察清楚后在打开门、窗、抽屉,不可随意接触任何物品。

(2)爆炸事件应急处理办法

城市轨道交通列车或线路发生爆炸事件时,有关单位、部门应按以下应急预案开展工作。

①列车司机。

a. 当列车在区间发生爆炸时，司机（视故障具体情况）应尽可能将列车运行至前方车站，实施抢险救援。

b. 要立即穿戴好防护用品，迅速到达事发现场查明情况，并向行车调度员及车站值班员报告。

c. 列车被迫停于车站时，司机应迅速打开站台侧所有车门。若列车因爆炸起火，要迅速使用车内灭火器进行扑救，并对乘客用标准用语进行广播宣传，通知乘客下车，按车站工作人员的引导或标识，将乘客疏散到安全区域。

d. 列车被迫停于区间时，司机应立即要求停电，情况紧急时刻采取强行停电措施；确认接触网（轨）已停电后，打好止轮器，做好防溜措施，并对乘客用标准用语进行广播宣传，稳定乘客情绪。

e. 根据行车调度员命令与救援抢险人员按区间疏导乘客的办法共同对乘客进行疏散抢救。

②车站工作人员。

a. 车站发生爆炸后，就近岗位站务人员应迅速准确查明爆炸发生的时间、地点。涉及列车的车次、人员伤亡等情况，立即向行车值班员报告。

b. 行车值班员接到站务人员报告后，应立即向行车调度员、公安派出所报告，通知值班站长、站区长等各级领导。

c. 值班站长应立即赶赴现场并在上级领导及公安人员未到达之前担当现场负责人，组织指挥现场要处理以下工作：

·指定专人保护现场，尽量搜集可疑人员、可疑物品等线索，挽留目击证人。

·将事发地点周围的乘客疏导到安全地带。

·若有人员伤亡时，将其转移至安全地带设置的候援区，及时通知急救中心，指派专人到指定出入口迎候救护车辆。

·部署全体在岗人员对车站采取临时封闭措施，疏导站内其他区域的乘客迅速出站，指定专人看守出入口大门，阻止其他乘客进站，同时保证上级领导、公安及抢险人员迅速进入车站。

·利用各种广播设施做好乘客宣传解释工作，稳定乘客情绪，引导站内其他区域乘客迅速有序出站。

·通知机电人员开启车站送、派风系统，加大通风量。

·其他各车站接到疏散乘客、封闭车站的命令后，应迅速组织车站工作人员，按照公司《突发事件应急处理办法》规定的乘客疏散工作预案，迅速组织乘客出站。疏散乘客任务完成后，关闭出入口，并将情况报告行车调度员。

·待上级领导到达后，报告现场情况，移交指挥权。

③行车调度员。

a. 行车调度员接到报告后，应立即报告值班经理，并同时将后续列车扣至爆炸区域以外的车站。

b. 根据值班经理命令下达全线停运、疏散乘客命令，组织指挥全线列车迅速运行至车站站台疏散乘客。

·若列车停于区间而前方车站有列车占用时，应使列车退回后方车站疏散乘客。

·若列车停于区间而前、后方车站均有列车占用时,根据前、后方车站乘客疏散情况,将先完成疏散任务的列车调至区间待命,腾空车站,将停于区间的列车调至车站内疏散乘客。

·若列车停于爆炸区域时,应使列车退行至未爆炸区域以外的车站疏散乘客。

④值班经理。

a.值班经理接到行车调度员的报告后,应立即报告公司领导及市主管部门,通知公司所属各有关单位部门赶赴现场参加事故救援工作及乘客疏散工作。

b.通知有关单位,开、停通风、排水等设备,安装临时照明及临时通信设备。

c.根据公司领导指示,向行车调度员发布全线停运、疏散乘客的命令。

d.协调公交部门增加地面公交车运力运送乘客。

(3)不明气体袭击事件应急处理办法。

当车站或列车上发生不明气体袭击,造成乘客群体性中毒时,应按下列应急预案开展工作。

①列车司机。

a.对于在地下线路运行的列车,应尽可能运行到前方车站实施抢险救援。列车被迫停于区间时,要立即穿戴好防护用品,迅速到达事发现场查明情况,向行车调度员及车站值班员报告。使用标准用语对乘客进行广播宣传,通知乘客撤离毒气源所在车厢。司机应立即要求停电,情况紧急时刻采取强行停电措施。确认接触网(轨)已停电后,打好止轮器,做好防溜措施。根据行车调度员命令,与救援抢险人员共同对乘客进行疏散抢救。

b.列车在地面线路区间运行时,司机要立即穿戴好防护用品,迅速到达事发现场查明情况,并向行车调度员报告。立即要求紧急停电(必要时可采取强行停电措施),同时采取紧急停车措施。使用标准用语对乘客进行广播宣传,通知乘客撤离毒气源所在车厢。确认停电后,打开车门,疏散乘客,有条件时对可疑物进行遮盖。

c.列车被迫停于车站时,应迅速打开站台侧所有车门。有条件时对可疑物进行遮盖,使用标准用语对乘客进行广播宣传,通知乘客下车,按车站工作人员的引导和标识,将乘客疏散到安全区域。

②车站工作人员。

a.车站发生不明气体袭击后,就近岗位站务人员应迅速佩戴防护装备,迅速查明事件发生的时间、地点,涉及列车的车次、人员伤亡等情况,立即向行车值班员报告。

b.行车值班员接到站务人员报告后,应立即向行车调度员、公安派出所报告,并通知值班站长、站区长等各级领导。

c.行车值班员应立即采取措施,防止其他列车进入车站。

d.行车值班员应立即通知机电人员启动防灾应急模式,关闭相关车站送、排风系统。

e.值班站长应立即赶到现场并在上级领导及公安人员未到达之前担任现场负责人,组织指挥现场处理工作。

·部署全体在岗人员迅速佩戴防护装备,对车站采取临时封闭措施,疏导站内其他区域的乘客迅速出站。指定专人看守出入口大门,阻止其他乘客进站,同时保证上级领导、公安及抢险人员迅速进入车站。

·指定专人保护现场,尽量搜集可疑人员、可疑物品等线索。查明不明气体源头,有条件时对可疑物进行遮盖。

·若有人员伤亡时,将其转移至安全地带设置的候援区,及时通知急救中心,指派专人到指定出入口迎候救护车辆。

　·利用各种广播设施做好乘客宣传解释工作,稳定乘客情绪,引导站内其他区域乘客迅速有序疏散出站。

　·车站所有参与处置工作的工作人员应在疏散乘客、封闭车站工作完毕后,迅速撤离车站,在指定的出入口外集合。

　·待上级领导到达后,报告现场情况,移交指挥权,积极协助公安人员的调查工作。

　f.其他车站接到疏散乘客、封闭车站的命令后,应迅速组织车站工作人员,按照公司《突发事件应急处理办法》规定的乘客疏散工作预案,迅速组织乘客出站。疏散乘客认为完成后,关闭出入口,并将情况报告行车调度员。

　③行车调度员

　行车调度员接到报告后,应立即报告值班经理,并同时将后续列车扣至不明气体影响范围以外的车站。根据值班经理命令下达全线停运、疏散乘客命令,组织指挥全线列车迅速运行至车站疏散乘客。

　a.若列车停于区间,而前方车站有列车占用时,应使列车退回后方车站疏散乘客。

　b.若列车停于区间,而前、后方车站均有列车占用时,应根据前、后方车站乘客疏散情况,将先完成疏散任务的列车调至区间待命,腾空车站,将停于区间的列车调至车站内疏散乘客。

　c.若列车停于受影响范围内区间时,应使列车退行至受影响范围以外的车站疏散乘客。

　④值班经理

　a.值班经理接到行车调度员的报告后,应立即报告公司领导及市主管部门,通知公司所属各有关单位部门赶赴现场参加事故救援工作及乘客疏散工作。

　b.根据公司领导指示,向行车调度员发布全线停运、疏散乘客的命令。向机电部门发布命令:关闭受影响车站的送、排风系统及相关区间的通风机。

　c.协调公交部门增加地面公交车运力运送乘客。

## 四、车站发生自然灾害应急处理办法

### 1. 水灾应急处理办法

(1)车站工作人员

当发生给水管道破裂、地下车站和隧道进水等危及运营的情况时,车站有关人员应按下列程序进行处置:

　①任何员工一旦发现水灾,应立即报告值班站长以下情况:水灾发生的位置、流量,水源来自哪里,哪些设备可能会受到影响。

　②值班站长向行车调度员报告本站发生水淹事故,报告本站受影响的区域以及影响乘降及受影响设备的情况。

　③值班站长携带防洪装备赶往事发位置,命令站务人员和保洁人员前往水灾区域。

　④值班站长到达现场后评估情况,向行车调度员汇报最新进展,视情况需要请求机电等部门人力支援。

　⑤站务人员尝试用防洪板、沙包或其他填充物阻断水源,或抑制流量,在周边用提示牌和警戒线布置禁行区。

　⑥车站值班员通过 PA、PIS 向乘客进行宣传解释。

⑦若水灾可能导致车站设备出现危险或影响运营时,视情况需要封闭车站部分区域。

（2）机电抢险人员

①对水灾地点及时采取断水、堵水措施,开启全部排水泵排水。

②随时向值班站长和行车调度员报告水情。

③按照抢险预案要求,进行紧急处置。

（3）行车调度员

①随时了解水情变化。必要时,通知电力调度接触网（轨）停电。

②组织具备运行条件的区段维持运营。

（4）列车司机

①列车在运行中发现积水漫过道床排水沟时,如接触轨能正常供电,司机以能随时停车的速度运行,并及时将情况报告行车调度员或车站值班员。

②因水灾造成路基塌陷、滑坡等危及行车安全的情况时,应立即停车,将情况如实报告行车调度员,按其指示行车。

2.地震应急处理办法

城市轨道交通隧道及建筑物结构的设计能够承受烈度为Ⅺ级（毁灭性——房屋大量倒塌,路基堤岸大段崩毁,地表产生很大变化）的地震。等级较强的地震会导致轨道交通车站邻近建筑物、车站建筑物损毁及倒塌,轨道线路位移或严重扭曲,列车出轨,车站、列车的电力中断等事故,从而引起沿线乘客的恐慌以及难以控制的城市轨道交通人潮。为应对这些严重后果,车站工作人员应严格执行地震应急处理办法。

（1）地震发生后,值班站长立即向行车调度员汇报是否影响行车,是否有人员、设备、线路、车辆受损,是否需要召唤紧急服务（公安、急救、消防）。

（2）一旦发生Ⅳ级（多有感——室内大多数人、室外少数人有感,悬挂物摆动,不稳器皿作响）以上强度地震,值班站长必须安排车站员工做以下工作:

①亮起所有隧道灯。

②检查所有系统是否运作正常,特别是供电、通信、信号及环境控制系统运作状况。

③在确保自身安全的前提下,巡视车站建筑、设施,巡视出入口及站外情况,发现有任何异常情况,立即通知值班站长。

（3）值班站长接到车站巡视结果后,立即向行车调度员、故障报警中心报告设备、结构损毁情况。

（4）如果站台有列车停车,按照行车调度员指示立即对列车进行清客作业。

（5）停止所有作业,查看是否有故障人员或乘客受伤。若发现有任何人受伤,则立即展开救助工作。

（6）如发现建筑物损毁或阻塞,应立即疏散、封锁危险区域,安排人员驻守,制止他人接近。

（7）如地震强度较大,建筑物、设备设施损毁严重,则应立即执行车站紧急疏散程序。

地震发生后,列车司机应立即采取停车措施,打好止轮器,防止溜车,并迅速查明周围情况,组织乘客自救、互救工作。行车调度员应立即通知电力调度全线接触网（轨）停电,发布全线停运命令,采取一切手段了解人员、设备、设施损毁情况,迅速上报值班经理及公司领导。

## 3. 恶劣天气应急处理办法

大风、雨雪等恶劣天气发生时,一方面会对线路、道岔等设备及地面行车带来不利影响,另一方面,会引起车站客流的增加。车站工作人员应按照恶劣天气应急处理办法及时采取疏导、限流等措施,消除各种隐患,确保乘客的乘车安全。

(1)大风、沙尘天气的危害及应急处理办法

当风力超过 7 级时可对车站运营造成影响。接到控制中心发布的有关恶劣天气的消息后,车站须检查悬挂物,以免脱落物扎伤乘客及员工;指派专人对站台上的可移动物品进行加固;督促保洁人员清理车站卫生;在露天段车站做好停运、客流疏散准备;如有其他异常立即上报控制中心。

当列车遇雾、暴风、沙尘天气,瞭望困难时,司机应及时将情况报告行车调度员或车站行车值班员,必要时开启前照灯,适时鸣笛,适当降低速度。当看不清信号、道岔时,要停车确认,严禁臆测行车。列车进入车站时,司机要适当降低列车速度,确保对标停车。运行中严禁盲目抢点。

(2)雪天的危害及应急处理办法

城市轨道交通运营线路出现大范围降雪时,钢轨冰冻会影响车辆的牵引制动,使尖轨与基本轨无法紧密贴合。接触轨冰冻无法与受流器接触会造成机车无电,还会造成乘客摔伤等后果。值班站长应通知所有工作人员,通报恶劣天气的相关情况,做好雪天应急处置工作。

①站务人员在出入口、楼梯口铺设防滑垫和提示牌,同时组织人力及时清扫出入口积雪。

②值班站长通知保洁人员注意出入口、楼梯口等区域的卫生状况。

③站务人员在客流量较大的出入口疏导乘客进出站。

④行车值班员通过 PA、PIS 向进站乘客宣传安全、防滑的事项。

⑤行车值班员通过 CCTV 系统密切关注进出站客流变化,并随时向值班站长汇报。

⑥值班站长要随时掌握运营现场和天气情况,并随时做好延长运营时间的准备工作。

⑦地面线路有道岔的车站,应做好道岔的清扫及融雪工作。

列车司机在运行中遇大雪、霜冻等恶劣天气时,应及时向行车调度员报告,并采取相应措施。运行中要严格控制列车速度,制动时要适当延长制动距离,制动力要尽量小,防止滑行,视其速度,根据情况追加或缓解,确保对标停车。

(3)雨天应急处理办法

①如遇突降大雨,值班站长要立即组织有关人员到出入口等处查看降水情况。

②站务人员在各出入口铺设防滑垫,设立警示标志。

③地势较低的车站应立即放置防洪板、沙包,防止雨水灌入车站。若遇雨水较大有可能发生倒灌事故时,应及时通知机电部门做好排水准备。

④值班站长通过 BAS 查看雨水泵开启情况,如有异常立即报修。

⑤行车值班员通过 PA、PIS 向进站乘客宣传安全、防滑的事项。

⑥站务人员加强巡视,确保车站出入口、站厅、站台的客流秩序。关注出入口客流情况,向乘客发放一次性雨衣、伞套,宣传疏导其快速出站,不要再出入口停留。

⑦值班站长要立即准备雨天设备故障、长时间无车等特殊情况下的应对措施;根据现场情况。适当调配人员。做好限流准备,并及时挂出提示牌、张贴通告。

⑧露天段车站应加强站台巡视,督促保洁员做好地面清理工作。

## 复习与思考

**一、填空题**

1. 城市轨道交通车站通常设置中心站站长、_____、_____和站务员等岗位。

2. 车站行车作业的制度主要有_____、_____、_____、道岔擦拭制度、巡视检查制度和行车事故处理制度等。

3. 客运服务人员在日常的工作中,必须贯彻_____、_____、_____、_____的服务工作原则。

4. 任何员工若发现城市轨道交通范围内发生火警,必须立即通知有关车站的_____,立即通过行车调度员要求消防部门协助,在确保个人人身安全的情况下,员工可尝试将烟火扑灭。

**二、问答题**

1. 城市轨道交通客运服务通用标准主要有哪些?

2. 城市轨道交通客运服务原则与规范有哪些?

3. 处理车站突发事件的原则有哪些?

4. 列车撞人、撞物事故如何处理?

5. 火警的处理原则有哪些?

6. 车站行车作业制度有哪些?

# 城市轨道交通主要设备操作维护管理

# 单元 5　城市轨道交通车辆运用与检修管理

## 教学目标

1. 熟悉城市轨道交通车辆运用管理的基本知识；
2. 了解城市轨道交通车辆的运用、检修管理体制；
3. 熟悉城市轨道交通车辆的检修制度；
4. 了解城市轨道交通车辆检修规程。

## 建议学时

8 学时

## 5.1　城市轨道交通车辆运用管理

### 一、列车运用管理

广义上的列车运用管理包括两部分内容：列车运用、列车检修。对于这两部分机构的设置，不同城市具体设置方式有所不同，比较常用的有两种方法：一是列车运用部分由轨道交通运营公司车务部管理，检修部分由车辆段(综合维修中心)负责；二是列车运用部分、检修部分均由车辆段管理。采用以上两种方式均能满足轨道交通列车运营及检修的要求。因此，列车运用、检修的组织机构总体上如何设置应与轨道交通总公司的组织机构相一致。

1. 列车运用概念

(1)列车定义

列车是指由车辆编成的车列，并显示规定的列车标志。

(2)列车编号

列车编号以列车交路表、行车通告或其他文件规定为准。

列车在车头、车尾显示列车编组号，工程列车在列车前端显示列车编组号。

2. 列车运作一般规则

(1)正常运作

轨道交通列车依据运营公司下发有关文件运作，这些文件包括列车时刻表、行车通告、施工通告、其他文件。

(2)城市轨道交通列车司机驾驶资格

只有具有轨道交通运营公司颁发的驾驶证、经考核合格的公司员工才能驾驶、移动或操作列车。

城市轨道交通列车司机驾驶位置：城市轨道交通列车司机必须在列车前端驾驶、操作列车。

在以下情况下,城市轨道交通列车司机才可在列车后端驾驶室驾驶和操作列车:①行车通告上指定;②行车调度员授权;③紧急情况下车务执行人员授权;④有援助发生故障列车的救援需要;⑤进行有关测试。

(3)列车操作

列车的操作必须严格遵守车务部门制定的有关规章制度。

(4)列车进出车辆段

列车进出车辆段时必须在车辆段转换轨处一度停车,办理以下操作:①进入车辆段时,必须获得车辆段信号楼同意方可进入。②离开车辆段时,必须获得控制中心行车调度员同意方可出段。

## 二、城市轨道交通车辆编组

城市轨道交通车辆有动车、拖车、带驾驶室车和不带驾驶室车等多种形式。例如上海城市轨道交通 3 号线的 AC-3 型列车车厢主要有以下 3 种:

(1)带驾驶室的拖车(Tc 车,习惯定义为"A 车"),有首尾两节车厢。

(2)带受电弓的动车(Mp 车,习惯定义为"B 车"),为有"小辫子"的车厢。

(3)动车(M 车,习惯定义为"C 车"),为外观最普通的,"什么都没有"的车厢。

其中,B 车与 C 车必须连接起来构成动车组来使用。原因在于:列车携带有相当多的设备,而这些设备无法全部安装在一节车厢上,只能分装在各节车厢上。仅有动车组并不能组成一列完整的列车,还需要能够牵引列车的 A 车才行。在动车组的两端加挂 A 车后,一列完整的城市轨道交通列车就形成了。当采用 6 节编组时,其排列为 A-B-C-C-B-A;当采用 8 节编组时,其排列为 A-B-C-B-C-B-C-A 或 A-B-C-B-C-C-B-A。这样就能保证列车两端均带有驾驶室,中间各车以缓冲装置进行连接,客室内以通道贯通,乘客可以任意走动。

早期的北京城市轨道交通采用直流牵引电动机,按全动车设计,两车位一单元,使用时按 2、4、6 辆编挂组成列车组。目前,北京城市轨道交通 4 号线的列车有带驾驶室的拖车(Tc1 车和 Tc2 车)、不带驾驶室的拖车(T 车)和不带驾驶室的驱动车(M 车)3 种车型,采用贯通式车厢,乘客可以随意走动。有一个动车,一个拖车位,一个制动单元,使用时按 2、4、6 节进行编组。当采用 6 节编组时,其排列为" + Tc1-M1-M3-T3-M2-Tc2 + ",其中" + "为半自动车钩," - "为半永久棒式车钩。例如目前某市轨道交通 1 号线车辆为 4 节编组,2 动 2 拖(见图 5-1),编组形式为" = Mcp-T-T-Mcp = ",其中"Mcp"为带受电弓与驾驶室的动车,"T"为拖车," = "为自动车钩," - "为半永久棒式车钩。

图 5-1　城市轨道交通车辆编组

## 三、车辆的主要技术参数

(1)自重、载重。车辆自重是指车辆本身的全部质量;车辆载重是指车辆允许的正常最大装载质量。

(2)构造速度。构造速度是指车辆基于按照安全及结构强度的考虑,设计时所允许的车辆最高行驶速度。车辆的实际行驶速度不允许超过构造速度。

（3）轴重。轴重是车轴允许负担的最大总质量，它包括轮对自身的质量。

（4）最小曲线半径。最小曲线半径是指车辆在站场或厂、段内调车时所能通过的最小曲线半径。当车辆在此曲线区段上行驶时不得出现脱轨、倾覆等危及行车安全的事故，也不允许转向架与车体底架或车下其他悬挂物相碰。

（5）速度。速度参数包括最大启动加速度、平均启动加速度和最大制动减速度。

（6）轴配置（轴列数）。轴配置是指车辆转向架动轴与非动轴的配置情况。例如，四轴动车，设两台动力转向架，则轴配置记为 B-B；六轴单铰轻轨车，两端为动力转向架，中间为非动力铰接转向架，其轴配置记为 B-2-B。

（7）供电电压。该参数包括最大网电流及牵引电动机功率。

（8）制动形式。制动形式有摩擦制动、再生制动、电阻制动和磁轨制动等形式。

（9）座椅数及每平方米地板面积站立人数。此参数与列车大小尺寸相关，也与设计的服务水平相关。某市城市轨道交通 1 号线车辆主要性能参数，见表 5-1。

**某市轨道交通 1 号线车辆主要性能参数表** 表 5-1

| 设计结构速度 | | 90km/h |
|---|---|---|
| 最高运行速度 | | 80km/h |
| 最大启动加速度（0～35km/h） | | $0.83m/s^2$ |
| 平均加速度（0～60km/h） | | $\geq 0.6m/s^2$ |
| 常用制动平均减速度 | | $1.0m/s^2$ |
| 紧急制动减速度 | | $1.2m/s^2$ |
| 最大冲击率 | | $0.75m/s^3$ |
| 轴重 | | $\leq 14t$ |
| 平稳性 | | $W \leq 2.5$ |
| 转向架的安全性指标 | 脱轨系数 | $Q/P \leq 0.8$ |
| | 轮重减载率 | $\Delta P/P_{st} \leq 0.6$ |
| | 倾覆系数 | $D = P_d/P_{st} \leq 0.8$ |

注：平稳性指标参照《铁道车辆动力学性能评定和试验鉴定规定》（GB 5599—1985）。

## 四、车辆定员计算标准与载客量

### 1. 车辆定员计算标准

城市轨道交通车辆（含轮轨城市轨道交通车辆、轻轨车辆、直线电机车辆、跨座式单轨车辆、自导向新交通系统车辆、常导型磁悬浮交通车辆等）的定员，是轨道交通线路输送能力的决定性因素之一。作为一种座席较少、乘客以站立为主的轨道车辆，定员的计算是有一套规定的。

（1）《地铁设计规范》（GB 50517—2013）规定："车辆定员数为车辆座位数和空余面积上站立的乘客数之和。车厢空余面积定员数宜按每平方米站立 6 名乘客计算。"

（2）住房与城乡建设部《城市轨道交通工程项目建设标准》（建标 104—2008）中规定每辆

车的定员,应符合下列规定:
　　①站席:车内面积扣除座席区及相关设施的面积后,按 6 人/m² 计。
　　②超员:每辆车的超员,按座席不变,站席以 9 人/m² 计。
　　(3)国家标准《跨座式单轨交通设计规范》(GB 50458—2008),也是按 6 人/m² 计算定员,9 人/m² 计算超员。

　　2. 车辆载客量类型

　　(1)AW1:一般将座席全部坐满时的载客量称为 AW1。
　　(2)AW2:座席全部坐满、站立乘客密度为 6 人/m² 时的载客量称为 AW2。
　　(3)AW3:座席全部坐满、站立乘客密度为 9 人/m² 时的载客量称为 AW3。

　　必须指出,无论是 AW2 还是 AW3,站立乘客都是很不舒适的。欧美国家的城市轨道交通车辆,多采用 4 ~ 5 人/m² 计算标准定员。我国人口众多,城市轨道交通线路多用于解决城市交通困难,故采用日本的 6 人/m² 标准。但我国南北各地人的体格差异很大,而且近年来随着生活方式的改变,人的体形有了一定变化。而且我国各地自然条件也很不一样,尤其对于高架线路,车厢内的炎热程度、空调机组的制冷能力、不同季节人的衣着、不同功能线路乘客携带行李的数量,都会影响实际的载客量。所以站立密度永远只是理论上的。

　　3. 车辆有效站立面积

　　在一定的站立密度标准下,站立乘客的运载量就直接取决于有效站立面积了。何为有效站立面积? 上述几部规范中是给出了算法的:

　　　　有效站立面积 = 客室地板面积 − (座椅面积 + 座前区面积) − 附属设施面积

　　座椅宽度一般为 0.45 ~ 0.5m,还要包括扶手和端板等设施;座椅深度一般为 0.5m,座前区一般取座椅投影前 0.2 ~ 0.25m 覆盖的面积,供乘客坐下放腿用。整个座席区(纵向座椅)宽度(单个座席深度)一般以 0.7m 计。

　　客室地板面积很容易计算。头车的驾驶室自然是不算的。净高度不到 1.8m 的地方也是不算的。各车贯通的车辆,连接铰棚下的面积也是不算的。

　　可见同样的面积,安排站席比座席能载更多人。如面积为 0.5 ×0.7 = 0.35m² 的区域,座席只能坐 1 人,站席 AW2 能站 2 人、AW3 则能站 3 人。所以同样的车型,座席越少,所谓的"定员"就越大。而且一般对于城市轨道交通车辆来说,同样长度的车体,车门开得越多,座席就越少,"定员"也就越大。

# 五、城市轨道交通车辆安全规范

　　1. 通用安全规范

　　列车操作人员必须遵守当地政府所颁布的安全规章制度。在进行任何操作之前,必须熟悉当地政府所颁布的安全规章制度;在正线上运行时,必须执行当地政府所颁布的安全规章制度。

　　2. 列车司机的安全准则

　　(1)只有经过培训合格的司机才能驾驶列车。
　　(2)为安全起见,司机务必遵守现行的安全准则,包括特别指示、禁例、警告、规则和信号等。
　　(3)驾驶前熟悉所有操作元件的功能。

（4）当列车处于车库供电状态时,禁止站在车顶。

（5）确保进行车间气/电源连接操作时没有供电和供气。

（6）列车启动前必须确保与车间的电/气路连接断开。

（7）只有在车间电源插座无电时,才能进行插拔操作。

（8）任何时候,司机都不能打开高压箱和接触高压部件。

（9）驾驶室逃生门通道附近在任何时候都要保持畅通。

（10）进行列车连挂和解钩时,两车中间严禁站人。

（11）司机必须了解消防设备的位置和使用方法以及在紧急状态下的逃生方法。

（12）正线运营前,司机要认真检查安全设备。比如灭火器和紧急门栓处于良好状态。

（13）在开车之前,司机必须检查列车是否处于安全状态。

（14）司机在离开驾驶室前必须确保停车。

（15）司机要保证工作地点的整洁卫生。

（16）发现任何可能导致翻车和脱轨的危险因素(脱轨器,喷油),驾驶员必须立即进行排除。

（17）确保采用没有危及自身和他人生命安全的操作。

3. 地点和列车安全

（1）从事危险工作的人员必须在允许工作前接受如何使用防护设备的特别培训。

（2）当车辆停在车间检修轨道上时,应确保该车与其他设备留有0.5m的安全距离。

（3）应保护不使用的或闲置的设备,以避免不可控的启动。

（4）如果空车停在车场,必须有保护措施避免列车进入运营地区而发生事故。

# 5.2 城市轨道交通车辆检修管理

## 一、城市轨道交通车辆的运用、检修管理体制

城市轨道交通车辆的运行、检修工作是城市轨道交通系统的重要组成部分。随着城市轨道交通的发展,许多城市的城市轨道交通逐步形成网络,城市轨道交通网络管理统一化、总体化的综合管理引起广泛重视。对城市轨道交通车辆建立适应城市轨道交通网络要求的运用和检修管理体制,实现城市轨道交通车辆设备资源、人力资源统一管理、综合利用,以及管理的集约化、规模化、规范化是提高车辆运行、检修工作效率、运行质量、经济效益和社会效益的有效途径,已成为城市轨道交通车辆运用和检修工作的目标。

1. 城市轨道交通车辆运用和检修的流程及其评估

（1）城市轨道交通车辆运用和检修工作的流程

城市轨道交通车辆运用和检修工作的流程,如图5-2所示。

图中虚线框中程序属于车辆检修单位(部门)的工作范围,双点画线框中程序属于车辆运用单位(部门)的工作范围。

运营公司根据客流情况统筹考虑公司车辆配置量,车辆检修需要制订乘客运输计划,确定列车运行图,确定列车的需用计划,然后进入车辆检修和运用单位(部门)工作程序。

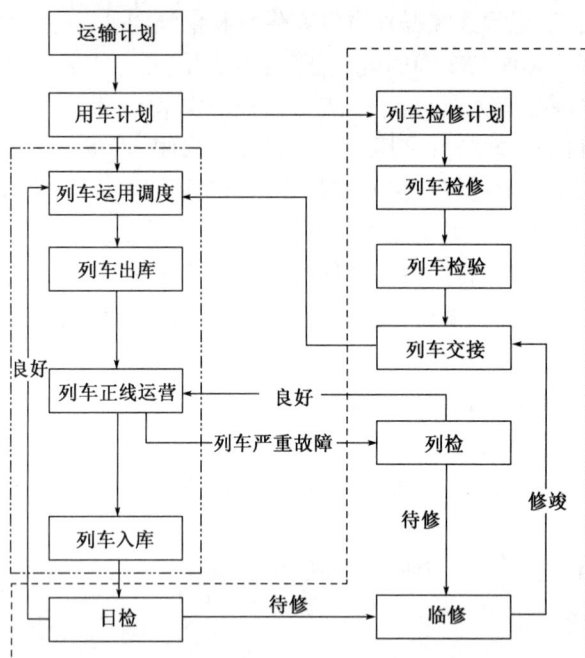

图 5-2　城市轨道交通车辆运用和检修工作流程

①车辆检修的主要工作范围

车辆检修单位(部门)根据列车的需用计划制订列车检修计划。制订列车检修计划时应统筹考虑列车的修程和车辆检修设备等检修条件,在保证运输需求和列车运行质量的前提下细致地制订计划。列车检修计划在得到批准后,车辆检修单位(部门)应认真组织实施,按车辆检修规程和检修工艺,在列车修竣并经检验合格后与车辆运用单位(部门)进行列车交接。修竣列车作为完好列车纳入运用列车范围。

②车辆运用的主要工作范围

车辆运用单位(部门)根据得到批准的列车检修计划将需要进行检修的列车交车辆检修单位(部门)对检修列车进行检修。

掌握运用列车的情况进行列车和列车司机的合理调度,按照确定的列车运行图安排运用列车和列车司机,进行每日的列车运营。

在运营列车发生掉线、退出运营与运用列车发生临修、不能投入次日运营时,安排让备用列车投入运营。

车辆运用单位(部门)还应安排列车司机在车辆检修单位(部门)对检修列车进行调试工作,配合进行列车的动态调试工作。

(2)城市轨道交通车辆运用和检修工作的评估

城市轨道交通是直接面对社会和乘客的公共交通,以安全、准时、快速、便捷的特点深受市民青睐。同时城市轨道交通运营单位也是以"人·千米"作为生产产品的运输生产企业。因此,城市轨道交通运营单位要不断地提高乘客服务质量,同时也必须以最小的投入取得最大的产出为目标,不断地总结运营经验,及时对工作进行评估,持续改进、提高管理水平,达到提高效率、提高质量、降低成本的最终目标。

城市轨道交通车辆是运载乘客的直接工具,车辆运行质量直接影响对乘客的服务质量,同时车辆检修在整个运营成本中占据着较高的比例,车辆的检修质量也直接影响着列车的运行质量。因此,在运营单位进行运营管理的评估工作中,对城市轨道交通车辆运用和检修工作的评估占有极其重要的地位。

对城市轨道交通车辆运用和检修工作的评估指标主要有以下几项:

①车辆利用率(%)。车辆利用率是指最高运营列车数与配属列车数之比的百分数。

②列车平均无运营故障运行里程(公里)。运营列车运营总里程与列车运营发生故障总数之比称为列车平均无运营故障运行里程。

③车辆临修率(次/列·千公里)。运营列车每运行千公里平均发生的临修次数。

④车辆下线率(次/列·万公里)。运营列车每运营万公里因故障离开运营线路回库的平均次数。

⑤车辆维修效率(人/辆)。定修及以下修程的检查维修人员数与配属车辆数之比。

⑥车辆检修效率(人/辆)。车辆架修/大修所用人工数与完成车辆架修/大修的车辆数之比。

**2.城市轨道交通车辆运用和检修工作的管理模式**

城市轨道交通车辆运用和检修工作的管理模式目前有两种:一种是城市轨道交通车辆运用和检修工作由车辆部门统一管理;另一种是车辆的检修由车辆部门管理,车辆的运用由客运部门管理。

第一种模式每个运营线路的车辆管理单位是车辆段,下属有检修车间、运用车间和其他相关辅助车间和职能部门,承担运营线路配属车辆的检修和运用工作。车辆段根据运营的需要向运营线路提供完好车辆,并对车辆的运用和检修(图5-2中虚线框中和双点画线框中程序的所有工作范围)进行统一管理、全面负责。但运用车辆出段进入运营正线后,统一由运营公司的控制中心指挥,按列车运行图运行。

第二种模式是各运营线路成立客运公司,车辆的运行(图5-2中双点画线框中程序的车辆工作范围)和线路设备、设施由客运公司统一管理。这种管理模式可以对所有运营线路设备、设施和车辆统一管理,有利于统一协调,尤其是在发生运营特殊情况时协调和处理的效率高。

**3.城市轨道交通车辆的检修模式**

在城市轨道交通发展的初始阶段,城市只有一二条城市轨道交通线路时,一般一条线设一个车辆段,另设车辆大修厂或一个车辆段具有车辆大修能力。车辆段里设各种车辆部件的维修班组,对车辆进行现场修理,车辆检修效率低,成本高。

我国城市轨道交通车辆的检修模式借鉴国外先进经验,在车辆检修资源共享、综合利用、统一管理方面得到很大发展。车辆检修方式采用部件互换修,车辆部件为专业化集中修理,车辆使用、维护保养、检修合理分工,最终实现车辆段多线共用。这不仅大大提高车辆检修的效率和质量、降低车辆的检修成本,而且对城市轨道交通运营的经济效益和社会效益都具有重要意义。

(1)采用部件互换修为主的车辆检修方式(见图5-3)

将来列车检修有可能不需要进行列车解编、车辆分解,而是采用新的车辆零部件互换检修模式,即由列车编组换件修模式代替传统的车辆检修模式(分解—检修—组装—编组)。

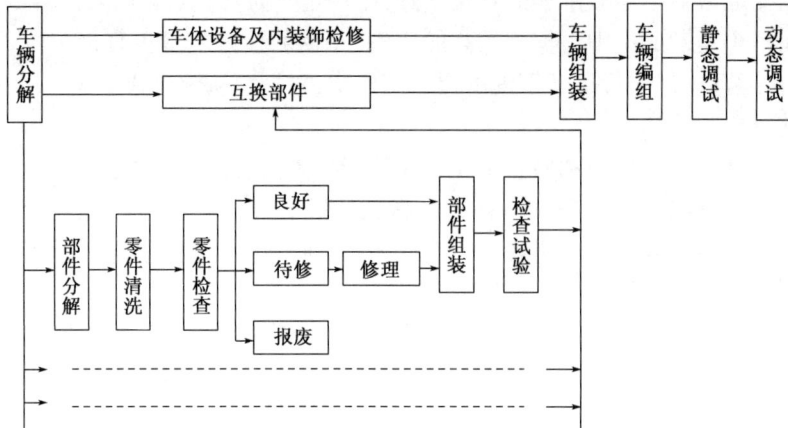

图 5-3　部件互换修方式的车辆检修工艺过程

（2）车辆零部件的专业化集中修理

车辆零部件的检修不仅需要大量的专业化检修设备、人才,还需要专业的试验设备。在城市轨道交通形成网络,配属车辆大大增加,车型比较集中以及车辆相同功能的设备、零部件外形、功能趋于相同的情况下,车辆零部件的专业化集中修理无疑是降低车辆零部件检修成本、提高检修效率和质量,形成规模效应,提高经济效益的有效途径。

（3）城市轨道交通车辆使用、维护保养和检修合理分工

按照采用车辆部件互换修的方式和车辆检修资源共享、综合利用、统一管理的原则,城市轨道交通车辆检修可以分为三个层次:停车场检修、车辆段检修和大修厂检修。

（4）城市轨道交通车辆集中架修、大修的模式

在各个运营线路上运营的车辆虽然车型相同(如都采用 A 型车或 B 型车),但由于生产厂家不同,在一条运营线路上甚至会有四种类型的车辆运营,因此城市轨道交通车辆集中架修、大修要根据实际情况采用不同的检修管理模式。

①同类型车辆集中架修、大修。

②同线或同区域车辆集中架修、大修。

（5）车辆集中架修、大修对城市轨道交通网络管理的要求

对城市单轨交通网络各线的车辆进行集中架修、大修,必须将网络的所有车辆作为一个系统统一制订车辆架修、大修以及为车辆架修、大修服务的车辆零部件检修和仓储的计划,并且从网络出发编制好列车的送修和回送计划,在保证车辆及时得到架修、大修的同时,还要把对各线路正常运营影响降到最低,这就对城市轨道交通网络管理提出了较高的要求。

①车辆集中架修、大修计划

车辆大修计划的申报和制订,涉及不同的运营线路,有时还会涉及不同的运营公司,须由轨道交通网络进行统筹管理。

②列车送修、回送计划

列车的送修和回送,可能通过多条轨道交通线路和联络线,势必涉及多条运营线路的运营和夜间线路设施的维修,必须统筹兼顾、周密安排,要由轨道交通网络进行统筹管理。

③部件维修及仓储计划

承担车辆架修、大修的车辆段还承担部件维修并具有物流(部件)的仓储功能,除满足本段的需要外,还服务于其他车辆段和停车场。为此,部件维修计划和仓储计划的制订要求供求

信息准确、及时、迅速,才既能满足列车维修的需要,又能实现有序、高效、经济、合理。这也需要通过轨道交通网络统筹管理。

## 二、城市轨道交通车辆的检修制度

1.城市轨道交通车辆的检修制度综述

城市轨道交通车辆采用定期维修方式,按预防修的原则,从车辆的技术水平出发,综合考虑车辆各部件的维修周期、寿命周期,确定车辆修程,并针对车辆的各级修程制定车辆的检修规程及车辆部件的检修工艺文件。当车辆运行到一定里程或一定时间时,要按车辆检修规程和车辆部件检修工艺的要求对车辆及其部件进行检查、维护或修理。这就是通常所讲的城市轨道交通车辆检修制度。

(1)城市轨道交通车辆的修程

城市轨道交通车辆检修制度是车辆安全、可靠运行的基本而重要的保证,也是确定城市轨道交通车辆的检修体制以保证车辆检修工作顺利进行的基础。城市轨道交通车辆检修制度对车辆修程的类型和等级、实施修程车辆运行的里程或时间、完成修程车辆的停运时间作出具体规定。

各运营单位都会对车辆零件的磨损、车辆设备和部件的故障进行记录、统计、分析,在总结车辆运行、检修实践经验的基础上,对车辆的修程及其检修周期、检修停运时间不断进行优化。对检修制度进行改革,确定新的修程;并逐步向均衡计划检修方式过渡。现以香港和上海为例作简单介绍。

香港城市轨道交通车辆修程的变化,见表5-2。

香港城市轨道交通车辆修程 表5-2

| 维 修 级 别 | 原 修 程 | 现 修 程 | 工 作 分 工 |
|---|---|---|---|
| 1 | 日检<br>周检<br>月检<br>半年检 | 15 天<br>45 天<br>半年检<br>一年检<br>二年检 | 停车场 |
| 2 | 一年检<br>二年检<br>三年检<br>小修(6 年)<br>大修(12 年) | 三年检<br>小修(6 年)<br>大修(12 年) | 大修厂 |
| 3 | 部件修 | 部件修 | 大修厂或社会专业工厂 |

上海城市轨道交通车辆修程的变化,见表5-3。

(2)城市轨道交通车辆的检修规程

在城市轨道交通车辆修程确定以后,要根据车辆主要零部件的检修等级、检修范围和检修周期,以及考虑一般零部件的检修,制定每个修程的检修规程。

表 5-3

| 维 修 级 别 | 原 修 程 | 调 整 修 程 | 现 修 程 | 工 作 分 工 |
|---|---|---|---|---|
| 1 | 日检<br>双周检<br>双月检<br>定修(1年检) | 日检<br>月检(A)<br>月检(B)<br>定修(1年检) | 日检<br>月检(1~12月) | 停车场 |
| 2 | 架修(5年)<br>大修(10年) | 架修(5年)<br>大修(10年) | | 车辆段 |
| 3 | 部件修 | 部件修 | | 车辆段或社会专业工厂 |

（3）城市轨道交通车辆的检修工艺

检修工艺是保证车辆及其零部件检修质量,提高检修效率的根本途径,对车辆及其部件的检修都必须制定检修工艺。

检修工艺的内容应包括:

①从检修准备、分解、检查、修理、组装,直到检查、试验的工作程序。

②每道工序的具体工作方法,操作者必须遵循的操作标准。

③工序使用的工具、量具、设备及其规格、型号、精度要求。

④工序使用的材料及其规格、型号。

⑤每道工序的质量标准及其检验方法,必要时还要对安全事项和运输等检修辅助工作给出具体的规定。

（4）城市轨道交通车辆的检修系统

城市轨道交通车辆的检修过程是一项系统工程,在这个系统中车辆检修的生产过程中的主要组成及其性质和作用如下:

①生产计划调度过程。以满足城市轨道交通运营的需求为目标,根据车辆修程的规定、车辆的技术状况、车辆检修的资源情况制订车辆检修计划。并根据车辆检修计划制订人力、设备、备件、材料等计划。在检修过程中还要根据检修的具体情况对以上生产要素进行调整、调度,以保证车辆检修计划的完成。

②生产技术准备过程。在车辆检修前进行生产技术准备工作,主要有检修规程、检修工艺、检修工艺装备、材料消耗定额、工时消耗定额的设计和制定。还包括列车操作标准、列车故障处理办法等与车辆技术相关的一些规章制度的制定。

③基本生产过程。直接进行车辆检修活动,是车辆检修生产过程中检修系统最主要的组成部分,其他组成部分都是围绕它进行活动、为它服务的。

④辅助生产过程。是为保证车辆检修的基本生产活动正常开展所进行的各种辅助性生产活动,如车辆零部件的检修,车辆及其零部件的清洗,车辆检修设备、设施的维护、保养,等等。

⑤生产服务过程。为车辆检修基本生产和辅助生产活动提供保障的各种生产服务活动,如材料、工具、备件的保管、运输、供应,理化检验等。

按照车辆的检修模式和车辆检修系统生产过程中的主要组成,设立技术部门、生产部门、辅助生产部门、生产服务部门和必要的管理部门,形成车辆检修的组织架构。车辆检修系统这些生产过程及相应的部门既有分工区别,又有密切联系,需要根据明确的工作责任制及有效的工作程序和规章制度建立起有效的车辆检修的生产组织和质量、进度、成本、安全控制体系,保证按计划质量良好地完成车辆检修工作,以保证运营的需要。

2.国外车辆检修情况

(1)日本城市轨道交通车辆维修制度

日本城市轨道交通车辆维修任务一般在车辆段进行,车辆段分为检修段和修理厂,两者独立管理。维修等级分为日检查、月检查、重要部位检查、全面检查。

车辆检修的主要方式为部件互换修。

(2)莫斯科城市轨道交通车辆维修机构及其分工

俄罗斯莫斯科城市轨道交通车辆维修采用大修与段修分修制。车辆大修厂集中承担城市轨道交通全系统车辆的大修任务,车辆段承担本线车辆的定期修理(架修和定修)、日常维修(月修、技术检查、列检、清扫洗刷)和列车停放任务。莫斯科城市轨道交通现已建成 13 个车辆段,两个车辆大修厂。

(3)汉堡城市轨道交通车辆维修制度

德国汉堡对城市轨道交通车辆的维修从 1990 年起逐步完善,实行日常均衡维修。以车辆系统和部件为重点的计划性均衡维修制度逐步代替对列车进行全面维修的定期检修制度。日常均衡维修大部分在停车场和车辆段的一般维修车间进行,少量则在停车点进行(备有抢险车)。其他部件修程根据工作量分别在停车场和车辆段的一般维修车间和大修车间进行。

在车辆段的专门车间对部件进行集中维修,有些部件委托其他公司维修。

3.国内城市轨道交通车辆检修修程

目前,我国城市轨道交通车辆的维修制度基本沿用传统的轨道交通车辆检修经验,虽然随着车辆及车辆检修采用新技术、车辆检修周期不断延长,但采用的基本车辆检修制度仍然是按运行里程和时间进行预防性"计划维修"和列车发生故障的事后"故障维修"。北京城市轨道交通车辆检修制度和广州城市轨道交通车辆检修制度分别见表 5-4、表 5-5。

**北京城市轨道交通车辆检修制度**　　　　　　　　　　　　表 5-4

| 修　　程 | 检修周期 | | 停修时间（天） |
|---|---|---|---|
| | 运营时间 | 走行里程(万 km) | |
| 月修 | 1 月 | 0.9~1.1 | 2 |
| 定修 | 13~15 月 | 13~15 | 16 |
| 架修 | 26~30 月 | 26~30 | 24 |
| 厂修 | 78~90 月 | 78~90 | — |

**广州城市轨道交通车辆检修制度**　　　　　　　　　　　　表 5-5

| 修　　程 | 检修周期 | | 停修时间 | |
|---|---|---|---|---|
| | 运营时间 | 走行里程(万 km) | 近　期 | 远　期 |
| 日检 | 1 天 | — | — | — |
| 双周检 | 2 周 | 0.35~0.5 | 1 天 | 4 小时 |
| 三月检 | 3 月 | 2.5~3.5 | 3 天 | 2 天 |

| 修 程 | 检 修 周 期 | | 停 修 时 间 | |
|---|---|---|---|---|
| | 运营时间 | 走行里程(万 km) | 近 期 | 远 期 |
| 半年检 | 6 月 | 6.5 ~ 8.0 | — | — |
| 一年检 | 1 年 | 12.5 ~ 15.0 | 8 天 | 6 天 |
| 二年检 | 2 年 | 23 ~ 28 | — | — |
| 三年检 | 3 年 | 34 ~ 40 | — | — |
| 架修 | 6 年 | 62 ~ 75 | 24 天 | 18 天 |
| 大修 | 12 年 | 125 ~ 150 | 36 天 | 30 天 |

一般来讲,对车辆的检修分日常维修和定期检修。日检、双周检、月(三月)检都属于日常维修,定期维修是按日期或走行里程进行的各级修程,一般分大修、架修、定修(年修),检修周期和走行里程按先达到标准的进行。

### 📑 知识链接

## 某市轨道交通电客车日检规程

1. 检查项目及要求(见表 5-6)

某市轨道交通电客车日检检查项目及要求　　　　　　　　　　表 5-6

| 序号 | | 检 查 项 目 | 要 求 |
|---|---|---|---|
| 1 | 车顶电气 | 受电弓　1.检查电缆及连接螺栓。2.检查滑块磨耗及与底架固定状态。3.检查绝缘子 | 1.电缆无损伤,连接螺栓无松动。2.无异常,滑块厚度不 < 3mm,裂纹不应裂至最小工作厚度(3mm)以下。3.无裂纹 |
| | | 避雷器　1.检查各连接线及连接螺栓。2.检查避雷器外表。3.检查绝缘瓷瓶 | 1.电缆无损伤,连接螺栓无松动。2.外表无损伤。3.无裂纹,无破损 |
| | | 客室空调机组　检查空调机外观 | 无异常 |
| 2 | 车内电气 | 驾驶室电气　1.检查驾驶室内所有指示灯。2.检查照明灯、阅读灯及各种开关、按钮的外观及功能。3.检查蓄电池电压表、双针压力表。4.检查警惕按钮测试功能。5.检查风笛。6.按灯检测按钮。7.升弓、落弓操作。8.检查驾驶室间通信功能。9.检查对客室广播功能 | 1.各指示灯罩外观正常,无损坏。2.无损坏,功能正常。3.正常。4.按下"警惕按钮测试"按钮,功能正常。5.正常。6.各指示灯显示正常。7.正常升弓、网压表有指示。指示灯显示正确。落弓动作正常。8.前后驾驶室间通信正常。9.功能正常 |

| 序号 | | 检查项目 | | 要 求 |
|---|---|---|---|---|
| 2 | 车内电气 | 前部照明 | 1. 检查头灯、尾灯外观。<br>2. 检查头灯、尾灯、运营灯功能 | 1. 各头灯、尾灯外观无损坏。<br>2. 当 A1 车驾驶台的司机钥匙闭合且列车被唤醒后,MS 置 OFF 挡,A1、A2 车红色尾灯都亮。<br>MS 置 RMR 挡,A1、A2 所有红色尾灯、白色头灯、运营灯都亮。<br>MS 置 WASH 挡,A1 白色头灯、运营灯亮,A2 车红色尾灯都亮。<br>MS 置 RMF 或 CM、ATO 挡,A1 白色头灯、运营灯亮,A2 车红色尾灯都亮。<br>当休眠按钮按下后,A1、A2 头、尾灯、运营灯均熄灭 |
| | | 驾驶台显示屏 DDU | 1. 检查 DDU 外观。<br>2. 查看故障记录 | 1. 外观良好。<br>2. 剔除假故障,记下真故障并到各相关子系统中进行故障读取。没有 DDU 显示故障,仍须进行故障读取 |
| | | 客室照明 | 1. 检查客室照明灯罩。<br>2. 检查客室照明功能 | 1. 灯罩无损坏。<br>2. 各照明灯亮 |
| | | 客室车门 | 检查客室门灯外观、功能及蜂鸣器 | 无损坏,功能正常 |
| | | 电气柜 | 检查设备柜门、锁及电气柜内各开关、各类电气设备 | 无损坏、无异常 |
| | | IDU 控制单元 | 1. 检查 IDU 外观。<br>2. 检查 IDU 功能 | 1. 外观完整,无裂纹。点阵显示无缺失。<br>2. 在 DDU 上设置 IDU 显示内容,所有的 IDU 显示内容应与设置相同 |
| | | ATC 柜 | 1. 检查 ATC 柜外观。<br>2. 检查设备清洁度及与速度传感器、ATP 天线、PTI 天线的插口。<br>3. 检查设备运行状态。<br>4. 查看故障记录 | 1. 外观完好,基础稳固,螺丝紧固。<br>2. 设备清洁,插口牢固,无松动。<br>3. 电源模块、VE、DINBUS 模块以及风扇面板的显示正常。<br>4. 用 PC 读取故障信息和紧急制动数据,剔除假故障,对记录故障信息进行分析解决 |
| | | FDU 控制单元 | 1. 检查 FDU 外观。<br>2. 检查 FDU 功能 | 1. 外观完整,无裂纹。点阵显示无缺失。<br>2. 在 DDU 上设置 FDU 显示内容,本单元 FDU 显示内容应与设置相同 |
| 3 | 车下电气 | ATC 接受装置 | 检查机架,线圈及紧固件 | 无损伤,无松动 |
| | | 各类电器箱 | 检查前后箱盖及电气接插件 | 锁紧,无异常 |
| | | 牵引电机 | 检查进、出风口 | 无异常 |
| | | 牵引箱 | 检查车间电源盖板固定情况 | 车间电源盖板锁紧 |
| | | 各类电缆、接地装置 | 检查电缆外表和连接状况 | 无损伤,无脱落,无松动 |

| 序号 | 检查项目 | | | 要 求 |
|---|---|---|---|---|
| 4 | 转向架 | 轮对 | 1.检查踏面。<br>2.检查车轮注油孔螺堵 | 1.踏面擦伤深度<0.5mm,剥离长度一处<20mm,剥离二处每处<10mm,沟状磨耗深度≤2mm。<br>2.无丢失 |
| | | 轴箱 | 检查轴箱盖螺栓及油脂渗漏情况 | 无松动,无渗漏 |
| | | 一系悬挂 | 检查钢弹簧及簧座 | 无明显裂纹,无脱离 |
| | | 构架 | 检查构架内外侧,牵引电机悬挂座,齿轮箱吊座 | 无裂纹 |
| | | 二系悬挂 | 检查空气簧及其紧固件 | 无漏气,无松动 |
| | | 中央牵引装置 | 1.检查紧固件。<br>2.检查中央牵引橡胶件 | 1.无松动,损坏。<br>2.无明显裂纹,或脱离 |
| | | 齿轮箱及其悬挂 | 1.检查齿轮箱外观及附件。<br>2.检查齿轮箱与悬挂装置连接螺栓。<br>3.检查齿轮箱悬挂止挡保护螺栓 | 1.无明显漏油,无松动。<br>2.防松标记无错位。<br>3.无松动、无丢失 |
| | | 联轴节 | 检查联轴节 | 无损坏,无漏油,螺栓无松动 |
| | | 抗侧滚扭杆 | 1.检查抗侧滚扭杆支座紧固螺母。<br>2.检查抗侧滚扭杆连杆橡胶密封件 | 1.无松动,无遗失。防松标记无错位。<br>2.无破损、无油脂渗出 |
| | | 液压减振器 | 1.检查紧固件及漏油情况。<br>2.检查连接套筒 | 1.无松动,漏油。<br>2.无明显损坏 |
| | | 高度调节阀 | 1.检查连接螺栓情况。<br>2.检查高度调节阀联动装置 | 1.无明显松动。<br>2.完好,无损伤。高度阀调节杆应垂直,不准倾斜 |
| | | 速度传感器 | 检查电缆外表和连接状况 | 无损伤,无脱落,无松动 |
| 5 | 车体、车门、车钩 | 客室 | 查看扶手立柱、座椅、天花板、各墙面、窗玻璃、各类盖板等外观及固定情况 | 完好,无明显损坏。若有紧固件松动,紧固 |
| | | 客室车门 | 1.检查客室车门外观、橡胶件和玻璃窗。<br>2.检查开关门动作。<br>3.检查紧急解锁装置及玻璃罩。<br>4.检查隔离装置 | 1.完好整洁,无损。<br>2.动作灵活,开关门动作整齐到位。<br>3.位置正确,罩完好。<br>4.位置正确 |
| | | 驾驶室 | 1.检查驾驶室座椅,天花板,各墙面板和挡风玻璃。<br>2.检查驾驶室遮阳帘、刮雨器 | 1.完好,无明显损坏。<br>2.功能正常,无损坏,无松动 |
| | | 贯通道 | 检查贯通道内的踏板、踏板周边和折篷 | 完好,无明显损坏 |
| | | 全自动车钩 | 检查全自动车钩各部件,橡胶托架,电缆和电缆夹,气管密封环,各紧固件,等等 | 各项目正常,无明显损坏,无松动 |
| | | 半自动车钩 | 检查半自动车钩各部件,橡胶托架,电缆和电缆夹,各紧固件,等等 | 各项目正常,无明显损坏,无松动 |
| | | 半永久车钩 | 检查半永久车钩抱箍,电缆和电缆夹,各紧固件,等等 | 各项目正常,无明显损坏,无松动 |

| 序号 | 检 查 项 目 | | | 要　求 |
|---|---|---|---|---|
| 6 | 空气气路及制动系统 | 空压机单元及空气干燥器 | 检查空压机及空气干燥器外观,紧固件及工作状况 | 正常,紧固件无明显松动 |
| | | 各类气管及阀 | 检查各类气管 | 无明显泄漏 |
| | | 单元制动机 | 1.检查橡胶保护套及其螺栓。<br>2.检查管路及紧固件。<br>3.检查闸瓦托及闸瓦 | 1.无异常。<br>2.无漏气。<br>3.无异常 |

## 2.电客车日检记录表(见表5-7)

电客车日检记录表　　　　　　　　　　　表5-7

作业班组:　　　　　　作业时间:　　　　　　轮值调度:

| 列车号 | 位　　置 | | | 作 业 情 况 | 作业人签名 | 发现故障及处理情况 |
|---|---|---|---|---|---|---|
| | 车下各类装置 | | | 车底 | | |
| | | | | A侧 | | |
| | | | | B侧 | | |
| | 车上各类装置 | Ⅰ单元 | 公里数 | 驾驶室 | | |
| | | | | A车车内装置 | | |
| | | | | B车车内装置 | | |
| | | | | C车车内装置 | | |
| | | Ⅱ单元 | 公里数 | C车车内装置 | | |
| | | | | B车车内装置 | | |
| | | | | A车车内装置 | | |
| | | | | 驾驶室 | | |
| | 车下各类装置 | | | 车底 | | |
| | | | | A侧 | | |
| | | | | B侧 | | |
| | 车上各类装置 | Ⅰ单元 | 公里数 | 驾驶室 | | |
| | | | | A车车内装置 | | |
| | | | | B车车内装置 | | |
| | | | | C车车内装置 | | |
| | | Ⅱ单元 | 公里数 | C车车内装置 | | |
| | | | | B车车内装置 | | |
| | | | | A车车内装置 | | |
| | | | | 驾驶室 | | |

| 列车号 | 位　　置 | | | 作 业 情 况 | | 作业人签名 | 发现故障及处理情况 |
|---|---|---|---|---|---|---|---|
| | 车下各类装置 | | | 车底 | | | |
| | | | | A 侧 | | | |
| | | | | B 侧 | | | |
| | 车上各类装置 | Ⅰ单元 | 公里数 | 驾驶室 | | | |
| | | | | A 车车内装置 | | | |
| | | | | B 车车内装置 | | | |
| | | | | C 车车内装置 | | | |
| | | Ⅱ单元 | 公里数 | C 车车内装置 | | | |
| | | | | B 车车内装置 | | | |
| | | | | A 车车内装置 | | | |
| | | | | 驾驶室 | | | |
| | 车下各类装置 | | | 车底 | | | |
| | | | | A 侧 | | | |
| | | | | B 侧 | | | |
| | 车上各类装置 | Ⅰ单元 | 公里数 | 驾驶室 | | | |
| | | | | A 车车内装置 | | | |
| | | | | B 车车内装置 | | | |
| | | | | C 车车内装置 | | | |
| | | Ⅱ单元 | 公里数 | C 车车内装置 | | | |
| | | | | B 车车内装置 | | | |
| | | | | A 车车内装置 | | | |
| | | | | 驾驶室 | | | |

注:电客车出库方向单元为 1 单元,以出库方向为前进方向左侧为 A 侧,右侧为 B 侧。

**知识链接**

## 某市电客车安全检修规程(节选)

1.检修作业安全总则

(1)检修作业人员必须具有相应专业资质并经过合格的培训、熟悉设备结构和性能,方可检修。

(2)特殊工种作业须持有效的特殊工种操作证(国家授权机构颁发的),方可作业。

(3)检修作业使用的电气焊用具、手持电动工具、扳手、管钳、锤子等各种工器具及安全防护用品,必须保持完好,凡不符合作业安全要求的工器具不得使用。

(4)检修作业的各工种人员必须严格遵守各项检修规程和本工种的安全技术规程。

(5)车辆电器维护、检查及与之相关工作的检修作业,必须严格执行《车辆电气操作规程》。

(6)委外单位检修作业时应遵守公司各项管理制度。

2.检修作业安全组织

(1)检修人员凭电客车作业派、完工单进行日检、全效修以及临修作业,临时性故障处理等其他作业必须到调度室认真填写《登车工作许可单》,进行请销点登记,经检修调度同意后,方可作业。

(2)因出库车发生故障须紧急处理的,作业人员必须与司机取得联系,做好安全监控,确保作业安全。

(3)所有正线、驻站检修作业,必须及时通知检调,检调同意后,方可进行。检修作业期间应保持通信畅通,随时联系。作业完毕撤离到安全区域后,及时通知检修调度。

(4)其他外部门、外单位人员上车作业必须经公司相关归口单位批准后,凭有效证件到检修调度室进行请销点登记,经检修调度同意后,方可进行。

(5)对外部门、外中心接口的检修作业的协调,检修调度应严格按照相关规定做好卡控。正常情况下,不允许交叉作业,严格执行一车一作业。如确须交叉作业的,经检修调度同意协调后,方可进行。

3.检修作业前安全准备

(1)作业人员必须按规定穿戴好劳动防护用品,检修作业前做好安全预想。

(2)待检车辆必须按要求做好安全防护,在司机操作手柄上挂设禁动牌,在列车头部外侧悬挂红色作业防护灯。

(3)对可能造成人身、设备伤害的电、气路作业,须按规定进行电、气路隔离。

4.作业过程安全控制

(1)作业中如须接触网断、送电或使用车间电源的,必须到检修调度室办理断、送电申请,操作时严格执行《库内接触网断、送电操作规程》或《静调电源柜操作规程》,并严格执行"一人操作、一人监护"的原则;否则接触网一律视为有电,任何人,任何情况下严禁登顶作业。

(2)如须登高平台作业的,必须到保安处进行登记,严格执行请销点登记制度;任何人未经允许和接地封线未挂好不得进入高平台,任何时候不得有翻越平台栏杆的行为。登高作业平台上所有作业人员撤离至安全区域后,方可撤除接地封线。

(3)涉及高空作业的,作业人员必须系好安全带,戴好安全帽,禁止从高处往下面乱扔工具、物件及杂物,以防高空坠物伤害。

(4)如有库内动车需求时,检修作业人员应做好相应的准备工作,检修作业人员负责监控作业现场安全。

(5)作业过程中员工须以安全的方式上下、穿越列车和地沟,不得从车辆直接跳跃至地面,不得从非检修车下部钻越,不得跳跃越过地沟,如须跨越轨道,严格执行"一站,二看,三通过",防止冲撞伤害。

(6)作业过程中禁止带电情况下接触电气设备导电部分,严禁带电更换熔断器和自动开关等,电气设备未经验电,一律视为有电;须无电对设备进行检修时,必须要关断电源开关并挂上"有人作业,严禁合闸",作业完毕后复原。

......

作业结束后安全要求(出清)

检修作业完毕后,设备恢复正常,清点工器具,出清现场,在确认无误的情况下,方可到检修调度室消点。

**复习与思考**

**一、填空题**

1.广义上的列车运用管理包括两部分内容：_____、_____。

2.列车是指_____。

3.构造速度是指_____。

4.车辆载客量类型主要有_____、_____、_____。

**二、问答题**

1.城市轨道交通车辆的运用和检修工作的管理模式有哪几种？各有什么优缺点？

2.城市轨道交通车辆的检修工艺包含哪些主要内容？

3.城市轨道交通车辆的主要技术参数有哪些？

4.城市轨道交通车辆定员计算标准与载客量是如何规定的？

140

**教学目标**

1. 掌握车站消防系统的构成,自动气体灭火系统的操作和 FAS 系统故障处理程序;
2. 掌握各种灭火器的使用方法;
3. 掌握自动扶梯的开启、关闭程序和常见故障的处理方法;
4. 掌握屏蔽门日常操作程序和故障处理程序;
5. 了解 AFC 设备常见故障种类,掌握各种故障处理方法。

**建议学时**

12 学时

# 6.1 车站日常消防设备操作与故障处理

## 一、车站消防系统的构成

### 1. 车站消防系统

城市轨道交通中涉及消防方面的系统有火灾报警系统(Fire Alarm System,FAS)、自动气体灭火系统、机电设备监控系统、防排烟风机、给排水设备等。本单元所述的消防系统主要是指防灾报警系统(FAS)及自动气体灭火系统。

火灾报警系统的探测点分布在站厅、站台、一般设备用房和管理用房等处所,对保护区域进行火灾监视,起到早发现、早通报并发送火灾联动指令的作用。

自动气体灭火系统布置在重要的设备房,如变电所、高低压室、通信设备室、环控电控室、信号设备室等,可实现对这些房间全天候火灾监视及自动喷气灭火功能。

### 2. 防灾报警系统的组成及主要功能

防灾报警系统用来探测包括城市轨道交通车站、区间隧道、车辆段等与城市轨道交通运营有关的建筑和设施的火灾信息,并发出火灾报警。启动有关防火、灭火装置,目的是保证城市轨道交通正常有序的运营,避免或降低灾害情况下造成的人员和财产的损失。

防灾报警系统由火灾触发器件、火灾报警控制装置以及火灾联动控制装置组成。在城市轨道交通建筑物和设施发生火灾后,由火灾触发器件感知,传送信息到控制装置。控制装置启动相关警铃、闪光灯等报警设备,同时启动防排烟及灭火系统等设备,并联动控制卷帘门、门禁、广播、闭路监控等其他专业系统设备,启动各种消防设备,指挥人员疏散,控制火灾蔓延。

火灾触发器件包括自动和手动两种报警装置,自动报警装置通常指火灾探测器,常用的探测器有烟雾探测器(见图6-1)、温感探测器(见图6-2)、火焰探测器等。手动报警装置主要是手动报警按钮,如果被监视现场发现火情,可以通过手动报警按钮快捷、准确地向火灾报警控制器通报火情。

图6-1　烟雾探测器

图6-2　温感探测器

火灾报警控制装置(见图6-3)是火灾自动报警系统的核心,是系统运行的指挥中心,担负着整个系统监视、报警、控制、显示、信息记录和档案存储等功能。正常运行时,自动监视系统的运行状态和故障诊断报警系统;有火灾时,接受探测器、手动报警按钮的报警信号,并将其转换成声光报警信号,指示报警部位,记录报警信息,通过自动灭火控制装置启动自动灭火设备和消防联动控制设备。

图6-3　火灾报警控制装置

**知识链接**

### 火灾报警装置

火灾报警装置是火灾发生时以声、光、语音等形式给人以警示的一种消防设备,常用的有警铃、警笛等,是用以对气体灭火设备、水消防设备、防排烟设备、防火卷帘门等消防设施进行联动控制的设备。

在城市轨道交通系统中,火灾报警系统一般为两级管理、三级控制模式。两级管理是指在城市轨道交通中央控制中心设置消防指挥中心,在各车站、车辆段、主变电所等处设置防火控制室作为车站级消防控制中心。三级控制为中央控制级、车站级及就地级消防控制。

## 二、消防设备设施操作及使用

车站工作人员必须了解和掌握车站基本消防设备和设施的使用方法,如消火栓、灭火器、防烟面具、空气呼吸器等,掌握其配置情况,熟悉其配置地点,以便能独立熟练操作。

1. 火灾自动报警设备的使用

火灾自动报警设备由火灾探测器、区域报警器和自动报警器组成。火灾发生时,探测器将火灾信号(烟雾、高温、光辐射)转换成电信号,传递给区域报警器,再由区域报警器将信号转输到集中报警器,其工作原理,如图6-4所示。

火灾自动报警设备,是城市轨道交通车站安全管理中必不可少的重要消防设施。因此,火灾自动报警设备一旦投入使用,就要严格管理,整个系统必须有专人负责,坚持昼夜值班制度,无关人员不得随意触动,切实保证全部系统处于正常运行状态。城市轨道交通中,火灾自动报警设备一般都安置在车站综控室内。城市轨道交通消防系统,如图6-5所示。由于火灾自动报警装置连续不间断运行,加之误报原因比较复杂,因此报警装置发出少量误报在所难免,所以要求工作人员一旦接到报警,应先消音并立即赶往现场,待确认火灾后,方可采取灭火措施,启动灭火装置,并向消防部门和主管领导汇报。

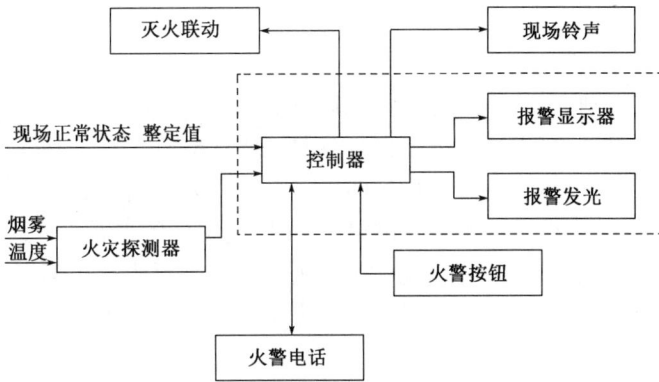

图6-4 火灾自动报警系统工作原理

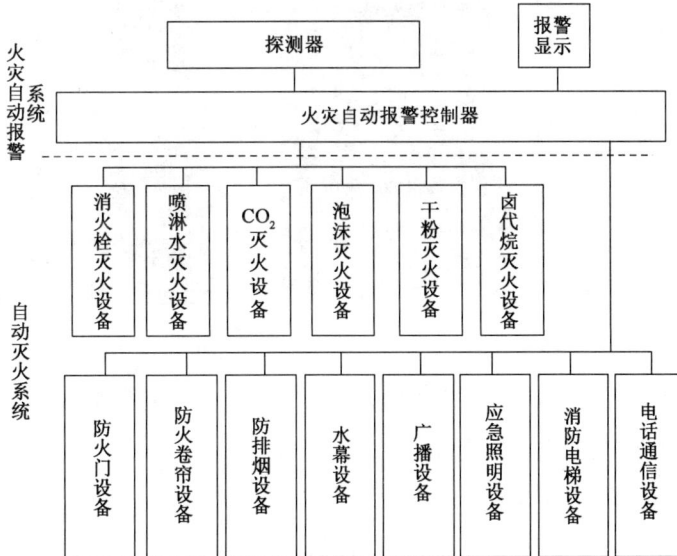

图6-5 消防系统

## 2.消火栓的使用

消火栓(见图6-6)是消防供水设备的终端,在灭火时可提供较高压力的水源供直接灭火或为消防车供水。消火栓的使用方法如下:

(1)取水带。打开消火栓,取出水带。

(2)抛水带。右手呈虎口形握住水带的两个接头,用五指扣压水带的外圈。同时,左手拇指和四指分别插入水带两头接口内,握紧两个水带头;两手协力托住水带,用力向正前方抛出;左手握水带头向上抽拉,使水带向正前方摊开。

(3)接水带。右手将水带接头与消火栓接头对接,并顺时针转动至卡紧为止。

(4)接水枪。打开阀门,迅速拿起另一头水带接头,将水枪头接上水带接口,将消火栓消防阀轮按逆时针方向转动打开。

(5)灭火。射水时采取包围灭火战术,以阻挡火势和烟雾,使其向四周扩散,以便有效控制,直至将火扑灭。注意,用水灭火时如遇电气火灾,应先断电后灭火。

## 3.常用灭火器的使用

(1)二氧化碳灭火器的使用方法

灭火时将灭火器提到或扛到火场,在距燃烧物5m左右,放下灭火器拔出保险销,一手握住喇叭筒根部的手柄,另一只手紧握启闭阀的压把(见图6-7)。对没有喷射软管的二氧化碳灭火器,应把喇叭筒往上板70°~90°。使用时,不能直接用手抓住喇叭筒外壁或金属连线管,防止手被冻伤。灭火时,当可燃液体呈流淌状燃烧时,使用者将二氧化碳灭火剂的喷流由近而远向火焰喷射。如果可燃液体在容器内燃烧时,使用者应将喇叭筒提起。从容器的一侧上部向燃烧的容器中喷射,但不能将二氧化碳射流直接冲击可燃液面,以防止将可燃液体冲出容器而扩大火势,造成灭火困难。

图6-6　消火栓

图6-7　二氧化碳灭火器使用方法

使用二氧化碳灭火器时,在室外使用时,应选择在上风方向喷射。在室内窄小空间使用时,灭火后操作者应迅速离开,以防窒息。

### 小贴士

## 二氧化碳灭火器的存放与检查

二氧化碳灭火器钢瓶内气体存量要按其说明书定期检查(称重),质量减少10%时应补充灌装。二氧化碳灭火器不能放在高温和日照的地方,存放处温度不能超过42℃。

（2）手提式干粉灭火器的使用方法

用手提式干粉灭火器(图6-8)灭火时,可手提或肩扛灭火器快速奔赴火场,在距燃烧处5m左右,放下灭火器。如在室外,应选择站在上风方向喷射。

使用的干粉灭火器若是储气瓶式,操作者应一手紧握喷枪、另一手提起储气瓶上的开启提环。如果储气瓶的开启是手轮式的,则向逆时针方向旋转,并旋到最高位置,随即提起灭火器。当干粉喷出后,迅速对准火焰的根部扫射灭火。使用的干粉灭火器若是储压式,操作者应先将开启把上的保险销拔下,然后一只手握住喷射软管前端喷嘴部,另一只手将开启压把压下,进行灭火。灭火器在使用时,一手应始终压下压把,不能放开,否则会中断喷射。

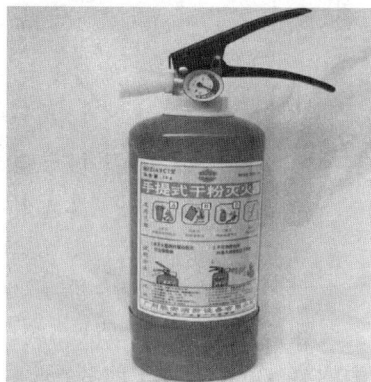

图6-8　手提式干粉灭火器

干粉灭火器扑救可燃、易燃液体火灾时,应对准火焰根部扫射。如果被扑救的液体火灾呈流淌状燃烧时,应对准火焰根部由近而远左右扫射,直至把火焰全部扑灭。如果可燃液体在容器内燃烧,使用者应对准火焰根部左右晃动扫射,使喷射出的干粉流覆盖整个容器开口表面;当火焰被赶出容器时,使用者仍应继续喷射,直至将火焰全部扑灭。在扑救容器内可燃液体火灾时,应注意不能将喷嘴直接对准液面喷射,防止喷流的冲击力使可燃液体溅出而扩大火势,造成灭火困难。如果当可燃液体在金属容器中燃烧时间过长,容器的壁温已高于扑救可燃液体的自燃点,此时极易造成灭火后再复燃的现象,若与泡沫类灭火器联用,则灭火效果更佳。

图6-9　推车式干粉灭火器

使用磷酸铵盐干粉灭火器扑救固体可燃物火灾时,应对准燃烧最猛烈处喷射,并上下、左右扫射。如条件许可,使用者可提着灭火器沿着燃烧物的四周边走边喷,使干粉灭火剂均匀地喷在燃烧物的表面,直至将火焰全部扑灭。

（3）推车式干粉灭火器(见图6-9)的使用方法

推车式干粉灭火器的使用方法与手提式干粉灭火器的使用方法相同。

初起火灾范围小、火势弱,是用灭火器灭火的最佳时机。因此,正确合理地配置灭火器显得非常重要。

🗒 小贴士

### 干粉灭火器的存放和检查

干粉灭火器存放时应避免日照和高温,以防止钢瓶中的二氧化碳因温度升高而漏气。干粉灭火器的有效期一般为5年,检查时若发现压力表指针指在红色区域时,表明已失效,应送修。

（4）泡沫灭火器的使用方法

泡沫灭火器(见图6-10)适用于扑救一般火灾,比如油制品、油脂等无法用水来施救的火灾。但不能扑救有水溶性可燃、易燃液体的火灾,如含醇、酯、醚、酮等物质的火灾;也不可用于扑灭带电设备的火灾。

使用方法:距离火源 10m 左右时,拔掉安全栓。拔掉安全栓之后将灭火器倒置,一只手紧握提环,另一只手扶住筒体的底圈。对准火源的根源喷射即可。切记在未到达火源的时候勿将其倾斜放置或移动。

### 三、自动气体灭火系统的操作及使用

#### 1. 自动气体灭火系统概述

城市轨道交通采用的气体灭火系统,主要有二氧化碳灭火系统及烟烙烬气体灭火系统。

二氧化碳自动灭火系统在 20 世纪初就得到了广泛的使用,也是一种至今仍在一些特定场合大量使用的气体灭火系统,包括高压二氧化碳灭火系统和低压二氧化碳灭火系统。它主要依靠将高浓度的二氧化碳喷放至所保护的区域,使其中的氧气浓度急速下降稀释至一定浓度,产生窒息作用,使燃烧无法继续进行下去。但此种灭火机理会严重影响停留在保护区中人员的生命安全及健康。

"烟烙烬"(Inergen)是由惰性(Inert)和氮气(Nitrogen)两个英文名称缩写而成的。它由几种特定的惰性气体经过简单的物理方式混合而成。这些特定的惰性气体包括氮气、氩气和二氧化碳,其中氮气占 50%、氩气占 42%,其余 8% 为二氧化碳。医学实验证明,人体在 12.5% 的氧气浓度和 2% ~ 5% 的二氧化碳浓度的环境下呼吸,人脑所获得的氧量与正常大气环境下所获得的氧量是一致的。因此烟烙烬气体不会对人体造成直接伤害。

**知识链接**

#### 烟烙烬自动气体灭火系统的优点

(1)灭火药剂由大气的气体组成,符合环保要求。

(2)保障现场工作人员的安全。

(3)不会产生任何酸性化学分解物,对精密贵重的设备无任何腐蚀作用。

因此,该系统是目前应用较为广泛的气体灭火系统。

#### 2. 自动气体灭火系统的组成

自动气体灭火系统虽然有多种,但其主要组成部分都是相似的,均由管网系统及报警控制系统两大部分组成。下面以烟烙烬自动气体灭火系统为例进行说明,如图 6-11 所示。

(1)管网系统

管网系统由 CV98 气体钢瓶及其组件,瓶头阀、不锈钢启动软管、电磁阀、高压软管、集流管、放气阀、单向阀、减压装置、选择阀、压力开关、喷嘴和气体输送管道组成。

(2)报警控制系统

报警控制系统由控制盘及外围辅助设备组成。控制柱是系统的核心部分,与外围设备一起实现系统的探测报警、自动喷气、手动喷气、止喷、手/自动切换等功能。图 6-12 为气体灭火控制盘面板图。

报警控制系统的功能如下:

①自动喷气。控制盘具有两个独立的区域探测回路。探测回路可以挂上普通灭火自动报

警设备,如普通烟感、普通差定温感等。当某一路火灾报警时,控制盘启动联动设备(如关闭防火阀、关闭风机等),并同时控制警铃响,发出一级火灾报警信号给 FAS。如另一路也报警时,控制盘蜂鸣器鸣响,发出二级火灾报警信号给 FAS。经过 30 秒延时后,控制盘输出控制信号,启动对应区域的选择阀和对应主动瓶上的电磁阀,将烟烙烬气体释放到保护区内进行灭火。同时控制灭火区域外的"气体释放指示灯"闪亮。

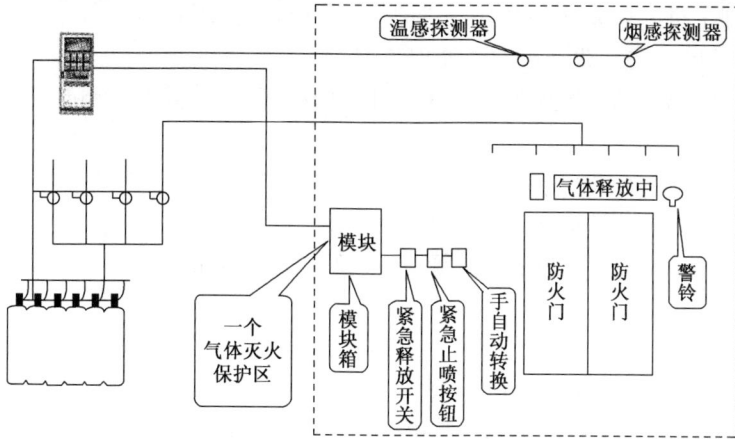

图 6-11　自动气体灭火系统

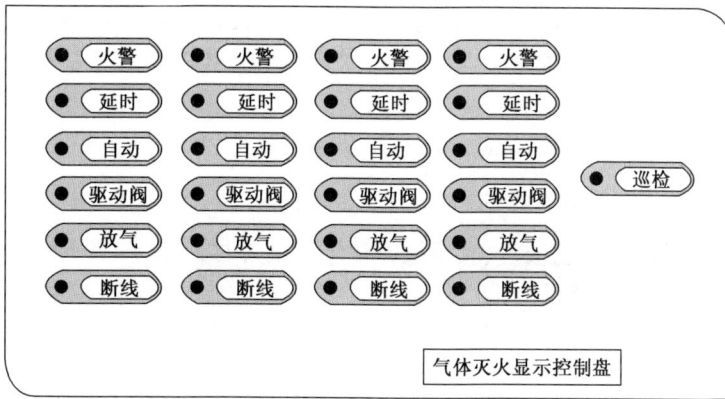

图 6-12　自动气体灭火控制盘

②手动喷气。系统设有手拉启动器,手拉启动器一经人为拉下,系统即时对相应的保护区域进行喷气。

③止喷。系统设有紧急止喷按钮。紧急止喷按钮被按下后,系统会取消自动喷气,但能阻止手动喷气。

④手/自动切换。当手/自动转换开关处于自动状态时,系统可以实现自动喷气的一整套程序;当处在手动状态时,系统除了不能喷气外,仍然可以完成报警联动等其他功能。此时,需要拉下手拉启动器,系统才能喷气。

## 四、FAS 报警及故障处理

FSA 是城市轨道交通重要的安全设施,它对城市轨道交通火灾的监控起着至关重要的作

147

用。对系统出现的故障进行及时处理和排除方能有效地保证系统的实时性及可靠性。FAS 的故障按其性质可分为严重故障和一般故障两大类。对于前者,应立即进行紧急抢修,"先通后复"。以下就 FAS 控制主机出现的火灾报警、注意报警、故障报警、污垢报警、消防报警和手动报警几个方面的办理规则进行详述。

1. 火灾报警

当 FAS 控制主机出现火灾报警时,一般按照下列程序处理:

(1)按压主音响停止按钮进行消声处理。

(2)值班员携带灭火器、插孔电话立即赶赴现场进行确认,并及时将现场情况和处理结果通报车站综控室值班员。

(3)当现场未发生火灾时,车站综控室值班员在接到现场人员确认信息后,将情况报告控制中心。若因故障引起报警还应将情况通报机电维修中心进行检修,填记 FAS 运行登记簿。利用钥匙开关将主机转换至"级别 2"位置,按压复位按钮对系统进行复位。复位后将钥匙开关恢复至"级别 1"位置。

(4)当现场确有火灾发生时,车站控制室值班员应立即通知值班站长启动火灾预案,组织救灾工作,并将情况报告控制中心,客运公司生产值班室、站区。车站控制室值班员应视现场火灾情况及时拨打 119 火灾报警电话,利用钥匙开关将火灾报警控制主机转换至"级别 2",按压联动停止按钮,启动防灾运行模式并开启防灾广播。当消防员要求值班员手动启动消防泵或控制中心命令值班员手动启动消防泵时,值班员可通过按压联动控制台的消防泵按钮,手动启动消防泵。当火灾处理完后,按压联动停止按钮、复位按钮、消防泵按钮、广播按钮,对系统进行复位,利用钥匙开关将主机恢复至"级别 1",并将火灾详细信息记录于 FAS 运行登记簿中。

(5)在火灾处理完后,还应将信息记录在防灾系统日记内。

2. 注意报警、故障报警和污垢报警

当 FAS 控制主机出现注意报警、故障报警和污垢报警时,一般按照下列程序处理:

(1)按压主音响停止按钮进行消声处理。

(2)值班员携带插孔电话、灭火器立即赶赴现场进行确认,并及时将现场情况和处理结果通报车站控制室值班员。

(3)对于注意报警,车站控制室值班员在接到现场人员确认信息后,将报警及处理结果报告至控制中心并通知机电维修中心进行检修,填记 FAS 运行登记簿。

(4)对于污垢报警、故障报警,车站控制室值班员在接到现场人员确认信息后,将情况报告控制中心并通知机电维修中心进行检修,填记 FAS 运行登记簿。

3. 消防报警

当联动控制台出现消防泵报警时,一般按照下列程序处理:

(1)按压消声按钮进行消声。

(2)将情况报告控制中心并通知机电维修中心进行检修。

(3)将信息详情记录在 FAS 运行登记簿内。

4. 手动报警

当 FAS 控制主机出现手动报警时,一般按照下列程序处理:

（1）按压主音响停止按钮进行消声处理。

（2）值班员应携带灭火器、插孔电话立即赶赴现场进行确认，并及时将现场情况和处理结果报告控制室值班员。

（3）控制室值班员根据情况按相关规定进行处理，报告控制中心并将信息详情记录在 FAS 运行登记簿内。

（4）处理完后，利用钥匙开关将主机转换至"级别2"，按压复位按钮对系统进行复位。复位后将钥匙开关恢复至"级别1"。

案例分析-作业人员未按要求作业

### 五、FAS 故障原因与处理程序

（1）FAS 故障原因

FAS 故障的原因可归纳为两大类：一类是严重故障；另一类是一般故障。

严重故障包括：FAS 的站级功能全部丧失；FAS 有一个以上的探测回路丧失工作能力，导致车站有大片区域失去火灾监视功能；FAS 车站级计算机和控制盘显示 LCD 同时失效；气体灭火系统完全失去监视功能。气体灭火系统经常误报火警。

一般故障包括：FAS 丧失中央级监控功能，但车站级功能完好；FAS 线路故障，但不影响回路的监测功能，如接地等；个别烟感探测器报脏污，或个别模块损坏；消防电话故障；主机部分板号故障，但不影响整体的监视和控制功能；气体灭火系统部分辅助设备故障，如警铃等。

（2）FAS 故障处理程序

①建立完善的故障受理制度，可以迅速进行消防系统设备故障的处理和管理。

②消防系统检修人员从维修调度处受理消防系统故障或在检修过程中发现系统故障，故障受理要按要求填写故障受理表格。

③消防系统设备发生故障时，有关维修人员应及时准确地作出判断(判明故障位置、故障原因等)，积极组织修复，缩短故障时间，把故障的影响控制在最小范围内。若无法维修，应及时上报。

④如果系统完全或部分丧失火灾监控功能，抢修也无法马上恢复，维修人员应立即通知车站值班站长，说明情况，使其安排加强车站的火灾巡视。

⑤消防系统设备维修人员在故障处理完成之后，应对控制盘、模块箱等周围环境进行清理，并及时消点。

⑥故障维修完毕，应及时填写故障处理登记簿，做好记录，归档备查。

⑦由消防维修班工班班长或专业工程师对维修情况及相关处理记录、登记簿作核查，确保维修质量。

⑧检修过程中，不能影响接口专业的运作。涉及接口的维修，应先与其他专业协调，并预先告知可能造成的影响。必要时在其他专业的监护下，进行检修。

⑨对于消防系统监控对象(防火卷帘门、防火阀等设备)故障而引起的消防系统功能障碍，维修时若须消防系统专业配合，消防系统维修人员应积极予以配合协作。

## 6.2　自动扶梯操作与故障处理

### 一、自动扶梯的开启与关闭

自动扶梯是带有循环运动梯路向上或向下倾斜输送乘客的固定电力驱动设备。按驱动装置位置不同可分为端部驱动自动扶梯与中间驱动自动扶梯。

自动扶梯主要由桁架、梯级、裙板、栏杆、盖板、驱动主机、梯级链、控制柜、护壁板、外装饰板、梯级轴纽主件、扶手驱动装置、扶手带、梳齿板、操作面板、梯级导航、转向键轮等组成,如图 6-13 所示。

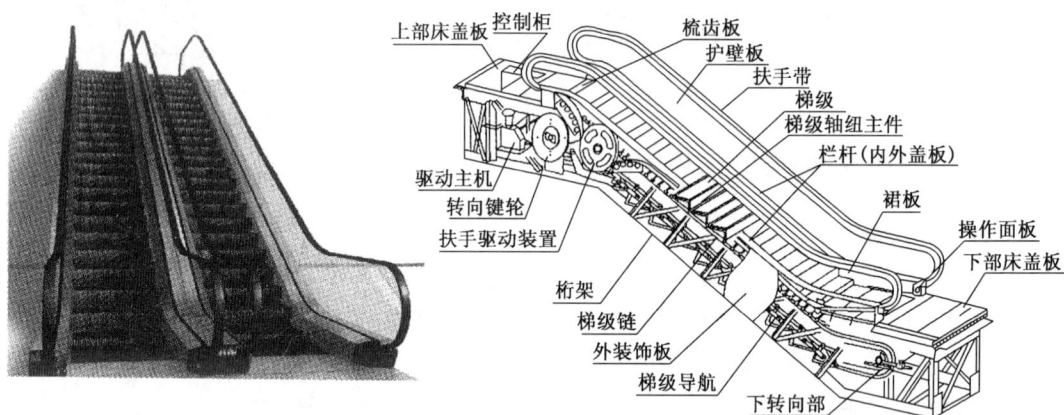

图 6-13　自动扶梯结构

### 1. 自动扶梯的开启程序

当开始运转自动扶梯时,需要按顺序进行操作(操作时应注意自动扶梯在上下两端各装有一个操作盘,任一操作盘都可以操作)。

(1)开始运转之前应遵循的程序

①检查扶梯踏板、扶手带、梳齿板、裙板保护胶条(或毛刷),去除夹在里面的碎纸、小石子、口香糖等。

②用手感触,确认裙板及竖板的润滑剂是否充分。

③确认自动扶梯周围的安全设施(三角警示牌、防止进入的栅栏等)有无破损等异状。

(2)启动运转时应遵循的程序

①把钥匙插入报警开关,鸣响警笛,发出信号,告诉附近的人们自动扶梯即将运转。

②确认自动扶梯周围或扶梯踏板上没人时,把钥匙插入启动开关,向要运行的方向(上或下)旋转,自动扶梯则开始工作。放开手使钥匙回到中立位置,把钥匙拔出来。

③启动后须确认扶梯踏板和扶手带是否正常工作。万一有异常声响或振动时,要立即按动紧急停止按钮,停住自动扶梯。

④确认正常运转之后,再试运转 5 ~ 10 分钟。

⑤在试运转中按动紧急停止按钮,确认工作情况。

### 2. 自动扶梯停止运转的程序

①停止自动扶梯之前,须确认有无发生异常声响或振动。如有问题则使自动扶梯停止。

②鸣响警笛,通知乘客自动扶梯停止。

③停止之前,不要让人进入自动扶梯的乘梯口。

④在确认自动扶梯附近或扶梯踏板上无人后把钥匙插入停止开关进行操作,自动扶梯停止。

⑤一天的运行结束后,要认真检查扶梯踏板、扶手带、梳齿板和保护裙板并清洁。

⑥为防止乘客将停用中的自动扶梯当楼梯使用,应用栅栏等挡住乘梯口,设置停用牌。

## 二、自动扶梯紧急停止操作

1. 自动扶梯紧急停止操作时应遵循的程序

(1)要使用自动扶梯紧急停止按钮,须事先通知乘客。在紧急状态下不得不进行操作时,应在大声通知乘客"紧急停止,请抓住扶手带"后,再进行操作。

(2)如在扶梯踏板上有乘客时启动,则乘客有跌倒、受伤的危险,故在有乘客时绝对不能启动自动扶梯。

(3)在扶梯踏板上有人时,除发生紧急情况外绝对不能停止。

(4)自动扶梯的运行中,钥匙要拔出。

### 小贴士

**自动扶梯钥匙管理注意事项**

①操作时要用自动扶梯专用钥匙。

②将钥匙装在钥匙箱内严加保管,除有关人员外不得外借。

2. 自动扶梯紧急停止时出现意外的处理方法

(1)若在自动扶梯上发生乘客跌倒的紧急情况时,站台工作人员应用力按动乘梯口的紧急停止按钮。

(2)在重新开启扶梯之前,要确认造成紧急情况的原因,并予以排除。检查机器,如有异常及不明原因时,不得开梯,应及时通知维修人员进行维修。

## 三、城市轨道交通车站电梯常见故障处理

1. 电梯故障处理原则

电梯在运营期间对故障的处理要求为"先修复后分析"。当维修人员接到故障报告后应在30分钟内赶到现场并开始进行处理。当维修人员自身无法处理故障而需要技术人员时。技术人员接到通知后应在1小时内赶到现场协助处理。故障处理完毕后,维修人员要汇报维修调度消除故障号并填写故障处理记录。重大设备故障由技术人员进行分析并提供故障处理分析报告,以避免今后出现同类故障,同时制定故障处理工艺。故障分析报告存入资料档案。

2. 电梯抢修组织流程

(1)车站系统设备故障发生后,由维修调度判断是否为重大故障,是否需要立即进行抢修。

(2)若为系统设备一般故障,在故障接报后,由工班长根据实际情况及当日的排班情况,派遣维修人员进行故障维修。若维修人员不能解决,工班长或技术人员必须到场协助解决。

(3)若为重大故障,维修调度通知上级生产调度进行抢修组织。生产调度接报后组织电力、扶梯系统就近维修人员第一时间赶赴事故现场。同时通知维修工班长、专业工程师参加

抢修。

（4）首先到场的专业维修人员应向控制中心维修调度申请进行抢险作业。

（5）原则上系统专业工程师或工班长为现场抢修负责人，抢修人员必须服从现场总指挥的命令，不得各自为政。

（6）抢修作业完成后，由现场抢修负责人报告抢修情况，同时向维修调度报告抢修结束。

案例分析-某车站自动
扶梯故障

3. 电梯典型故障的分析与处理（见表6-1）

电梯典型故障的分析与处理办法

表6-1

| | 现象:自动扶梯蛇形运行,相邻两梯级踏面防滑条不在同一直线 |
|---|---|
| 自动扶梯 | 原因:<br>（1）梯级链张紧力左右不一致。<br>（2）检查主机轴承温度,若过高,可能轴承损坏 |
| | 处理办法:<br>（1）按调整工艺要求,收紧或放松张力弹簧,使两边梯级链张紧力一致。<br>（2）更换主机轴承,步骤如下:<br>①断开驱动链、梯级链及扶手带驱动链。<br>②拆除附加制动器装置。<br>③确认吊挂主机轴承的空间。若不够,需要先将主机座吊起,再更换主机轴承 |
| 楼梯升降机 | 现象:楼梯升降机不能启动 |
| | 原因:<br>（1）检查钥匙开关是否处于正确位置,其他钥匙开关在"0"位拨出。<br>（2）急停开关是否动作。<br>（3）主开关是否处于正确位置。<br>（4）电源供给是否正常。<br>（5）操作控制器是否损坏 |
| | 处理方法:<br>（1）正确操作钥匙。<br>（2）旋转或恢复急停开关。<br>（3）打开主电源开关。<br>（4）更换熔断丝,合上保护开关。<br>（5）更换或修理 |
| 液压梯 | 现象:液压梯无法向上运行 |
| | 原因:<br>（1）油泵不运行。<br>（2）接触器未吸合或上行线圈未接、错接。<br>（3）安全开关动作。<br>（4）方向阀污染或堵塞。<br>（5）导向安全阀污染。<br>（6）导向控制过滤器污染或堵塞 |

| | |
|---|---|
| 液压梯 | 处理办法：<br>(1)检查控制器和接线。<br>(2)检查接线盒线路板。<br>(3)检查安全回路并恢复。<br>(4)清洗方向阀。<br>(5)清洗安全阀。<br>(6)清洗过滤器 |
| 液压梯 | 现象：液压梯在行驶中突然停止 |
| | 原因：<br>(1)停电。<br>(2)电流过大,空气开关跳闸。<br>(3)安全回路开关动作。<br>(4)门刀撞门锁滚轮、门锁断开。<br>(5)平层感应器干簧管触点烧毁,表现为一换速就停车。<br>(6)接触器或继电器本身发生故障 |
| | 处理办法：<br>(1)送电。<br>(2)查找原因,更换熔断丝或重新合上空气开关。<br>(3)检查安全回路并恢复。<br>(4)调整门锁滚轮与门刀的间隙。<br>(5)更换干簧管。<br>(6)更换接触器或继电器 |

# 6.3 站台门操作与故障处理

## 一、站台门日常操作

### 1.站台门系统控制模式

站台门系统控制模式设置有系统级、站台级、手动操作3种正常控制模式。系统级控制,即执行信号系统命令的控制模式;站台级控制,即执行站台就地控制盘发出命令的控制模式;手动操作,即站台工作人员在站台侧用专用钥匙解锁或由乘客在轨道侧推动解锁装置打开滑动门。此外,站台门系统还设置有火灾控制模式,即在相应的火灾模式下,车站值班人员在车站控制室操作消防联动盘、操作站台门紧急控制开关,配合打开滑动门,疏散乘客和配合环控系统排烟。上述模式的控制优先权从高到低依次为手动操作模式、火灾控制模式、站台级控制模式、系统级控制模式。

### 2.站台门系统功能

站台门系统具有障碍物检测功能,即滑动门关闭时检测到障碍物,会后退做短暂停止以释放夹到的障碍物,然后再关闭,从而避免夹伤乘客。

站台门系统与车站机电设备监控系统之间或主控系统之间设有通信接口,用于传送站台门系统运行状态,故障诊断信息,便于车站控制室人员、维修人员监视站台门状态。

在站台监控亭设有站台门系统控制器,车站工作人员、站台门维修人员可在此 PSA 上监控站台门运行状态,查看或下载站台门系统运行历史记录,修改、上载站台门系统控制程序、参数等。

3.站台门系统设备运行操作程序

(1)站台门系统启动与关闭

①站台门系统启动操作步骤如下:

a.合闸为驱动不间断电源(Uninterrupted Power Supply,UPS)供电以及为控制不间断电源供电。

b.按照驱动不间断电源开机指引,驱动不间断电源工作,按照控制不间断电源开机指引,启动控制不间断电源工作。

c.在系统配电柜顺序闭合门单元供电、系统控制器供电开关,进入待机状态;启动站台门监视器的系统诊断软件。

d.确认在列车未进站时,所有门单元关闭并锁紧(必要时应试验站台就地控制盘 PSL 的开关门操作)。

②站台门系统的的停机步骤如下:

a.确认所有门单元关闭并锁紧;操作站台门监视器退出站台门系统诊断软件和操作系统。

b.在系统配电柜顺序分断系统控制器供电、门单元供电开关。

c.按照不间断电源停机指引,停止控制不间断电源和驱动不间断电源工作。

d.断开控制不间断电源供电和驱动不间断电源供电。

(2)站台门正常运行

站台门系统正常运行时采用系统级控制,当需要站台级控制操作时,须遵守站台就地控制盘 PSL 操作方法。该操作方法如下:

①将操作钥匙插入站台就地控制盘 PSL 的 OPERATION ENABLE 钥匙开关锁孔内(原始位置为 OFF)。

②开门时,顺时针转动钥匙打至 DOOR OPEN 位置并停留(不能拔下钥匙)。此时滑动门开始打开,站台就地控制盘 PSL 上 DOOR OPEN 指示灯亮。滑动门完全打开后,站台就地控制盘 PSL 上 DOOR OPRN 指示灯灭,门头灯长亮。此时完成一次站台就地控制盘 PSL 开门操作。

③关门时,按前面操作,逆时针转动钥匙打至 DOOR CLOSE 位置并停留(不能拔下钥匙)。此时滑动门开始关闭,站台就地控制盘 PSL 上 DOOR CLOSE 指示灯亮,门头灯闪亮。滑动门完全关闭后,站台就地控制盘 PSL 上 DOOR CLOSE 指示灯和门头灯灭,同时滑动门/应急指示灯亮。此时完成一次站台就地控制盘 PSL 关门操作。

④关门操作完成后,继续逆时针转动钥匙打至 OFF 位置后,拔下钥匙,退出站台就地控制盘 PSL 操作。

(3)滑动门人工操作开门

①适用范围。当控制系统电源不供电,或个别站台门单元发生故障,或有其他紧急需要

时,由站台人员或乘客对站台门进行操作。

②操作过程如下:

a.由站台工作人员在站台侧滑动门上,用菱形三角形钥匙逆时针旋转操作滑动门人工解锁机构解开闸锁锁栓,推开门扇;或由乘客在轨道侧压住滑动门绿色锁把,推开门扇,打开站台门。

b.执行此操作时,站台门系统监视器上的"滑动门/应急门手动操作"状态指示灯点亮,并在站台门监视器的液晶显示器上反映手动操作的具体位置及操作状态信息显示。手动操作打开滑动门后,如门单元正常且门控制单元能正常工作,则在15秒后自动关闭滑动门。

c.手动操作打开滑动门后,如有需要,保持滑动门的打开状态。应断开该门单元的供电、隔离,并加强监控,防止人员跌入轨道。

(4)滑动门人工操作关门

①适用范围。当站台门单元发生故障时,由站台工作人员对站台门进行操作。

②操作过程如下:

a.打开门单元前盖板,关闭该单元门的就地供电负荷开关。

b.小心、慢速推动门扇至全关闭位置。

c.由于关闭了门头电源,在站台门系统监视器上将有该门单元的报警显示。

(5)关于门单元门头模式开关说明

①每个门单元有3个工作方式,即正常模式、隔离模式和测试模式。可通过操作门头模式开关选择其中一个工作方式。

②当门单元无故障,处于正常运营工作状态时,选择正常模式。

③当门单元出现故障,无法正常工作时,选择隔离模式。

④测试模式由维修保养人员使用,在这种模式下,需要有门机内的测试开关配合使用。

(6)关于站台门关门故障物检测功能的说明

站台门在关门过程中,遇有障碍物(如乘客或其他物体)阻挡关门时,如门控器检测到关门的阻力大于设定值,则门控器进入关门障碍物处理模式,即滑动门立即停止关闭,并反向打开50cm,解脱被夹的障碍物,稍作停留后,低速继续关门至原来检测到障碍物的位置。如障碍物已不存在,则以正常速度完成关门。如障碍物继续存在,则上述过程重复4次后,一直打开该滑动门(并发出报警)。

(7)站台门火灾模式使用及注意事项

①火灾模式使用。站台门火灾模式操作开关为钥匙开关,安装于各站车站控制室内的消防联动盘上,每侧站台分别设置一个操作开关。需要打开某一侧站台门时,用专用钥匙插入对应的开关钥匙孔,顺时针方向拧转钥匙即可打开站台门。打开后如把钥匙逆时针拧回(或取下钥匙),站台门将不会自动关闭。

②站台门火灾模式使用注意事项。

a.站台门火灾模式仅适用于火灾模式启动时使用。

b.正常运营时,勿将专用的操作钥匙插入操作开关的钥匙孔,以免引起误操作,特别要避免在运营期间误操作而开门。

c.站台门火灾模式控制不设置关门功能,如需要关闭站台门,可采用站台就地控制盘 PSL 关门。

案例分析-多个安全门
故障无法关闭

# 二、站台门故障处理程序

1. 一扇站台门不能关闭的处理程序, 见表 6-2。

| 负　责　人 | 处　理　程　序 |
| --- | --- |
| 列车司机 | 1. 驾驶室未能接受站台门关闭信号。<br>2. 通知 OCC, 要求站务员到场处理。<br>3. 等待车站值班人员到站台处理及作出配合。<br>4. 必要时通知乘客并向乘客表示歉意。<br>5. 随时向 OCC 汇报情况 |
| 值班站长 | 1. 通过综合后备盘(Integrated Backup Panel, IBP)检查并确定站台门位置。<br>2. 安排车站值班人员到站台视察及处理。<br>3. 通知 OCC 有关情况。<br>4. 向故障报警中心通报。<br>5. 通知乘客使用其他车门上车, 并利用广播系统或乘客信息系统向乘客表示歉意。<br>6. 尽快处理情况, 让列车出站 |
| 站台站务员 | 1. 若故障信息是驾驶员关门时发现的, 须到故障站台门处确认是否有物体阻碍其关闭。<br>2. 若有则取出, 告知驾驶员重新关闭站台门。<br>3. 若站台门仍不能正常关闭, 则用专用钥匙隔离, 将该滑动门就地控制盒(LCB)打到手动位, 手动关闭该扇滑动门后通知驾驶员。<br>4. 客流高峰期可保持该车门为常开, 但应有站务员留守 |

2. 一扇站台门不能开启的处理程序(见表 6-3)

| 负　责　人 | 处　理　程　序 |
| --- | --- |
| 值班站长 | 1. 通过 IBP 检查并确定站台门的位置。<br>2. 立刻通知 OCC 和故障报警中心。<br>3. 安排车站值班人员到站台视察及处理。<br>4. 通知乘客使用其他车门上车, 并利用广播系统或乘客信息系统向乘客表示歉意。<br>5. 随时向 OCC 汇报现场情况 |
| 站台站务员 | 1. 发现故障或接到通知后立即赶到现场。<br>2. 立即到站台引导故障站台门处的乘客上下车, 并用专用钥匙将该故障滑动门就地控制盒打到"手动"位。<br>3. 贴上"此门故障"告示 |

3. 多扇站台门不能正常开启的处理程序(见表 6-4)

| 负　责　人 | 处　理　程　序 |
| --- | --- |
| 站务员 | 1. 发现故障或接到通知后立即赶赴现场处理。<br>2. 手动打开部分门(确保没有连续不能开启的门即可)上下乘客, 待驾驶员关闭车门、站台门后, 查看站台门关闭情况。如无法关闭处理程序, 按多对不能关闭程序处理 |
| 车站值班员 | 1. 接到值班站长站台门故障的通知后, 立刻到站台协助处理。<br>2. 手动打开部分门(确保没有连续不能开启的门即可)上下乘客 |

| 负 责 人 | 处 理 程 序 |
|---|---|
| 值班站长 | 1. 接到站台门故障信息后，及时通知巡视岗和车站督导员到站台处理。<br>2. 将信息报行车调度员和故障报警中心。<br>3. 跟进站台门维修情况，并将站台门的故障和修复情况报行车调度员 |

4. 多扇站台门不能正常关闭的处理程序(见表6-5)

多扇站台门不能正常关闭的处理程序 表6-5

| 负 责 人 | 处 理 程 序 |
|---|---|
| 站务员 | 1. 收到故障信息后，在驾驶员关闭车门、站台门后须逐个确认不能关闭的站台门与列车间空隙的安全性。<br>2. 按照"没有连续的不能开启的门"的原则切除部分站台上下乘客，加强对未关闭站台门的监控，确保安全。<br>3. 维护好站台秩序，防止乘客落轨 |
| 车站值班员 | 1. 接到故障信息后，到站台处理。<br>2. 到故障侧头端操作站台门站台控制盘进行"互锁解除" |
| 值班站长 | 1. 将故障信息报行车调度员和故障报警中心。<br>2. 督促、跟进站台门维修情况，并将站台门的故障和修复情况报行车调度员。<br>3. 安排巡视岗监控站台门处于打开的状态，防止乘客跌入轨道 |

注:列车进站或停在车站时须停止对站台门的维修。

# 6.4 AFC 操作与故障处理

## 一、自动售检票系统常见故障分析与处理

### 1. 自动检票机开关机操作

在日常运作中，一般的自动检票机(AFC)软件故障均可通过重启(开关机)设备进行处理，重启工作可由站务员完成。具体的操作顺序为:打开维修门—关闭配电盘的开关—打开通道维修门—打开配电盘的开关。

关机时，将钥匙沿顺时针方向转动，打开维修面板，输入操作员号(ID)和密码，将配电盘的开关关闭，如图6-14所示。

开机时，将钥匙插入并沿顺时针方向转动，向上、向外倾斜提起并打开维修门，将电源开关转向 ON 位置，将配电盘的开关转向 ON 位置。

### 2. 自动检票机更换票箱操作

出站自动检票机设有单程票回收系统，有效单程票通过出站自动检票机时，会被回收进自动检票机票箱内。由于票箱具有一定的容量，在票箱将满或已满时，自动检票机会发出报警提示，以提醒车站人员及时对票箱进行更换。如果没有及时更换，闸机将进入暂停服务模式。一般情况下，车站须在出站自动检票机票箱将满时进行更换，也可根据实际需要进行更换。

更换自动检票机票箱时，打开自动检票机的维修门后，按维修面板显示要求输入正确的操作员号(ID)和密码。验证成功登录后，选择运营服务中的更换票箱操作，在更换票箱操作中选择取下票箱。当票箱电动机完全降下后，双手取出票箱，如图6-15所示。拆卸票箱的过程

与安装方法一样要按照顺序进行,在完成当前动作之前不能进入下一个动作。具体过程如下:

①接受来自上位机的票箱更换命令。

②托盘向下移动。

③检测车票的最高位置,当检测到车票的最高位置低于指定位置时,停止移动托盘。

④关上顶盖。

⑤打开工作锁(顶盖被锁上)。

⑥托盘被固定。

⑦拨动开关至"OFF"。

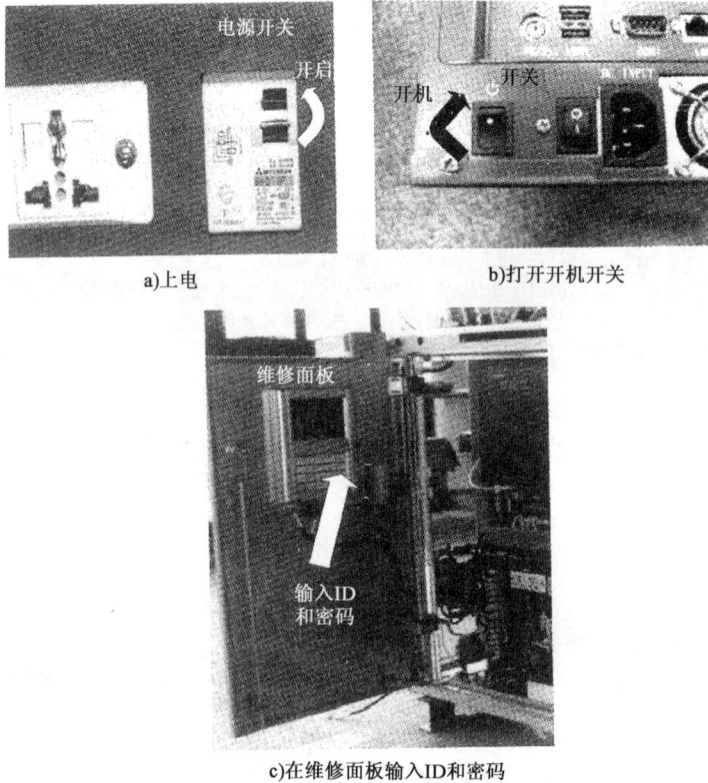

a)上电         b)打开开机开关

c)在维修面板输入ID和密码

图 6-14 自动检票机开关机操作

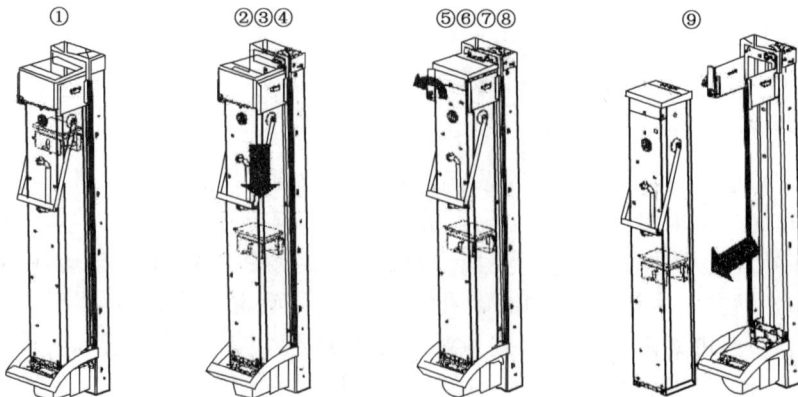

图 6-15 拆卸票箱的操作流程

⑧托盘移动机构下降。

⑨拆卸票箱。

将装满单程票的票箱拆卸下后,换上空的票箱,如图6-16所示。安装票箱要按顺序进行,在完成当前动作之前不能进入下一个动作。具体工作过程如下:

①安装票箱。利用票箱前面的把手,以水平方向把票箱小心地安装在ID连接器上。

②检测票箱安装到位(检查票箱ID)。

③拨动开关到"ON"。

④托盘移动机构带动托盘向上移动。

⑤检测车票最高位置。当检测到车票最高位置到达指定的位置时,停止移动托盘。

⑥锁上工作锁(顶盖锁机构松开)。

⑦固定托盘的机构松开,打开顶盖。

⑧回收或发售模块初始化。

票箱安装完毕后,在维修面板中选择安装票箱,退出维修面板并注销,推进并关好维修门。设备读到不同的票箱ID后计数器清零,完成票箱更换工作,随后站务员将换出的票箱运回票务收益室进行清点。

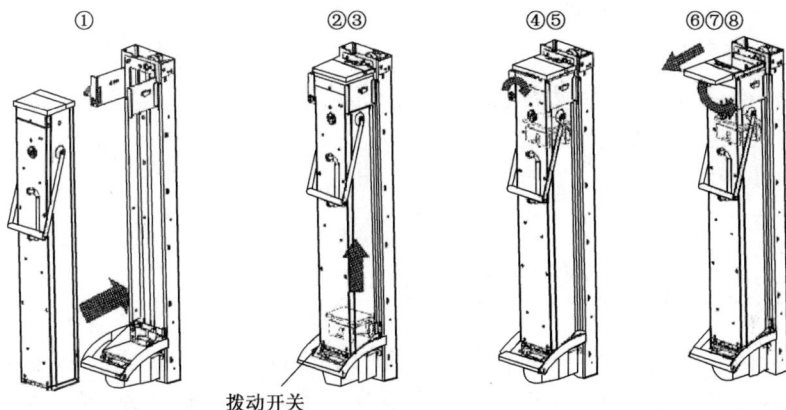

图6-16 安装票箱流程

### 3.几种常见自动检票机故障的处理

(1)卡票的处理

卡票是指单程票在经出站自动检票机单程票回收系统导入相应的票箱过程中,因车票问题,如边缘变形、过厚等,导致车票不能顺利导入储票箱,卡在导入系统的某个位置的现象。发生卡票故障后,自动检票机将不再接收单程票,但能正常处理储值票。处理卡票问题时,站务员应先查看投票口及单程票通道,将卡住的单程票取出,并重启自动检票机。若仍不能正常,须联系专业维修人员进行处理。

(2)启动自动检票机后亮起报警灯的处理

启动自动检票机后,报警灯亮起红灯,其原因可能是有通行传感器被遮挡住。在正常启动自动检票机后,设备内部逻辑会对通行传感器进行测试,如果测试失败会亮起报警灯。这种问题一般是通行传感器的透窗被灰尘或异物遮挡导致。站务员应打开维修门,对通行传感器透窗进行清洁并重启设备。

（3）自动检票机屏幕显示"网络连接失败"的处理

正常启动自动检票机后，乘客显示器显示"网络连接失败"，这是由于网络出现故障造成的，通常站务员应向值班站长报告，并组织专业人员查看以下方面：

①检查自动检票机和服务器之间的网络连接是否正常。

②检查系统服务器软件是否正常运行。

（4）自动检票机启动后乘客显示器没有显示的处理

正常启动自动检票机后，发现乘客显示器没有显示，这是由于自动检票机内部工控机没有开机或显示器处于关闭状态所致。站务员应打开维修门，查看工控机的电源开关是否打开。若工控机电源在打开状态，则查看显示器电源，并开启。

**知识链接**

### 自动检票机日常维护方法

为保证自动检票机能够长期安全有效地运行，应定期对机器进行维护。日常维护应注意：

①传感器透窗要保持洁净，没有灰尘附着。

②检票口不可有异物遮挡。

③不锈钢机壳表面要定期进行清洁，应使用不锈钢保养油。

④机器表面塑料件要防止硬物划伤，保持表面光洁，擦拭时应使用柔软清洁材料。

⑤电源插头要防止因氧化、沾污、损毁而漏电伤人。

⑥勿折网线，避免接头损伤。

⑦避免硬物撞击检票机。

⑧检票机在不使用时，应罩上防尘罩。

## 二、自动售票机常见故障分析与处理

站务员在日常工作中，须掌握对自动售票机（TVM）各种状态、模式的识别，加强对自动售票机的巡视检查，确保自动售票机能正常提供服务。同时，对自动售票机乘客购票界面的操作也应熟练掌握，以便能为乘客购票提供准确指引。

### 1. 自动售票机常见运营模式的识别

自动售票机可运行在多种模式下，这些模式可以通过车站计算机下达参数设置，也可以根据自动售票机模块的状态进行自动调整。运行模式主要有正常服务模式、停止服务模式和限制服务模式3种。自动售票机处于正常服务模式时，能提供所有设计要求的服务，单程票发售、储值票充值功能可用，支付方式不受限制，乘客信息显示器显示"正常服务"字样。当自动售票机发生卡票等故障或运营结束后，或车站人为设置停止服务后，自动售票机进入停止服务模式，乘客信息显示器和触摸屏显示"暂停服务"字样。

当自动售票机内部各模块中任一模块状态不良而其他模块正常时，自动售票机会自动进入限制服务模式，只具备部分功能，一般包含只售单程票、只收硬币、只收纸币、不找零、只充值几个子模式。当自动售票机充值功能模块无法使用时，进入只售单程票模式，只能发售单程票，不充值，乘客信息显示器显示"只售单程票"字样，此时，站务员要引导需要充值的乘客去票务处充值。

当纸币接收器和储值票模块无法使用时，进入只收硬币、不接收纸币购票模式，乘客信息显示器显示"只收硬币"字样。此时,站务员应及时报告值班员,为自动售票机补充硬币。当硬币接收器和储值票模块无法使用时,进入只收纸币,不接受硬币购票模式,乘客信息显示器显示"只收纸币"字样。如乘客没有携带相应币种的纸币时,站务员应主动引导乘客到票务处兑换相应纸币购票。

当找零模块发生故障时,进入不找零模式,购单程票时不能找零。当投入金额超过应付金额时,多余金额给下一笔交易使用,乘客信息显示器显示"不找零"字样,此模式涉及乘客利益,国内城市轨道交通一般不适用该模式。当纸币接收器、硬币接受器、单程票发售模块和找零模块无法使用时,进入只充值模式,不能发售单程票,只接受充值业务,乘客信息显示器显示"只充值"字样。

2. 自动售票机乘客操作界面的操作

自动售票机是自助型系统设备,城市轨道交通车站内会有部分乘客对该系统的操作不熟练,站务员应主动、热情地提供操作引导服务。因此,站务员应熟练掌握自动售票机的购票操作。指引乘客使用自动售票机购票、充值时,通过乘客操作界面实现点选操作。常见的自动售票机乘客操作界面,如图 6-17 所示。

地图区域可清晰显示线网地图,能实现地图的缩小、扩大及水平移动。当乘客点击某车站时,以该车站为中心的附近几个车站会被放大显示,以便乘客正确选择目的地站购票。

选择线路区域提供按线路分类的按钮,当乘客点击选择要乘坐的线路时,该线路在地图区域将放大,方便乘客快速、准确地点选目的地站。运营及票卡选择区域可以实现按票价直接购票,为熟悉轨道交通票价的乘客提供了便利。

时间区域能实时显示当前的日期与时间。功能选择区域提供了乘客选择或确认的按钮,如中、英文切换按钮和充值操作按钮等,实现相应的功能选择。信息提示区域主要用于向乘客显示相应情况下的信息。状态区域显示了自动售票机当前运营的信息。

3. 自动售票机(充值机)充值操作

乘客使用现金在自动售票机(充值机)上进行储值票充值操作流程大致分为:在主界面选择充值按钮—插入储值卡—支付储值票充值金额—设备对储值票充值—返还储值票等几个步骤,储值卡充值界面,如图 6-18 所示。乘客从开始充值后至支付充值金额之前都可以取消交易,点击取消按钮或者一定时间内没有任何操作时,自动售票机将返还投入的储值票并返回初始界面。

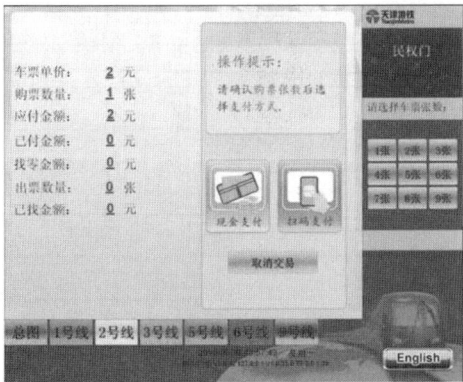

图 6-17 自动售票机乘客操作界面

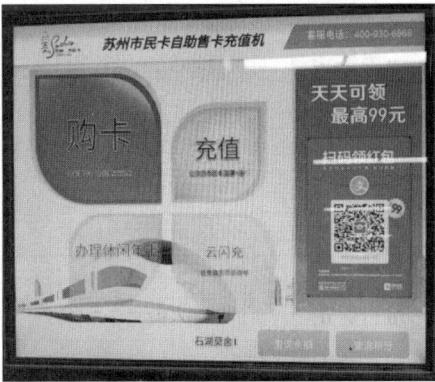

图 6-18 自动售票机储值票充值界面

## 4.自动售票机几种常见故障与处理(见表6-6)

**自动售票机几种常见故障与处理**

表6-6

| 序号 | 故障现象、原因及解决办法 |
|------|------|
| 1 | 现象:自动售票机启动后显示"只收纸币"<br><br>原因:硬币处理模块有卡币或者硬币箱没有正确安装<br><br>解决办法:<br>(1)启动设备后机器内部逻辑会对硬币模块进行测试,如果测试失败会进入"只收纸币"状态,这种问题一般是有硬币识别模块被硬币或其他异物堵塞导致,应检查硬币识别模块并重启设备。<br>(2)正确安装硬币箱 |
| 2 | 现象:自动售票机屏幕显示"网络连接失败"<br><br>原因:是由于网络出现故障造成的<br><br>解决办法:<br>(1)检查自动售票机和服务器之间的网络连接是否正常。<br>(2)检查系统服务器软件是否正常运行 |
| 3 | 现象:自动售票机屏幕显示"只收硬币"<br><br>原因:纸币识别模块有卡币或者纸币钱箱没有正确安装<br><br>解决方法:<br>(1)纸币识别模块被纸币或其他异物堵塞导致,检查纸币识别模块并重启设备。<br>(2)正确安装纸币钱箱 |
| 4 | 现象:自动售票机屏幕显示"无找零"<br><br>原因:硬币识别模块内没有放入找零用硬币或者硬币找零钱箱没有正确安装<br><br>解决办法:<br>(1)放入找零用硬币。<br>(2)正确安装硬币找零钱箱 |
| 5 | 现象:自动售票机屏幕显示"只充值"<br><br>原因:单程票发售模块内没有放入车票或者票箱没有正确安装<br><br>解决办法:<br>(1)放入发售用车票。<br>(2)正确安装票箱 |
| 6 | 现象:自动售票机启动后显示"暂停服务",不能进入工作状态<br>原因:可能是维修门没有关上<br>解决办法:检查维修门并将维修门全部关紧上锁 |
| 7 | 现象:自动售票机屏幕显示"只发售"<br>原因:储值票读卡器有故障或连接错误<br>解决办法:联系厂家更换储值票读卡器,或检查连接线缆 |
| 8 | 现象:自动售票机启动后乘客显示器没有显示<br>原因:自动售票机内部工控机没有开机或显示器处于关闭状态<br>解决办法:打开工控机电源或打开显示器电源 |

### 三、半自动售(补)票机常见故障分析与处理

半自动售(补)票机作为站务员发售车票、处理乘客事务的专用设备,主要用于出售车票、充值、分析车票状态、查询车票历史记录、对问题车票(如超时、超程车票,进出站次序错误车票等)进行处理。在日常工作中,站务员需要熟练掌握对半自动售(补)票机的操作,以便迅速、准确地为乘客提供车票发售、充值等服务。AFC系统为每个操作员都设定了唯一的操作员号(ID)和密码,任何人使用设备时,必须首先使用ID和密码登陆设备,才能进入设备的操作界面进行业务操作。

#### 1. 登录操作

打开半自动售(补)票机电源,系统启动后,半自动售票机主程序自动以全屏方式运行。此时,操作界面中各功能模块(如"分析车票"和"数据查询"等)的功能按钮均处于未激活状态,在点击"班次登陆"按钮,输入班次操作员号(ID)和密码进入程序主界面后,这些按钮才会根据该操作员的权限相应地被激活,操作员才可开始系统允许的功能操作。

#### 2. 单程票发售操作

票务员登录半自动售(补)票机后,单击车票发售,进入车票发售的单元界面。发售单程车票流程如下:
①选择目的站。
②选择售票张数。
③选择每张票的单价。
④输入实收金额。
⑤单击发售按钮。

#### 3. 补出站票操作

票务员登录半自动售(补)票机后,单击车票发售,进入车票发售的单元界面。补出站单程车票流程如下:
①选择车站。
②输入补票金额。
③输入实收金额。
④单击发售按钮。

#### 4. 储值票操作

(1)储值票发售操作
储值票发售是指第一次发售充值,即储值票开卡。票务员将要发售的储值票放在储值票读卡区,单击主界面的储值票按钮,在储值票操作中单击储值票发卡。储值票发卡时,须向乘客收取20元押金。其具体操作流程如下:
①选择充入金额。
②输入实收金额。
③单击发卡按钮。

（2）储值票充值操作

票务员为乘客办理储值票充值时，将储值票放在读卡区，单击储值票按钮，进入储值票操作界面。储值票充值流程如下：

①选择充入金额。

②输入实收金额。

③单击充值按钮。

（3）储值票退卡操作

乘客退卡时，票务员将要退的储值票放在储值票读卡区，单击主界面的储值票按钮，在储值票操作中单击储值票退卡。储值票退卡时，在检查储值票完好后，须向乘客返还20元押金。具体操作流程如下：

①输入实退金额。

②单击确定按钮。

5. 车票分析

车票分析是指通过半自动售/补票机分析车票的信息。票务员在接到乘客提供的车票后，必须进行车票分析，并根据分析的结果进行后续处理。首先选择是在付费区操作还是在非付费区操作，把要分析的车票放在读卡区，点击"分析车票"按钮，就能在车票状态栏看到票卡当前的状态，如车票票卡号、种类、最近一次进出站的车站、进出站时间、车票余额等信息，同时在分析结果栏显示系统对票卡状态进行分析的结果。

6. 半自动售（补）票机几种常见故障分析与处理（见表6-7）

半自动售（补）票机几种常见故障分析与处理 表6-7

| 序号 | 故障现象、原因及解决方法 | |
|---|---|---|
| 1 | 现象：半自动售（补）票机无法正常充值 | |
| | 原因：储值卡读卡器没有正常连接 | |
| | 解决办法：正确连接储值卡读卡器 | |
| 2 | 现象：半自动售（补）票机屏幕显示"网路连接失败" | |
| | 原因：是由于网络出现故障造成的 | |
| | 解决办法：<br>（1）检查半自动售票机和服务器之间的网络连接是否正常。<br>（2）检查系统服务器软件是否正常运行 | |
| 3 | 现象：半自动售（补）票机乘客显示器没有显示 | |
| | 原因：可能是乘客显示器电源没有打开或者连接错误 | |
| | 解决办法：打开乘客显示器电源或者检查线缆连接 | |
| 4 | 现象：半自动售（补）票机不能打印凭条 | |
| | 原因：可能是打印机电源没有打开或打印纸已经用尽 | |
| | 解决办法：检查是否打开打印机电源或正确安装打印纸 | |

| 序号 | 故障现象、原因及解决方法 |
|---|---|
| 5 | 现象:半自动售(补)票机无法发售单程票 |
| | 原因:单程票发售模块内没有放入车票或者票箱没有正确安装 |
| | 解决办法:<br>(1)放入发售用车票。<br>(2)正确安装票箱 |
| 6 | 现象:半自动售(补)票机启动后显示"暂停服务"不能进入工作状态 |
| | 原因:可能是维修门没有关上 |
| | 解决办法:检查维修门并将维修门全部关紧上锁 |
| 7 | 现象:半自动售(补)票机打印的凭条没有内容 |
| | 原因:打印机色带没有安装或者已经用完 |
| | 解决办法:正确安装色带或更换色带 |
| 8 | 现象:半自动售(补)票机启动后操作员显示器没有显示 |
| | 原因:半自动售(补)票机内部工控没有开机或显示器处于关闭状态 |
| | 解决办法:打开工控机电源或打开显示器电源 |

**7. 日常维修办法**

为了保证半自动售(补)票机能够长期安全有效运行,应该定期对机器进行维护。在日常维护中应该注意以下方面:

(1)触摸显示器要保持洁净,没有灰尘或其他异物附着。

(2)出票口不可有异物遮挡。

(3)不锈钢机壳表面要定期进行清洁,应使用不锈钢保养油。

(4)机器表面要防止硬物划伤,保持表面光洁,擦拭时应使用柔软清洁材料。

(5)电源插头要防止因氧化、沾污、损伤而漏电伤人。

(6)勿折网线,避免接头损伤。

(7)避免硬物撞击售票机。

### 复习与思考

**一、填空题**

1. 城市轨道交通中涉及消防方面的系统有_____、_____、机电设备监控系统、防排烟风机、给排水设备等。

2. 常用的探测器有_____、_____、_____等。

3. _____是火灾自动报警系统的心脏,是系统运行的指挥中心,担负着整个系统监视、报警、控制、显示、信息记录和档案存储等功能。

4. 自动扶梯是带有循环运动梯路向上或向下倾斜输送乘客的固定电力驱动设备。按驱动装置位置可分为_____与_____。

5. 在运营期间对电梯故障处理要求是_____。

6. 站台门系统控制模式设置有_____、_____、_____三种正常控制模式。

## 二、问答题

1. 简述 FAS 的组成及其功能。
2. 简述 FAS 在火灾报警情况下的处理程序。
3. 简述自动扶梯紧急停止程序。
4. 简述站务员在站台门多扇打不开时的处理办法。
5. 简述自动售票机的充值操作方法。

# 城市轨道交通安全与应急管理

# 单元 7 城市轨道交通安全管理规则

**教学目标**

1. 了解安全管理的发展进程以及安全、事故、危险、隐患的含义;
2. 明白轨道交通系统安全工作的地位和作用;
3. 掌握城市轨道交通系统安全管理途径。

**建议学时**

8 学时

## 7.1 城市轨道交通安全管理概述

城市轨道交通系统安全管理是指管理者按照安全生产的客观规律,对轨道交通系统的人、财、物、信息等资源进行计划、组织、指挥、协调和控制,以达到减少或避免轨道交通系统运输事故的目的。本单元围绕城市轨道交通系统安全防护管理这一核心主题,分析安全观念的发展历程、安全及事故的内涵、安全管理在轨道交通系统中的作用与地位,阐述轨道交通安全管理的各种方法、指导方针及途径。

### 一、安全、事故、危险、隐患的内涵

**1. 安全**

安全是指在生产活动过程中,能将人或物的损失控制在可接受水平的状态。换言之,不管事故是否发生,只要人或物的损失是在人们可以接受的范围之内,就称之为安全;反之为不安全。其具体内涵包括以下几点:

(1)这里所讨论的安全指的是生产领域中的安全问题。

(2)安全不是瞬间的结果,而是对系统在某一时期、某一阶段过程状态的描述。

(3)衡量系统是否安全的标准在不同的时代、生产领域是不相同的。

(4)安全是在具有一定危险性条件下的状态,安全并非绝对无事故。其矛盾双方为安全与危险。

(5)没有绝对的安全,安全只是相对的。

**2. 事故**

事故是指在生产活动中,由于人们受到主客观条件(科学知识和技术力量,或者认识)的局限,突然发生的违背人们意愿的事件。其内涵具体包括以下几点:

(1)事故是违背人的意愿的一种现象。

(2)事故是隐患突变,失去控制的外在表现。

(3)事故是不确定的事件,既受必然性支配,又受偶然性影响。

(4)事故可以预防、减少,但是不能消灭。

(5)事故只要发生,就会给人、物造成损失。

**3.危险**

危险是指在生产活动过程中,人或物遭受损失的可能性超出了可以接受范围的一种状态。危险与安全一样,也是与生产过程共存的过程,是一种连续性的过程状态。危险包含尚未被人所认识的,以及虽被人们所认识但尚未被人所控制的各种隐患。

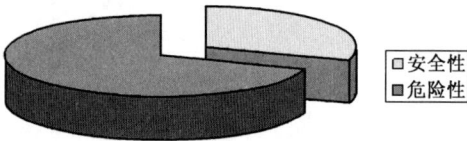

图7-1　危险性与安全性的关系

危险性与安全性的关系(见图7-1)如下:

(1)危险性($R$),即风险,是衡量系统危险程度的客观量。

(2)安全性($S$),是衡量系统安全程度的客观量。

(3)安全与风险相对应。

$$R = 1 - S$$

**4.隐患**

隐患是指在生产活动中,由于人们受科学知识和技术力量的限制,或由于认识上的局限,而客观存在的可能对系统造成损失的不安全行为或不安全状态。隐患是事故发生的必要条件。

例如,身边常见的安全隐患:

(1)最大的心理隐患:惰性心理、侥幸心理、麻痹心理、逞能心理。

(2)最直接的人为隐患:违章、违纪、违标。

(3)最根本的管理隐患:官僚主义、形式主义、好人主义。

## 二、城市轨道交通系统安全工作的地位和作用

**1.安全是城市轨道企业的头等大事**

(1)企业生产和经营性质决定了安全是头等大事。城市轨道交通行业既属于运输业,但又有别于运输业。它只实现人的"位移",不实现物的"位移"。另外,在社会主义背景下,作为城市的一种重要交通运输方式,它已然成为社会的公益事业,政府在行业中起着非常重要的作用。所以,一旦发生重大事故,不仅意味着轨道交通沿线的交通瘫痪,使当地人民群众的生命及财产受到威胁,而且直接影响政府在人民群众中的形象。

(2)轨道交通在城市交通体系中所具有的作用决定了安全是头等大事。目前国内大城市都或多或少地出现了交通堵塞、拥堵的问题,轨道交通系统则成为解决大城市交通问题的重要途径之一。而一旦轨道交通系统出现事故,将直接导致城市沿线交通严重瘫痪。

**2.安全是实现社会效益和企业经济效益的保证**

(1)城市轨道交通系统安全为提高社会效益提供保证。城市轨道交通运输是广泛的社会分工中的一个分支,是社会化大生产的重要组成部分。整个社会为轨道交通系统提供生产对

象——旅客,而轨道交通系统则通过保证人员流通,为各行业和旅客群众服务,从而使社会效益得到保证。只有保证轨道交通系统安全,才能吸引更多的乘客乘坐,从而更大范围地解决城市中的交通拥堵、更加便利地增加城市内人员的流动,也只有使轨道交通系统更加安全,才能使社会效益更上一个台阶。

(2)城市轨道交通系统安全直接影响企业自身的经济效益。城市轨道交通企业运输生产不能创造出新的产品,只是实现劳动对象的"位移"。所以,提高轨道交通企业的经济效益,首先要保证所运输的乘客安好无损,使其能安全地到达目的地,以满足社会的不同需求。如果在运输过程中发生了事故,不仅减少收入,还会给企业带来一系列的问题,如停运将减少企业收入,维修事故中受损的器材需要资金,赔偿受伤乘客也需要资金,等等。

3. 安全在全球轨道交通行业内部都受到普遍重视

新加坡城市轨道交通是世界上屈指可数的几家能赢利的城市轨道交通企业之一,而负责运营的新加坡城市轨道交通企业就非常重视安全工作。该企业成立的四大机构中,安全机构是其中之一。可见,新加坡城市轨道交通企业对安全工作的重视。

4. 安全是法律赋予轨道交通系统的义务和责任

《中华人民共和国安全生产法》《城市轨道交通运营管理办法》《北京市城市轨道交通安全运营管理办法》等国家和地方法律、法规都明确规定各轨道交通行业必须严抓安全,把安全放在第一位来对待。

# 7.2　城市轨道交通安全管理途径

## 一、安全的影响因素分析

虽然安全是相对的,绝对安全是不存在的,但这并不意味着我们在事故面前就只能是无能为力。把理论与实际联系起来,我们在预防事故方面完全可以大有作为——预防事故,减少事故的发生。

从系统论的观点出发,影响安全的诸多因素可以归纳为人、机、环境和管理。早在 20 世纪 40 年代后期,美国康耐尔(Cornell)大学的 T. P. Wright 就提出,按人、机、环境分类是检查事故起因和事故预防机理的理性模型。1976 年,纽约工业学院的 E. J. Cantilli 等便揭示了以管理为边界的人、机、环境之间的关系,如图 7-2 所示。

由图 7-2 可知以管理作为约束的系统各要素(人、机、环境、管理)之间的相互关系及相互作用。安全科学的理论和实践都指出,在"人—机—环境"系统中,影响安全的因素有人、机(设备)、环境和管理 4 大要素,轨道运输系统也不例外。

城市轨道交通系统可视为由人员、设备、环境

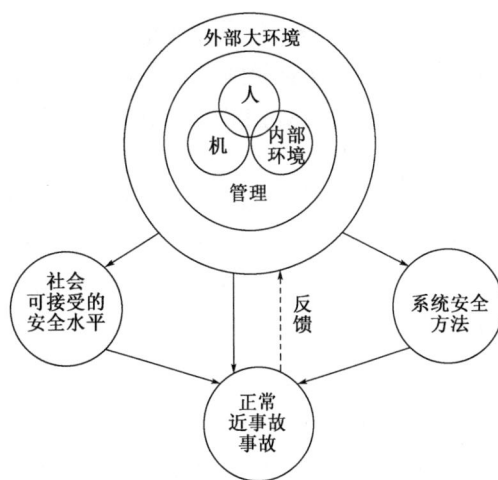

图 7-2　影响安全的因素及相互关系

和管理四大要素构成,在系统安全的运作层次,人的安全技术和素质、设备的安全性能、环境的安全质量以及三者的匹配程度和质量,单独或综合地影响系统安全,而系统安全运作层次效能的发挥则取决于系统安全管理层次的效能,即系统的安全管理水平。安全管理担负监督人、机、环境的动态变化,调节和控制三者及其组合的状态,保证系统安全运作的连续、良性和有序的任务。因此需要运用各种有效的组织管理手段,采取各种必要的安全技术措施,调动一切积极因素,形成强大有力、稳妥可靠的安全保障壁垒。

### 1. 人员的影响因素

对人的因素,要从行车系统人员、其他运输部门人员、基层人员和系统外人员分别进行分析,而对最重要的行车系统人员,则要从思想素质、技术业务素质、生理心理素质和群体素质诸方面进行详细分析。系统外人员导致城市轨道交通突发事件发生的因素有:未遵守乘客守则;人为故意破坏;无应急技能。

### 2. 设备的影响因素

对于设备因素,可从具体设备和总体设备两方面分别进行分析。前者可从可靠性、先进性、操作和维修方便性等方面衡量其设计的安全性,可从运行时间、故障及维修保养确定其使用的安全性;后者可从设备的布局、配合性、作业能力和固定资产含量等方面分析设备的总体安全性。具体而言,设备包含供电系统、通信系统、信号系统、通风排烟系统、车辆系统以及其他辅助设备系统中的所有设备。这些设备在运营过程中都存在一定的风险。

### 3. 环境的影响因素

对于环境因素,可按内部环境和外部环境分别进行分析。前者可着重从作业环境(温度、湿度、照明、噪声、振动等)和内部社会环境方面分析,后者可着重从自然环境(地理、气候、季节、时间、自然灾害等)和外部社会环境(政治、经济、技术、社会、家庭、法律和管理等)方面分析。需要强调的是人们通常对于一些自然灾害会引发城市轨道交通灾害存在认识误区,其实自然灾害是会对城市轨道交通运营造成影响,并引发次生灾害从而造成更大危险的。

(1)台风。根据对国内外城市轨道交通事故的分析,台风对城市轨道交通上面的建筑物有一定的影响,并且其破坏程度较高。

(2)水灾。城市轨道交通车站与隧道多处于地面标高以下,一方面会受到洪涝灾害积水回灌危害,一方面会受到岩土介质中地下水渗透浸泡危害。地下水或地表水进入城市轨道交通车站和隧道,可以使装修材料霉变,使电气线路、通信元件因受潮浸水导致损坏失灵,造成事故。

(3)地震。城市轨道交通车站和隧道包围在围岩介质中,地震发生时地下构筑物会随围岩一起运动,与地面结构不同,围岩介质的嵌固改变了地下构筑物动力特征。一般认为地震对地下结构影响较小,但1995年阪神地震后,人们才改变以往看法,地下结构也存在被地震破坏的可能性。

### 4. 管理的影响因素

如果管理上存在缺陷,同样会导致突发事件的发生。一般而言,按照社会可接受的安全水平,可将系统状态分为正常状态、近事故状态和事故状态。系统无论处于哪种状态时,都可以将系统状态的数据反馈给管理系统,通过管理改变系统行为,产生不同程度的安全接受水平和系统状态。系统状态数据还可用于改进系统安全管理方法,从而得到更为安全的系统。由此,可以看出管理的重要性。对管理因素而言,主要可从组织管理、法制管理、技术管理、教育管理、信息管理和资金管理等方面进行分析。

总之,运输安全的水平,取决于人员、设备、环境和管理的本质安全化水平,其中人是系统安全的核心,设备是系统安全的基础,环境是系统安全的外部条件,而管理则是在一定技术经济和社会条件下维持系统安全的关键因素。

## 二、城市轨道交通系统安全管理方针

"安全第一、预防为主"是我国城市轨道交通系统运营的安全管理方针。

### 1. 安全第一

安全生产工作方针,是经过不断的经验总结,经历较长期的历史时期而逐步形成和确定的。"安全第一"的提法,最早是在1896年,由美国钢铁公司总经理提出的。当时提出的依据是,不重视安全生产,经常发生人身伤亡和设备事故,给企业所带来的经济损失非常巨大,因此也带来非常大的生存压力。因此,社会的有识之士和企业的管理者,总结了安全在生产和企业长期发展中的重要性,提出了"安全第一"的管理要求。

1952年,在全国第一次劳动保护工作会议上,就提出了"安全第一"的要求。1979年,当时的航空工业部在一份工作文件中正式提出把"安全第一、预防为主"作为安全工作的指导思想。1983年5月18日,国务院发布文件,进一步明确了"安全第一、预防为主"的指导思想。1987年3月26日,原国家劳动部在全国劳动安全监察工作会议上,正式决定将"安全第一、预防为主"作为我国安全生产工作的方针。现在,《中华人民共和国安全生产法》等法律,都以法律的形式明确了安全生产工作中必须坚持"安全第一、预防为主、综合治理"的方针。

在城市轨道交通系统中,安全第一,就是把安全工作放在第一位。各级行政正职是安全生产的第一责任人,必须亲自抓安全工作,确保安全工作列入本单位的议事日程。"安全第一"就是要求运营单位在组织生产、指挥生产时,坚持把安全生产作为企业生存与发展的第一要素和保证条件。具体体现在安全具有"一票否决权",当安全与其他工作出现矛盾时,应首先服从于安全。

### 2. 预防为主

"预防为主"是安全生产方针的核心和具体体现,是实施安全生产的根本途径。安全工作必须始终将"预防"作为主要任务予以统筹考虑。除了自然灾害造成的事故以外,任何事故都是可以预防的。关键之关键,轨道交通运输企业必须将工作的立足点纳入"预防为主"的轨道。"防患于未然",把可能导致事故发生的所有机理或因素,消除在事故发生之前。具体体现在以下几方面:

(1)预防为主是实现"安全第一"的保证。预防为主是实现安全的最好举措,是"安全第一"的基本做法,要实现安全就必须扎扎实实地从预防为主做起。

(2)预防为主体现"以人为本,重视教育"。预防为主就是要教育培训职工学好各种技术本领、树立牢固的安全意识,高度重视安全生产,学会如何做、怎样做才能安全,使员工从"要我安全"转变为"我要安全",再转变为"我会安全"。

（3）预防为主要求"安全生产人人有责"。预防为主就是要严格把安全生产责任制层层分解，分解给各级领导、各部门、各类人员。人人都有自己的安全责任，形成安全工作有人做，安全工作有人管，对安全生产实行全员、全方位、全过程的管理，真正做到各司其职，各负其责，彻底消除安全死角，清理安全隐患，确保安全生产。

（4）预防为主着重前馈控制。预防为主就是未雨绸缪，认真做好事故预想，制订好反事故措施计划与安全技术劳动保护措施计划。重点做好三保（保人身、保电网、保设备）、四防（防触电、防高空堕落、防火、防车辆交通事故）工作，切实做好安全组织措施和技术措施，确保没有安全措施的事不做，没有安全保障的事不为。

（5）预防为主要有严格的工作制度。古人云：没有规矩不成方圆。同样，在进行城市轨道交通系统安全管理时，同样也要重视工作制度的建立。其中，预防为主就是要杜绝无票工作、无票操作；要修正防误装置，杜绝误操作；要坚持事故调查"四不放过"原则，总结经验教训，避免事故重复发生。

（6）预防为主要坚持长久。预防为主就是要警钟长鸣。"三天打鱼，两天晒网"的思想迟早要导致事故的发生。所以预防就要在思想上经常提醒"不怕一万，就怕万一"，建立健全安全监察机构，强化安全监察工作，并要求安全管理专职人员要经常敲响安全生产警钟。

（7）预防为主要求做好日常例行安全工作。预防为主既要讲意识，又要讲行为、措施。要坚持执行各项安全规章制度，坚持做好例行安全工作，如班前班后会、安全日活动、安全分析会、安全监察及安全网例会、安全检查、安全简报等。

（8）预防为主要推广安全性评价。安全性评价也是预防为主的一种方式，是安全管理现代化的一项重要内容，是企业在安全生产上改善微观管理的一个重要手段，通过安全性评价可以预见事故和超前控制事故。

### 3."安全第一，预防为主"两者的关系

"安全第一，预防为主"是相辅相成、辩证统一的关系。只有重视安全，才会去做预防工作；只有做好预防工作，才能实现安全。

综上所述，可见"预防"在进行安全管理时占据的重要地位。其实，分析国内外发生过的城市轨道交通事故，足以证明"预防"的重要性。如2006年7月13日美国芝加哥城市轨道交通发生列车脱轨事故，事故导致至少有152人被送往医院接受救治，但他们中绝大多数人状况良好。而出事列车则被严重损坏，城市轨道交通线路被迫封闭数个小时，事故现场惨不忍睹。

## 三、安全生产管理目标与原则

### 1.安全生产管理目标

安全生产管理就是针对人们在生产过程中的安全问题，运用有效的资源，发挥人们的智慧，通过人们的努力，进行有关决策、计划、组织和控制等活动，实现生产过程中人与机器设备、物料、环境的和谐，达到安全生产的目标。

安全生产管理的目标是：减少和控制危害，减少和控制事故，尽量避免生产过程中由于事故所造成的人身伤害、财产损失、环境污染及其他损失。安全生产管理包括安全生产法制管理、行政管理、监督检查、工艺技术管理、设备设施管理、作业环境和条件管理等。

安全生产管理的基本对象是企业的员工,同时还涉及企业中的设备设施、物料、环境、财务、信息等各个方面。安全生产管理的内容包括安全生产管理机构的设置与运作、安全生产责任制、安全生产管理制度、安全生产策划、安全培训教育和安全生产档案。

### 2. 安全生产管理的原则

(1)"管生产必须管安全"的原则

安全寓于生产之中,并对生产发挥促进与保障作用。因此,安全与生产虽有时会出现矛盾,但从安全、生产管理的目标、目的来看,却表现出高度的一致和完全的统一。安全管理是生产管理的重要组成部分,安全与生产在实施过程中存在着密切的联系,存在着进行共同管理的基础。

管生产同时管安全,不仅是让各级领导明确安全管理责任,同时,也让一切与生产有关的机构、人员,明确了业务范围内的安全管理责任。由此可见,一切与生产有关的机构、人员,都必须参与安全管理并在管理中承担责任。认为安全管理只是安全部门的事,是一种片面的、错误的认识。各级安全生产责任制度的建立,管理责任的落实,体现了管生产同时管安全。

(2)"安全具有否决权"的原则

安全生产关系企业生存与发展。安全具有否决权的原则是指安全工作是衡量企业经营管理工作好坏的一项基本内容。该原则要求,在对企业各项指标进行考核、在评选先进时,必须要首先考虑安全指标的完成情况。安全生产指标具有一票否决的作用。

(3)"三同时"原则

基本建设项目中的职业安全、卫生技术和环境保护等措施和设施,必须与主体工程同时设计、同时施工、同时投产使用。

案例分析-员工未按规定使用劳动防护用品作业受伤

(4)"五同时"原则

企业的生产组织及领导者在计划、布置、检查、总结、评比生产工作的同时,要计划、布置、检查、总结、评比安全工作。

(5)"四不放过"原则

事故原因未查清不放过,当事人和群众没有受到教育不放过,事故责任人未受到处理不放过,没有制定切实可行的预防措施不放过。"四不放过"原则的支持依据是《国务院关于特大安全事故行政责任追究的规定》(国务院第 302 号令)。

(6)"三个同步"原则

安全生产与经济建设、深化改革、技术改造同步规划、同步发展、同步实施。

## 四、安全生产要素分析

### 1. 安全生产要素

企业要建立安全生产长效机制、实现安全生产长治久安,全面推进安全生产五要素显得尤为重要。安全生产五要素如下。

(1)安全文化

企业安全文化是企业为实现企业宗旨、履行企业使命而进行的长期管理活动和生产实践过程中积累形成的,在全员性安全价值观或安全理念、员工职业行为中所体现的安全性特征,以及构成和影响社会、自然、企业环境、生产秩序的企业安全氛围等的总和。

（2）安全法制

要建立企业安全生产长效机制，必须坚持"以法治安"，用法律法规来规范企业领导和员工的安全行为，使安全生产工作有法可依、有章可循，建立安全生产法制秩序。

（3）安全责任

安全生产责任制主要是指企业制定的要求企业的各级领导、职能部门和在一定岗位上的劳动者个人对安全生产工作应负责任的一种制度，其也是企业的一项基本管理制度。

（4）安全投入

安全活动是一切人力、物力和财力的总和。人员、技术、设施等的投入、安全教育及培训、劳动防护及保健费用、事故援救及预防、事故伤亡人员的救治花费等，均视为安全投入。

（5）安全科技

安全科技是实现安全生产的技术手段，生产的稳定持续运行必须依靠建立在先进的科学理论发现和技术发明基础之上的安全科学技术。先进的安全装置、防护设施、预测报警技术都是保护生产力、解放生产力、发展生产力的重要物质手段和技术支持。

2. 安全生产五要素之间的关系

安全管理工作体系主要由源头控制、过程管理、应急救援和事故处理四个方面构成。而每个方面都离不开安全文化、安全法制、安全责任、安全科技和安全投入这五个安全生产关键要素，我们日常安全管理工作也是紧紧围绕这五大要素进行的。这五个要素既相对独立，又相辅相成，甚至互为条件。

在这五个要素中，安全文化起到灵魂和统帅的作用，应该说是基础的基础，是安全生产工作的精神指向，其他的各个要素都在安全文化的指导下展开。安全文化最基本的内涵是职工的安全生产意识，只有加强安全生产宣传教育培训，逐步提高职工的安全意识，把安全工作始终抓在手上，放在心中，做到警钟长鸣，居安思危，常抓不懈，在其他要素健全和成熟的前提下，才能形成不伤害自己、不伤害他人、不被他人伤害的安全理念，培育出深入人心的"以人为本"的安全文化。

安全法制就是安全规章制度的建立和执行，是保障安全生产最有力的武器，是开展其他工作的保证和约束，也是安全生产管理进入规范化、制度化的必要条件。只有建立健全科学完善的制度、规程、标准，并严格做到有章可循、有章必循、违章必究，才能体现安全管理的严肃性和权威性。

安全责任，简而言之，就是安全责任心和责任制。安全责任心是每个职工对自己、对家庭、对单位所要确定的一种良心，一种道德要求，特别是对专职安全管理干部来说，更为重要。安全责任制实质就是安全生产人人有责，是落实安全法制的手段，是安全法律法规的具体化。落实安全责任制，不仅要强化行政责任问责制度，更要执行安全生产行政责任追究制度，做到谁违章谁负责，谁渎职谁负责。

安全科技就是要科技兴安。安全科技是实现安全生产的重要手段和措施，是安全生产的最基本出路，决定着安全生产的保障和事故预防能力。安全工作需要科技的支撑，只有充分依靠科学技术的手段，生产过程的安全才有根本的保障，才能实现真正意义上的本质安全。

安全投入是指必须保证安全生产必需的经费。它是其他要素的物质支持。安全也是生产力，安全生产的实现要靠投入的保障作为基础，提高安全生产的能力，需要为安全付出成本，安全的成本既是代价，更是效益。因此，建立多元化的安全生产投入机制既是安全责任使然，也是安全发展要求。

## 五、城市轨道交通系统安全管理途径

1. 建立完善安全规章,使安全生产有章可循

完善安全规章制度是抓好运营安全工作的保障。规章制度是管理工作的基础,建立科学、完善、全面的安全生产管理制度,使安全生产有章可循,是非常重要的。在城市轨道交通开通运营前要狠抓安全规章制度的建设,用规章制度约束员工的工作行为,为员工提供安全生产指引。在严格执行国家、省、市各项安全法律法规的同时,建立健全《安全生产管理办法》《安全奖惩办法》《行车组织规章》等制度和各类操作规程,涵盖公司的各个专业、运营生产环节,使各专业的安全生产管理都有章可循,促进公司的安全生产工作向规范化、制度化迈进。

目前,国内许多城市轨道交通都开展了 ISO 9001 质量体系和 OHSMS 18000 职业健康安全管理体系认证工作,国家也出台了与安全生产有关的文件。这些都为规范运营安全生产工作,提供了依据和标准,应不遗余力地宣传贯彻。

2. 建立三级安全网络,落实安全生产责任制

要坚持"安全第一,预防为主"的工作方针,全面贯彻《中华人民共和国安全生产法》,强化制度化、规范化、科学化的安全管理。要坚持管生产必须管安全、安全生产各级主要负责人必须亲自抓的原则,有效发挥"纵管到底、横管到边、专管成线、群管成网"的安全管理网络作用,形成安全工作一级抓一级、一级保一级、一级监督一级的网络化安全监督管理体系。要狠抓安全生产责任制的落实,上自总经理,下至基层员工,逐级签订安全生产目标责任状和社会综合治理目标责任状,将安全生产目标纳入考核内容,明确各层级的安全职责和安全生产目标,有效落实安全生产责任,形成安全生产、人人有责的良好氛围。

3. 建立安全检查制度,预防运营事故发生

加强监督检查机制是抓好运营安全工作的关键。安全检查是对安全工作实施有效管理的一项重要内容。要学习运用"破窗理论"抓隐患,抓漏洞。建立班组每周一查,中心每旬一查,专业管理系统每月一查,公司每季一查制度,采取定期检查与不定期抽查相结合、综合检查与专项抽查相结合的形式,坚持以自查自纠为重点,自下而上,查找不足。严抓隐患整改,按照"五个落实",即任务落实、人员落实、经费落实、质量落实、时间落实,按期整改完成;在做好安全检查工作的同时,逐步建立安全隐患管理机制,将安全检查和隐患管理统一起来,并落实到工作制度中,形成健全的检查网络,实施有效监控。

4. 建立安全培训制度,营造安全文化氛围

提高员工安全意识和技能是抓好运营安全工作的基础。要认真开展安全生产知识培训教育工作,组织各单位负责人和安全生产管理人员参加《中华人民共和国安全生产法》培训,取得安全生产资格证。对新进员工实行三级(公司级、中心级、岗位级)安全教育。除国家规定的特殊工种外,规定内部特种作业项目,如 LOW 操作等。制定特种作业人员安全管理办法和特种作业人员培训持证上岗制度;利用安全宣传月、119 消防日等活动,在车站、列车等宣传阵地,向市民派发安全实用手册,不断提高员工和市民的安全意识。通过广泛开展各类安全生产培训教育活动,有效提高干部职工的安全文化素质。

**5.建立应急救援体系,增强应急处置能力**

根据国内外城市轨道交通运营救援抢险的经验和突发事件的特点,建立健全应急预案体系。针对轨道交通运营线路易因发生火灾、列车脱轨、列车冲突、大面积停电、爆炸、自然灾害以及设备故障、客流冲击、恐怖袭击等而影响运营的非常情况制订相应的应急预案,在国家和地方发生紧急事件、疫病传播情况下,制订相应的应急预案。另外,还要针对部分预案经政府组织相关部门、专家进行评审,报市政府。组织员工对各种预案进行学习,按计划进行演练。演练的方式包括培训式、桌面式、突发式。在演练的过程中,每个安全点都要安排评估人员把关,使演练活动有序、安全地进行。定期的实战演练可以及时暴露预案的缺陷,发现救援设备是否足够、发现运营设备是否完好、发现员工是否熟悉掌握各种规章,改善各部门间的协调作战能力,增强员工的熟练程度和信心,提高员工的安全意识。通过演练检验规章、设备和预案,提高员工的业务技能,增强员工对事故事件的应急处理能力。

**6.建立事故处理机制,落实责任追究制度**

建立健全事故处理机制,按照"四不放过"原则和"安全奖惩办法",定因、定性、定责,严格惩处,通过教育和处罚使员工汲取教训,提高认识,增强岗位意识、责任意识和纪律意识。将"降低故障率事件率"作为一项长效工作机制专题研究,开展城市轨道交通事故案例研究,学习先进一流的运营安全管理,博采众长,取长补短,用"投石头原理"防员工思想麻痹,不断在"在平静的水面上荡起水花",让每个员工认识到任何时候都不要把安全生产形势估计得过好,要始终保持一种危机感和忧患感。同时,转变观念,对发生的事故由此及彼,由表及里,透过现象看本质,从领导层、管理层上剖析深层次原因,从加强管理上,研究制定有针对性的措施,解决安全工作中的问题,变被动管理为主动管理,变事后惩处为事前预防,不断提高事故分析处理能力。

**7.建立警地联动机制,共保城市轨道交通一方平安**

目前,国内城市轨道交通都建立了相应的公安部门,城市轨道交通运营单位要加强与城市轨道交通公安的合作,充分依靠公安力量,保障城市轨道交通的平安秩序,建立《警地联动工作实施办法》,明确联动例会制度、工作联系机制及联动应急机制。通过双方精诚合作,共保城市轨道交通平安。

### 复习与思考

**一、名词解释**

1.安全

2.事故

3.危险

4.隐患

5."四不放过"原则。

**二、问答题**

1.分析影响安全的因素,并说明在城市轨道交通中如何避免事故,达到安全目的?

2.安全生产管理的目标是什么?

3.城市轨道交通系统安全管理途径有哪些?

# 单元8　城市轨道交通事故处理规则

**教学目标**

1. 能分清城市轨道交通事故等级；
2. 会进行城市轨道交通事故分析；
3. 掌握一般行车事故的处理措施；
4. 熟悉城市轨道交通系统防灾措施。

**建议学时**

8 课时

## 8.1　城市轨道交通事故处理规则

### 一、城市轨道交通事故分类

**1. 行车事故**

凡在城市轨道交通运营过程中,造成人员伤亡、设备损坏、行车中断,危及运营安全及经济的,均构成行车事故。

行车事故包括以下情况：

(1) 由于人的行为失误,或因轨道交通系统的设备故障而导致的危及列车在正线上正常运行的事件。

(2) 车站、车辆基地内所有与行车、调车作业有关的危及人身安全和设备安全的各类事件。

(3) 列车运行过程中(包括运行途中和停车期间),危及乘客安全的事件。

在发生行车安全事故时,除了尽快实施抢险、抢修、救护等紧急处理外,必须按照行车事故报告程序及内容进行报告,并填写事故报表备案。

**2. 客运事故**

凡是在车站的站厅(指收费区内)、站台上、客运列车车厢内发生的危及乘客人身安全的事件,均属于客运事故。

客运事故主要包括由列车车门、站台门、自动扶梯、列车停站时站台边缘与列车间的间隙、列车进出站等造成的客伤。

发生客运安全事故时,应及时救助处理,并填写相关文件备案。

**3. 自然灾害引起的事故**

由自然因素引进的事故与灾害,如水害、风害、雷击或地震等。对此,城市轨道交通在建设时应有良好的预防监测措施。在遭遇此类事件时,应及时统一指挥组织乘客疏散转移,组织现场抢救。

## 二、事故等级标准的确定

我国目前尚未在全国范围内制定城市轨道交通事故等级分类标准,但各拥有轨道交通系统的城市都结合自身的特色,制定了相关的规则和标准。以某市为例,在《某市城市轨道交通行车事故处理规则》中对城市轨道交通运营突发事件进行了等级方面的相关规定。

依据轨道交通运营突发事件可能造成的危害程度、波及范围、影响力大小、人员伤亡及财产损失等情况,将事故由高到低划分为特别重大事故、重大事故、大事故、险性事故、一般事故和事故苗头。

1. 特别重大事故

客车、工程车辆等发生冲突、脱轨、火灾、爆炸等事故,造成下列后果之一的为特别重大事故:

(1)死亡30人及以上。

(2)事故直接经济损失在500万元及以上。

2. 重大事故

客车、工程车辆等发生冲突、脱轨、火灾、爆炸,或由于城市轨道交通设备状态不良等其他原因造成下列后果之一的为重大事故:

(1)人员死亡3人或死亡、重伤5人及以上。

(2)中断正线(上下行正线之一)行车或耽误本列180分钟及以上。

(3)事故直接经济损失在300万元及其以上。

(4)客车中破一辆。

(5)工程车辆大破一台。

3. 大事故

客车、工程车辆等发生冲突、脱轨、火灾、爆炸,或由于城市轨道交通设备状态不良等其他原因造成下列后果之一的为大事故:

(1)人员死亡1人或重伤2人及以上。

(2)中断正线(上下行正线之一)行车或耽误本列120分钟及以上。

(3)事故直接经济损失在100万元及以上。

(4)客车小破一辆。

(5)工程车辆中破一台。

4. 险性事故

凡事故性质严重,但未造成严重损害后果或损害后果不够大事故及以上事故,造成下列后果之一的为险性事故:

(1)列车冲突。

(2)列车脱轨。

(3)列车分离。

（4）未经批准，向占用区间接入或发出列车。

（5）未准备好进路或错排进路接入或发出列车。

（6）列车运行中擅自切除车载安全装置。

（7）客车错开车门、运行途中开门或车未停稳开门产生紧急制动。

（8）列车冒进信号或越过警冲标。

（9）客车夹人或夹物开车导致乘客受伤或城市轨道交通设备损坏。

（10）列车、工程车溜入区间或站内。

（11）未拿或错拿行车凭证发车。

（12）列车运行中，因车辆部件脱落或货物装载不良，刮坏城市轨道交通设备。

（13）变电、动力供电、接触网系统操作中发生错送电、漏停电，造成后果的。

（14）接触网塌网、坠落或其他设备部件脱落刮上客车。

（15）运营线路走行轨由轨头到轨底贯通断裂。

（16）正线各类设施、设备、物资等侵入车辆限界，刮坏客车。

（17）运营线路几何尺寸四级超限。

（18）其他（性质严重的列车事故，经运营分公司安委会决定列入本项的）。

## 5. 一般事故

凡事故性质及损害后果不够大事故及险性事故，造成下列后果之一的为一般事故：

（1）调车冲突。

（2）调车脱轨。

（3）挤道岔。

（4）列车分离。

（5）未经批准，应停列车在站通过。

（6）调车作业碰轧脱轨器或防护信号。

（7）错误办理行车凭证发车或耽误列车。

（8）在运营时间内，因设备故障或其他原因造成正线（上下行正线之一）中断行车或耽误本列 30 分钟及以上。

（9）在非运营时间内，因施工、设备故障或其他原因影响首班车晚开 30 分钟及以上。

（10）漏发、漏传、错发、错传调度命令耽误列车。

（11）因错发操作命令或人员误操作造成断路器跳闸，或接触网误停电，造成后果。

（12）接地线错挂、漏挂、错撤、忘撤。

（13）其他（经运营分公司安委会决定列入本项的）。

## 6. 事故苗头

凡在城市轨道交通运营工作中，因违反规章制度，违反劳动纪律或其他原因造成设备损坏，影响正常行车或危及行车安全，但事故性质或损害后果达不到事故的为事故苗头，包括违章行为性质严重，虽未造成损失，但经安全部门定性为事故苗头的事故。具体如下：

（1）在运营时间内，因设备故障或其他原因造成中断正线 [上（下）行正线之一] 行车或耽误本列 20 分钟及其以上。

（2）载客列车车门故障无法关闭，且无安全措施行车。

（3）列车夹人、夹物开车。

（4）未经批准，通过列车在站停车。

（5）因错办进路造成变更交路或列车错进股道。

（6）运营期间，列车内灯管、广告牌、镜框等脱落。

（7）车站未按规定时间开、关站，造成影响。

（8）运营期间，设备、设施、广告、备品脱落或掉下站台、隧道，造成停车。

（9）正线作业进入隧道施工未登记或作业结束后未注销。

（10）运营中，车站正常照明全部停电。

（11）运营线上，委外施工无安全协议和现场无甲方（或甲方指定的）安全负责人。

（12）设备故障情况下，单个道岔手摇道岔作业时间超过 20 分钟。

（13）调度电话无录音或未到规定时间录音丢失，中央处理系统未到规定时间数据丢失。

（14）各类机柜门、检查孔盖未按规定锁闭或设施固定不牢，造成后果。

（15）客车列车主风管破裂，工程车辆撞止挡或溜逸。

（16）无证操作 LOW 或违章操作相关命令，影响行车安全。

（17）空调季节，车站环控系统停止运行连续时间超 24h。

（18）人为失误，造成自动消防设施误喷。

（19）在发生灾难、险情时，FAS 未能正常报警。

（20）行车指挥无线通信系统故障，造成全线无线中断 20 分钟及以上、局部无线中断 30 分钟及以上。

（21）运营线路几何尺寸三级超限。

（22）其他（经运营分公司安委会决定列入本项的）。

## 三、预警级别的确定

事故发生前，应当向社会公布预警级别。以北京市为例，在《北京市轨道交通运营突发事件应急预案》中对预警级别规定如下：依据轨道交通运营突发事件的危害程度、发展情况和紧迫性等因素，轨道交通运营突发事件的预警由高到低分为红色、橙色、黄色、蓝色 4 个级别。

（1）红色预警。预计将要发生特别重大以上轨道交通运营突发事件，事件会随时发生，事态正在不断蔓延。

（2）橙色预警。预计将要发生重大以上轨道交通运营突发事件，事件即将发生，事态正在逐步扩大。

（3）黄色预警。预计将要发生较大以上轨道交通运营突发事件，事件已经临近，事态有扩大的趋势。

（4）蓝色预警。预计将要发生一般以上轨道交通运营突发事件，事件即将临近，事态可能会扩大。

## 四、城市轨道交通行车事故处理规则

各城市轨道交通公司都会根据《中华人民共和国安全生产法》、国务院 34 号令发布施行的《特别重大事故调查程序暂行规定》等法律法规，制定适合本市轨道交通公司的《行车事故处理规则》，虽然各地的《行车事故处理规则》有所差别，但其主体内容基本一致，下面以 A 市城市轨道交通《行车事故处理规则》为例进行说明。

1.目的

为规范 A 市城市轨道交通在运营过程中进行行车事故定义、事故分类、现场应急处理及指挥抢险、调查和处理、责任判定、统计分析和总结报告等,特制定本规则。

2.范围

本规则适用于运营分公司范围内发生的行车事故管理。

3.职责

(1)运营事故的抢险指挥组织自低向高分为以下 3 个层级:事故处理主任、抢险指挥小组、公司抢险指挥领导小组及现场总指挥。运营事故抢险指挥组织的下一级必须服从上一级的指挥,并向上一级报告抢险工作。

(2)安保部负责牵头对相关事故进行调查取证,配合城市轨道交通公安分局开展相关工作,并及时报告分公司安委会领导。

(3)分公司安委会对相关事故定性定责。

(4)各部门、中心按照本规则的要求制定相应规章制度,并认真落实。

4.质量要求

(1)对发生的事故进行及时的调查取证。

(2)对相关责任人、责任单位进行定性定责,并按"四不放过"的原则进行处理,落实到人。

5.工作规范

(1)相关定义

①行车事故。凡在城市轨道交通运营工作中,造成人员伤亡、设备损坏、中断行车、危及运营安全及经济损失等情况的,均构成行车事故。

②客车:是指以运送乘客为目的按规定辆数编成的车列,但具备规定的列车标志。

③其他列车:系指回空列车、工程列车、救援列车及内燃机车单机、轨道车单机等。

④冲突:系指客车、工程车辆等相互间或与设备(车库、站台、车档等)发生冲撞,致使客车、工程车、设备等破损。

⑤脱轨:系指客车、工程车辆、轨道车等车轮脱离钢轨轨面(包括脱轨后自行复轨)。

⑥中断正线行车:系指不论事故发生在区间还是车站,造成运营线路上下行线之一线路不能行车。中断正线行车时间由事故发生的时间起至实际恢复通行客车行车条件的时间止。

施工封锁区间发生列车冲突或脱轨等的行车中断时间,从事故发生前原计划开通的时间起计算。

⑦未准备好进路。

有下列情况之一,属于未准备好进路。

a.进路上停有车辆或有危及行车的障碍物。

b.进路上的道岔未扳、错扳、临时扳动或错误转动。

c.邻线的工程车、车辆等越出警冲标。

⑧占用区间。

有下列情况之一,属于占用区间。

a. 区间已进入列车或已停留或溜入机车、车辆等。

b. 封锁的区间(如安排进行施工作业等)。

c. 区间已被列车取得占用的许可。

⑨列车冒进信号。

有下列情况之一,属于列车冒进信号。

a. 列车前端任何一部分越过进路防护信号机显示的停车信号或防护人员在规定地点显示的停车手信号。

b. 停车列车越过信号机或警冲标。

⑩错开车门:是指客车未对好站台开启车门(指客车至少有一个客室门越出站台头端墙或尾端墙并打开)或开启非站台一侧的车门。

⑪运行途中开门:是指在客车运行过程中,因车门故障、操作失误等原因,客室车门打开。

⑫未办或错办行车手续发车:是指未与邻站(或相邻闭塞办理站)办理手续或办理手续后的区间同列车运行的区间不一致。

⑬夹人、夹物开车:是指夹住人体任何部位或随身衣物开车,若未造成人身任何伤害,不作事故论。

⑭挤岔:车轮挤上道岔,使尖轨与基本轨离开或挤坏、挤过。

⑮应停列车在站通过:是指有关行车人员违反劳动纪律,违反规章制度致使应停列车在站通过。

⑯列车分离:是指编组列车因未确认车的连结状态或车钩作用不良而发生的车辆分离(包括车钩缓冲装置破损)。

⑰漏乘:是指城市轨道交通列车司机在列车开车时,未按规定人数或时间出乘(若有同等职务的人员或能胜任现行职务的高职人员顶替出乘将列车正点开出,不按事故论)。

⑱耽误列车:是指列车在区间内停车,通过列车在站内停车,列车在始发站或停车站晚开,超过运行图规定的停车时间,列车因车辆、设备设施等故障限速运行,等等。

⑲错误办理行车凭证发车:是指与邻站(或相邻闭塞办理站)已办妥站间行车手续,由于未交、错交、未拿、错拿、漏填、错填行车凭证,交于司机后,发现凭证的日期、区间、车次错误。

⑳调车:是指除列车在正线运行,车站、车辆基地到发以外的一切机车、车辆或列车有目的的移动。

㉑工程车辆大破。

有下列情况之一,属于工程车辆大破。

a. 柴油机破损必须大修修复时。

b. 发电机组破损必须大修修复时。

c. 转向架破损必须大修修复时。

d. 车体破损或凹凸变形达30%时(发生火灾或爆炸烧损计算面积时包括地板在内,其他情况不包括地板)。

e. 平板车发生火灾或爆炸,烧损面积达90%(包括地板在内)。

f. 中梁、侧梁、端梁、枕梁中任一种弯曲或破损合计够两根时(中梁每侧按一根计算)。各梁弯曲和破损限度,见表8-1。

各梁弯曲和破损限度 表 8-1

| 类 别 | 弯曲(上、下、左、右) | 破 损 |
|---|---|---|
| 侧梁 | 110mm | 裂纹破损达到原断面积1/2 |
| 端梁 | 100mm | 裂纹破损达到原断面积1/2或冲击座上部断面全部裂损 |
| 中梁 | 50mm(下垂为60mm) | 裂纹破损延伸至垂直面(不包括盖板) |
| 枕梁 | 50mm | 裂纹破损延伸至垂直面(不包括盖板) |

g. 牵引梁折断二根,或者牵引梁折断一根加上第 f 项所列各梁弯曲或破损一根。

㉒工程车辆中破。

有下列情况之一,属于工程车辆中破。

a. 3 台牵引电机、轮对、液力变速箱(或液力传动箱)、车载作业设备、车载检测设备任何一项破损必须大修时。

b. 中梁、侧梁、端梁、枕梁中任一种弯曲或破损一根时(弯曲及破损限度,见表 8-2)。

中梁、侧梁、端梁、枕梁弯曲及破损限度 表 8-2

| 类 别 | 弯曲(上、下、左、右) | 破 损 |
|---|---|---|
| 侧梁 | 110mm | 裂纹破损达到原面积1/2 |
| 端梁 | 100mm | 裂纹破损达到原面积1/2或冲击座上部段面全部裂损 |
| 中梁 | 50mm(下垂为60mm) | 裂纹破损延伸至垂直面(不包括盖板) |
| 枕梁 | 50mm | 裂纹破损延伸至垂直面(不包括盖板) |

c. 牵引梁折断一根时。

d. 车体破损或凹凸变形达 15%时(发生火灾或爆炸烧损计算面积时包括地板在内,其他情况不包括地板)。

e. 平板车发生火灾或爆炸烧损面积达 50%时(包括地板)。

f. 转向架的侧架、摇枕、均衡梁或轮对破损需要更换任何一项时。

㉓工程车辆报废。

有下列情况之一,属于工程车辆报废:

a. 车体严重变形,并需要更换立柱达 2/3 时。

b. 中梁、侧梁垂直弯曲超过 200mm 或横向弯曲超过 100mm 时。

c. 需要解体更换中梁时。

d. 两根中梁折损或一根侧梁及两根端梁折损时。

e. 车底架扭曲变形。其倾斜度在车底架 lm 以内超过 70mm,或全部车底架超过 300mm 时。

f. 车底架破损程度较大或火灾事故后严重变形、破损严重,经鉴定无修复价值时。

g. 车内设备严重破损,经鉴定无修复价值时。

㉔客车中破。

有下列情况之一,属于客车中破。

a. 车辆底架模块中的边梁、主横梁和端部组件中任何一种弯曲或破损时。弯曲及破损限度,见表 8-3。

边梁、主横梁和端部组件弯曲及破损限度 表 8-3

| 类　别 | 弯曲(上、下、左、右) | 破　损 |
|---|---|---|
| 边梁 | 30mm | 裂纹破损达到原面积 1/3 |
| 端部主件 | 20mm | 裂纹破损达到原面积 1/3 |
| 主横梁 | 20mm | 裂纹破损达到原面积 1/3 |

b.转向架的构架或轮对破损需要更换任何一项时。

c.火灾或爆炸内部烧损需要换修的面积达 $10m^2$ 以上时。

d.3 台及 3 台以上牵引电机破损需要大修修复时。

㉕客车小破。

有下列情况之一,属于客车小破。

a.主蓄电池箱或蓄电池充电机破损需要大修修复时。

b.3 台以下牵引电机破损需要大修修复时。

c.车钩缓冲装置中的可压溃管破损变形时。

d.转向架的构架或轮对破损需要入库维修时。

e.车辆底架模块的边梁、主横梁和端部组件中任何一种弯曲或破损时。弯曲及破损限度,见表 8-4。

车辆底架模块的边梁、主横梁和端部组件弯曲及破损限度 表 8-4

| 类　别 | 弯曲(上、下、左、右) | 破　损 |
|---|---|---|
| 边梁 | 15 ~ 30mm | 裂纹破损达原面积 1/6 ~ 1/3 |
| 端部主件 | 10 ~ 20mm | 裂纹破损达原面积 1/6 ~ 1/3 |
| 主横梁 | 10 ~ 20mm | 裂纹破损达原面积 1/6 ~ 1/3 |

㉖工程车辆:是指除电客车以外的所有机车及车辆。

(2)总则

①为贯彻"安全第一,预防为主,综合治理"的安全生产方针和执行党、政、工、团齐抓共管的原则,分公司各级领导要把安全工作当作首要任务来抓,加强安全管理和安全思想教育,强化职工安全意识,严肃劳动纪律和作业纪律,教育职工自觉执行各项安全规章制度。

②做好员工技术培训,提高员工技术业务水平。加强安全检查,及时消除各类隐患。搞好设备维修保养,提高设备质量。深入开展安全正点、优质服务的竞赛活动,确保城市轨道交通安全运营。

③发生事故时,要积极采取措施,迅速抢救,以"先通后复"的原则,尽快恢复运营,尽量减少损失。

④分析处理事故要以事实为依据,以有关法规、规章为准绳,按照"四不放过"的原则处理事故,查明原因,分清责任,汲取教训,制定措施,防止同类事故再次发生。

⑤对事故要定性准确,对事故责任者,应根据事故性质和情节分别予以批评教育、经济处罚、行政处分直至追究法律责任。事故性质、情节严重的,要按有关规定追究相关领导的责任。

⑥对事故分析处理拖延、推托责任、姑息纵容、隐瞒不报或不如实反映事故情况者,应予以严肃批评教育或纪律处分。

(3)行车事故分类

具体内容见本单元前述。

（4）运营事故的现场应急处理及指挥抢险

①运营事故的现场应急处理

a. 事故发生后，各相关岗位应按规定的报告程序进行报告。

b. 按规定执行有关各类突发事件的应急处理办法，并同时执行各有关专业应急处理方案。

②运营事故的抢险指挥

运营事故的抢险指挥组织按以下办法确定：

a. 事故处理主任。在抢险指挥小组到达现场前，现场抢险指挥由事故处理主任负责，事故处理主任按以下办法自然产生：

若直接影响行车组织、客运服务及线路施工的，且事故发生在区间，涉及列车的，由司机担任。事故区间邻近车站值班站长（或站长）到达事故现场后，由该值班站长（或站长）担任。若事故发生在车站或车辆基地，由值班站长（或站长）或信号楼调度员担任。

若未直接影响到行车组织、客运服务及线路施工的，由管辖责任部门（中心）当班班组长或中心主任担任现场事故处理主任。

b. 抢险指挥小组。抢险指挥小组到达现场后，现场的抢险指挥由抢险指挥小组组长负责。抢险指挥小组组长及副组长按以下办法自然产生：

涉及行车安全的事故处理，由分管副总或客运系统安全领导小组成员担任现场指挥小组组长，由相关设备系统领导小组成员担任现场指挥小组副组长。

未涉及行车安全的事故处理，由分管副总或物资设施系统安全领导小组成员担任现场指挥小组组长，其他相关部门（中心）领导担任现场指挥小组副组长。

c. 运营分公司抢险指挥领导小组及现场总指挥。若初步判定为可造成重大、大事故的，由运营分公司抢险指挥领导小组负责现场总指挥，运营分公司抢险指挥领导小组由运营分公司安全委员会主任、副主任及运营分公司其他领导组成。必要时，运营分公司抢险指挥领导小组可以指定现场总指挥。

d. 事故处理主任、抢险指挥小组、运营分公司抢险指挥领导小组及现场总指挥。其任务是负责指挥抢救伤员，做好救援准备工作，尽快开通线路，并查看现场，保存可疑物证，查找事故见证人，做好记录，待事故调查处理小组到达后如实汇报或移交资料。

（5）运营事故的调查和处理程序

①特别重大事故按国务院 34 号令发布施行的《特别重大事故调查程序暂行规定》调查处理。

②行车事故调查处理小组。

组长：分公司总经理。

副组长：分公司副总经理。

组员：安全保卫部部长、技术部部长、客运部部长、车辆部部长、物资设施部部长、各中心主任。

安全保卫部负责行车事故调查处理的日常管理工作。

③发生重大、大事故时由事故调查处理小组负责组织调查处理；险性事故及一般事故由安全保卫部负责组织调查处理，并报事故调查处理小组审定（或由事故调查小组直接进行调查处理）。事故苗头由事发中心负责调查处理，并将处理情况报安全保卫部备案。涉及两个及以上单位且事故苗头有争议的，由安全保卫部负责组织调查处理。

④重大、大事故调查及处理程序。

a. 运营分公司领导接到重大、大事故报告后,要立即组成以分公司总经理或副总经理为组长、城市轨道交通公安分局局长为副组长、安全保卫部和有关部门负责人为组员的事故调查处理小组迅速赶赴现场,组织指挥有关人员积极抢救伤员,采取一切措施,迅速恢复运营。同时,做好以下工作:

· 保护、勘查现场,详细检查车辆、线路及其他设备,做好调查记录。绘制现场示意图、摄影录像。如技术设备破损发生故障,应保存其实物。

· 若事故地点的线路破坏严重,无法检查线路质量,则应对事故地点前后不少于 50m 的线路进行测量,以作为衡量事故地点线路质量的参考依据。

· 对事故关系人员分别调查,由本人写出书面材料。

· 检查有关技术文件的编制、填写情况,必要时将抄件附在调查记录内。

· 提高警惕,注意是否有人为破坏的迹象。

· 必要时召开事故调查会。

· 根据调查结果,初步判定事故原因及责任,及时向分公司安全委员会汇报。

b. 发生重大、大事故的责任单位,应于事故后 3 日内写出行车事故分析报告(见表 8-5)。报告一式四份,报事故调查处理小组 1 份、安全保卫部 3 份。

行车事故分析报告

表 8-5

| 事故单位 | | | | | | | |
|---|---|---|---|---|---|---|---|
| 时间 | | | | | | | |
| 地点 | | | | | | | |
| 车次 | | | | | | | |
| 车型号码 | | | | | | | |
| 事故概况<br>(含损失程度) | | | | | | | |
| 事故(事件)定性 | | | | | | | |
| 事故处理会议<br>参加人员姓名、<br>职务 | | | | | | | |
| 责任者 | 姓名 | 性别 | 年龄 | 职务 | 单位 | 处理意见(建议) | |
| 全部责任 | | | | | | | |
| 主要责任 | | | | | | | |
| 次要责任 | | | | | | | |
| 防范措施 | | | | | | | |

填表人: 　　　　　　　　　　　　　　　　　　　　　　　　　　报告时间:

188

c.事故调查处理小组接到责任单位事故报告后,由事故调查处理小组组长主持召开事故分析会议,分析事故原因,判明事故责任,制定防范措施。然后,由安保部编写重大、大事故调查报告,于7日内报分公司安全委员会。

d.运营分公司安全委员会接到事故调查处理小组的报告后,由运营分公司安全委员会主任(副主任)主持召开事故处理会议,审议事故调查处理小组的调查报告,认定事故性质,并对事故责任人提出处理建议。由安全保卫部写出事故处理报告提交有关部门,于10日内通报全公司,并呈报总公司安委会。

e.重大、大事故若初步判明系属城市轨道交通外部单位责任时,事故调查处理小组应立即发出电传,通知城市轨道交通外部责任单位,说明情况和原因,要求责任单位迅速派员参加事故调查分析会议。若双方意见不一致时,可提请司法部门裁决处理。

⑤险性事故及以下事故的调查和处理程序

a.发生险性事故及一般事故时,由安全保卫部负责立即组织有关人员进行调查(或分公司安委会组织人员调查处理),召开事故分析会,查明原因及责任者,提出处理建议,制定防范措施,并于7日内将事故报告上报分公司安委会,呈报总公司安委会。安保部同时将事故有关情况审核归档。

b.发生事故苗头,相关中心应立即进行调查,召开分析会,查明原因及责任者,作出处理决定,制定防范措施,并于5日内将处理报告(一式两份),报安全保卫部一份备案。

c.运营分公司安全委员会认为有必要时,可派员对事故苗头进行调查,并可对事故性质提级处理。

⑥各单位及个人有责任配合事故调查。事故调查人员有权向内部任何部门及人员调查了解有关情况,并有权限期让其提交书面材料和收集有关资料。拒绝、拖延、影响事故调查的,按所属事故同等性质对相关人员进行处理。

⑦其他

a.运营事故若属人为破坏性质,交由城市轨道交通公安分局调查处理。

b.运营事故的损失费用,根据以责论处的原则,原则上应由责任部门承担(包括城市轨道交通外部责任事故)。

c.凡涉及城市轨道交通外部人员伤亡的,按《地外伤亡事故处理实施细则》执行。

d.运营事故分析报告书的管理及要求如下:

·运营生产中发生的以下情况,相关部门须向安全管理部门提交事故分析报告:

各类各等级的事故及事故苗头。

直接影响运营生产安全的故障、事件。

上级部门、领导或安全管理部门要求提交时。

·事故分析报告书须采取书面形式,按以下要求报送:

重大、大事故,应于事故发生后3个工作日内将初步报告报送安全管理部门,并随时配合提供进一步情况的报告。

险性、一般事故及事故苗头,应于事故发生后5个工作日内报送安全管理部门。

直接影响运营生产安全的故障、事件及其他要求提交的,应于发生后5个工作日内报送安全管理部门。

上级部门、领导或安全管理部门另有要求的,按要求提交。

·事故分析报告书应包括以下方面的内容：

事故经过：包括事发情况、处理情况、客运组织、应急运营组织、抢险组织、目前状态等。

影响或损失：退票、关闸、关站等服务影响；限速、晚点、抽线、中断行车等行车影响；设备降级运转、损坏、关停等影响；人员伤亡、经济损失；等等。

原因分析：直接原因、间接原因，主要原因、次要原因，一定原因、管理原因。

定性定责：定性，如重大事故、大事故、险性事故、一般事故、事故苗头、其他事故、事件，死亡、重伤、轻伤事故。定责，如主要责任、同等责任、次要责任、一定责任、管理（领导）责任等。

责任单位及人员处理：负有责任的单位及人员，根据相关安全奖惩办法进行处理；表现突出的员工，根据相关安全奖惩办法奖励。

防范措施：根据原因分析，制定包括人员管理、设备设施、运营组织、操作规程等方面的应急措施、整改措施等。

·不提交或不按时提交事故分析报告书的，按《城市轨道交通运营分公司绩效考核办法》中相关条款进行考评。

·安全管理部门须对各相关部门提交的事故分析报告书进行评议，明显漏缺相关内容的，归为"发生事故未按'四不放过'原则处理"情况，按《城市轨道交通运营分公司绩效考核办法》中相关条款进行考评。

（6）运营事故的责任判定

①事故责任判定的原则：以事实为依据，以规章为准绳。

②运营事故责任按责任程度分为全部责任、主要责任、同等责任、次要责任、一定责任和无责任。按责任关系分为直接责任、间接责任。

③设备（包括零/配件）质量不良造成事故时，根据设备的质量保证期、使用寿命和损坏情况分析事故原因，判定责任单位。判明产品供应者责任的，列产品供应者责任。设备的所属部门或管理部门，对设备原因造成的事故，不认真分析、查不出原因的，定该部门责任事故。

④对发生的事故或事故苗头涉及两个以上单位，如双方推托扯皮，不认真配合调查分析事故，由事故调查小组裁处。

⑤事故发生部门不认真组织事故调查分析、调查资料不全，列非责任事故依据不足的，定发生部门的责任事故。

⑥承包城市轨道交通设备的施工、维修而造成的运营事故，定施工维修承包单位的责任事故。凡因货物装载不良造成的事故，定装载部门的责任事故。

⑦城市轨道交通外部单位责任事故列其他事故。

⑧因设备质量等原因发生的事故一律统计在该部门的事故中，能确定责任的列责任事故。如不能确定为城市轨道交通责任的，列该部门其他事故。

⑨凡经公司批准的技术革新、科研项目进行试验时，在规定的试验期内，被试验的项目发生事故，不列运营责任事故。但由于违反操作规程以及其他人为事故仍列责任事故。凡已经正式投入使用的各种技术设备，发生运营事故时，一律列运营事故。对非责任事故，事故发生单位要统计事故件数，但不影响安全成绩。

⑩事故苗头的责任判定按此规定执行。

（7）运营事故的统计分析和总结报告

①各单位要建立事故记录台账，详细记录各种运营事故发生的经过、原因及处理情况，定期分析总结，对职工进行安全教育。

②各单位安全工程师(安全员、安全协理员)应将当日发生的事故情况汇报安全保卫部。各部门(中心)安全工程师(安全员、安全协理员)应在次月初前3日内对事故及安全工作情况进行分析、总结,并填写"月度安全情况统计表"(格式见表8-6)交安全保卫部;各单位应对年内发生的各类行车事故分析汇总,填报"年度事故统计表"(格式见表8-7),于次年初前5日内报安全保卫部。

③运营分公司于每月前5日内,对上月内发生的各类运营事故进行分析汇总,具体由安全保卫部负责汇总,报分公司领导及有关部门。

④事故的统计数字和责任部门以安全保卫部的记载为依据。事故涉及两个以上单位时,应将事故件数列入主要责任单位。按同等责任论处的事故,事故双方均统计数字,由公司统计事故件数。

⑤因不可抗拒的外因造成的事故,不计事故指标。若因处理不当造成的次生事故,要按上述条款追究有关单位和个人的责任。

⑥当一起事故同时符合两类以上事故的定性条件时,按最重的性质定性。

⑦本规则自公布之日起执行。

月度行车安全情况统计

表8-6

| 类 别 | | 发生事故情况(件数或人数) | | 防止事故情况(件数) | 安 全 管 理 | |
|---|---|---|---|---|---|---|
| | | 责任 | 非责任 | | 项目 | 次(件)数 |
| 行车事故 | 特别重大事故 | | | | 安全教育 | |
| | 重大事故 | | | | 安全检查 | |
| | 大事故 | | | | 发现问题 | |
| | 险性事故 | | | | 自行解决问题 | |
| | 一般事故 | | | | 上报分公司问题 | |
| | 事故苗头 | | | | | |
| | 合计 | | | | | |
| 火灾事故 | 特大事故 | | | | | |
| | 重大事故 | | | | | |
| | 一般事故 | | | | | |
| | 合计 | | | | | |
| 工伤事故 | 死亡事故 | | | | | |
| | 重伤事故 | | | | | |
| | 轻伤事故 | | | | | |
| | 合计 | | | | | |
| 地外伤亡事故 | 死亡 | | | | | |
| | 受伤 | | | | | |
| | 合计 | | | | | |
| 备注: | | | | | | |

中心:＿＿＿＿＿　中心负责人:＿＿＿＿＿　填表人:＿＿＿＿＿　＿＿＿年＿＿月＿＿日

| 部门 | | 行车事故 | | | | 工伤事故 | | | 火灾事故 | | | 设备事故 | | | 道路交通事故 | | | | 合计 | 地外伤亡事故 | | | |
|---|---|---|---|---|---|---|---|---|---|---|---|---|---|---|---|---|---|---|---|---|---|---|---|
| | | 一般事故 | 险性事故 | 大事故 | 重大事故 | 轻伤 | 重伤 | 死亡 | 一般 | 重大 | 特大 | 一般 | 重大 | 特大 | 轻微 | 一般 | 大 | 重大 | | 件数 | 概况 | 人数 | |
| | | | | | | | | | | | | | | | | | | | | | | 伤 | 亡 |
| | 责任 | | | | | | | | | | | | | | | | | | | | | | |
| | | | | | | | | | | | | | | | | | | | | | | | |
| | | | | | | | | | | | | | | | | | | | | | | | |
| | | | | | | | | | | | | | | | | | | | | | | | |
| | | | | | | | | | | | | | | | | | | | | | | | |
| | | | | | | | | | | | | | | | | | | | | | | | |
| | 非责任 | | | | | | | | | | | | | | | | | | | | | | |
| | | | | | | | | | | | | | | | | | | | | | | | |
| | | | | | | | | | | | | | | | | | | | | | | | |
| | | | | | | | | | | | | | | | | | | | | | | | |
| | | | | | | | | | | | | | | | | | | | | | | | |
| | | | | | | | | | | | | | | | | | | | | | | | |

部门、中心:＿＿＿＿　　部门、中心负责人:＿＿＿＿　　填表人:＿＿＿＿　　＿＿＿年＿＿月＿＿日

# 8.2　城市轨道交通事故案例分析

## 一、设备事故

### 1.列车制动故障

(1)事故概况

2006 年 3 月 16 日 14:08,某市城市轨道交通公司的 1312 次列车在 A 站乘客上车完毕后,准备开车出站时,发现列车制动无法完全缓解,司机立刻下车检查,无法修复,即以 5km/h 的速度运行。列车于 14:16 经 B 站后,于 14:17 停在区间,司机下车进行简单的故障处理。14:20 重新起动列车,仍以 5km/h 的速度于 14:26 运行至 C 站,由车站及司机组织清客。15:04 驶入 D 站存车线,15:30 左右全线畅通,恢复正常运营。

(2)事故原因

发生此次事故的原因为列车制动控制部分故障。该列车刚引进不久,运营时间才半年多,还在磨合期。

（3）事故应急处理中较好的措施

①及时通知乘客。对受影响的所有车站及列车，都及时以广播等形式通知乘客列车发生故障，并安抚乘客情绪。通过提出无偿退票等具体处理措施，保证乘客及时换乘其他交通工具，消除了乘客的不满。

②积极办理退票手续。故障发生后，沿线车站根据乘客的意愿，及时为部分乘客无偿退票，共计退票571张。

③组织小交路运营方式疏散乘客。城市轨道交通运营部门启动紧急预案，组织了3趟小交路运营模式，对减少乘客候车时间、及时疏散滞留乘客、尽快恢复运营，起到了积极作用。

（4）事故应急处理须改进的方面

①没有及时处理故障列车，延误时间较长。1312次列车发生故障后，经过3个车站才清客，在近一个半小时内一直以5km/h的速度运行，对全线车站、列车均造成了不同影响。

②没有通知乘客预计延误时间。由于乘客不了解城市轨道交通运营方式，不告知乘客故障何时消除，很容易让乘客以为下一列车很快能到达，就会固执地守在站台等待。这样可能会耽误乘客行程，引发乘客不满情绪。再者可能造成大量人群聚集在车站，一见车来，一拥而上，存在不安全因素。

## 2. 列车救援制动失灵事故

（1）事故经过

2006年10月22日10:33，某市城市轨道交通公司的1314车上行行驶至距A站300m处，发现速度不降，随即快速制动，仍不降速，因超速最终ATP保护列车产生紧急制动。10:34，司机检查发现DDU面板和故障清单无任何故障显示，制动缸压力为2bar。检查驾驶室设备柜的开关，未发现有开关动作。随后司机采取应急处理措施，发现无法缓解紧急制动。10:41，行车调度员要求司机换端等待列车救援。10:52，救援车与故障车完成连挂。11:01，将故障车推到A站清客；11:03，司机切除车门，进行清客。11:29，到达车辆基地。

（2）事故损失

此次救援事故使正线行车中断25分钟，造成清客5列次，单程票退票401张，IC卡更新145张，故障影响涉及5列车4个车站。

（3）原因分析

本案例事故的原因是司控器航空插头H号针缩针后使制动命令继电器BDR不得电，造成列车既不能制动，又不能缓解紧急制动。

驾驶室航空插头中的H号针是司控器与制动命令继电器BDR的线路连接点。当手柄拉到制动位时，司控器通过H号针把制动命令信号传递到BDR的线圈，BDR得电，其辅助触点闭合，把制动命令传送到每节车，对其施加制动。H号针断开后，司机的制动命令无法传递给每节车，全车都无法执行制动指令。同时由于紧急制动的缓解过程也需要制动命令信号，所以也无法缓解紧急制动。

（4）防范措施

这是一起因车辆设备质量问题引发的事件，虽然没有造成严重的后果，但事故本身反应的问题应引起相关单位的注意。试想，如果列车紧急制动系统设备出现故障，导致紧急制动无法实现，产生的后果可能会严重得多。

为避免类似事故的发生,相关单位应做好以下防范措施:

①制订整改计划,全面实施整改。要求车辆生产单位检查并确认原装防缩齿是否符合使用要求。车辆生产单位要对所有司控器连接器进行状态普查,及时整改,避免类似故障再次发生;要对列车制动系统进行大检查,确保列车运行的安全;要严格按照作业程序细心作业,尤其在拆卸和安装类似连接器的过程中要严格控制作业质量,做到检查要有记录,使作业过程具有可追溯性。

②加强质保管理,快速处理故障。有关部门要加强与质保方的沟通,在每周质保例会的基础上,增加专题研究的课题;应储备充足的备品备件,以便对常见故障和惯性故障能够快速处理;对于不在检修范围内的质保设备,应定期检查,制定切实可行的保障措施,对已经实施整改的项目要进行跟踪检查、考核。

③加强业务培训,提高工作技能。针对司机的现状,继续加大、加强业务培训的力度和强度,不断提高其检查和维修的技能,适应工作需要。

④完善救援方案,提高应急能力。在出现应急情况后,应简化处理流程,快速反应,不断积累应急作业经验,加强应急预案的完善工作,针对应急情况进行模拟演练,同时规范车站广播和车站工作人员对乘客的服务用语,保证乘客的知情权。

### 3. 列车到站后车门无法打开事故

(1)事故概况

2007年7月30日8:33,某市城市轨道交通列车到达A站后,车门无法打开。列车司机立即进行处理,不能消除故障,只好下车手动打开车门,现场清客。由于部分乘客不愿下车,故障列车带着这些乘客到B站,进车库检修。

由于正值上班高峰期,列车内的乘客数量较大,每节车厢的乘客又只能从一扇手动打开的车门下车,因此清客花费时间较长,致使续行列车停于城市轨道交通隧道内长达35分钟,造成部分乘客出现憋闷头晕等不适,并产生一定的恐惧心理。

(2)事故原因

故障列车投入运营时间不长,设备尚处于调试期。

(3)事故应急处理中较好的措施

①司机及时手动开门清客

列车司机到站后发现车门故障,无法打开,立即进行紧急处理。在处理无效后,采取手动开门的措施清客。故障列车由8辆车编组,如果将每一扇车门都手动打开,花费时间长。若司机采取手动打开车门,每节车厢只打开一扇车门,并迅速安抚乘客情绪,则是一种比较好的应急措施,便于乘客有序下车。

②调派备用列车投入运营

由于列车故障造成延误,致使全线不少车站乘客滞留较多。为了缓解客运压力,城市轨道交通运营公司就近调派一列备用列车,加快乘客运输。

③紧急疏散乘客

故障发生后,一部分乘客没有选择其他交通工具,留在车站等待下一趟列车,还不断有乘客进入车站等待乘车,使得部分车站有大量乘客滞留。因此部分城市轨道交通车站启动紧急疏散应急预案,打开安全通道,让下车乘客直接出站,不用通过闸机,加快乘客出站,缓解乘客拥挤状态。

④采取适当措施安抚乘客情绪

乘客出站后,所持交通卡在下次进站前使用,只要向站务员说明情况,即可免去票款。另外,对于此次列车故障对乘客造成的影响,各个车站都向乘客发放了致歉信。

（4）事故应急处理须改进的方面

对续行列车处理不妥,停留在隧道内时间较长,致使部分乘客产生不适和恐惧。前方发生故障后,作为控制中心的行车调度员,应考虑后续各列车的运行,应尽量使各趟续行列车停在车站或驶入就近车站停留,避免列车停在区间,尤其是隧道内。因为隧道内通风较差,而且地下空间黑暗,容易让乘客产生恐慌和不适。

4. 正线车门故障事件

（1）事件经过

2006 年 11 月 7 日 10:34,某市城市轨道交通公司 1207 次列车在 A 站下行站台上下客后,关门准备发车,发现"门关好"灯不亮,再次进行开关门作业后发现"门关好"的灯始终不亮。检查驾驶室显示屏,显示最后一节车厢的车门(02A1B 门)没有关,故障清单内显示"车门严重故障"。10:35,司机下车跑至故障车门处查看,发现车门处于打开状态。司机紧急解锁后,将车门合上再恢复紧急解锁手柄,用方孔钥匙切除车门。10:37,司机报车门已切除,但"门关好"的灯仍然不亮。行车调度员要求司机再次前往现场处理,司机再次进行车门切除,仍然无法关闭。10:40,行车调度员命令 A 站配合 1207 次列车清客,司机做好乘客广播;要求 B 站强行站控,取消 D1101 道岔锁定,并排列 X1105 ~ X0903 进路。10:42,故障车清客完毕,行车调度员要求故障车司机将车门旁路后,采用洗车模式动车到某存车线。要求备用车司机动车到 B 站下行站台,替开 1207 次。10:45,故障车到达某存车线,行车调度员调整全线列车运行及发布运营恢复信息。

（2）事件原因

本案例事故是因车门故障无法正常关闭,最终造成清客。司机切除车门的操作方法不当,导致车门未能切除,对此事故也负有一定责任。

切除车门时应在正常状态即车门处于非紧急解锁状态下进行,"紧急解锁"是紧急状态下用于开门逃生的装置。

（3）防范措施

①车辆部应会同车辆生产单位及检修中心,对车门故障进行统计、分析、研究,制定常见故障的预防性检修措施,进一步加强对车门各部件的检查,降低车门故障。

②乘务中心要加强司机实际操作技能的培训,注重动手能力的培养,使司机具备快速准确判断故障原因并能够独立排除常见故障的能力。

5. 自动扶梯梯级脱落事故(见图 8-1)

（1）事故经过

2006 年 11 月 7 日 15:01,某市城市轨道交通 A 站 1 号出入口自动扶梯在运行过程中,梯级脱出运行轨道,堆积到扶梯下端地板上。连续损坏到第 67 个梯级后,扶梯梯级缺失监控安全开关检

图 8-1　自动扶梯梯级脱落事故

测到梯级的丢失并开始动作,扶梯自动停止运行。15:22,扶梯维保人员赶到现场进行处理,随后地铁分公司分管领导、物资设施部、机自中心、安保部、技术部等相关人员陆续赶到,用彩条布覆盖扶梯进行临时保护处理。当晚,电梯维保公司及地铁分公司相关人员一同对现场进行了初步勘查,公司领导在某站组织召开了现场分析会,落实故障的后续处理办法。11月8日,电梯维保公司派出的专家与地铁总公司、分公司相关人员共同对现场进行了详细勘查取证,并恢复了故障设备的外观。11月29日,电梯维保公司应运营分公司的要求,安排维保人员开始参照出厂标准,对全线自动扶梯安全项目及主要运行指标项目(共72项),进行全面检查。

(2)事故损失

本次事故造成A站1号出入口自动扶梯停用16天,对运营服务质量造成了一定的影响。

(3)原因分析

本次事故的原因是11月3日维保公司工人维修该梯时,装夹专用维修梯级不到位,导致该维修梯级跳动或攒动,最终脱出轴套,使梯级位置发生较大偏移,撞击下端固定的前沿板。

此维修梯级破损后卡夹在前沿板与梯级连杆中间,阻塞了后续梯级的通路,导致后续梯级逐个撞击破损后推开下机房盖板冲出下机房,并在扶梯及扶梯出入口处堆积,直到上端梯级缺失保护开关动作才停住。

(4)防范措施

①狠抓质保管理,严格作业程序。加强对质保公司的管理力度,要求其对可能由人为原因造成的故障或可预见的因设备部件磨损老化导致的故障做提前考虑,特别是涉及安全的保养项目,必须在检修规程中完善程序步骤并优化工艺,用完善的工作程序保证或降低此类故障的发生。

②更新安装形式,增加防护措施。要求迅达公司重新设计盖板保护开关的安装形式,使之不会因乘客踩踏而误动作,并保证盖板发生明显移位的情况下一定会动作自停扶梯。同时在工作区增加防护措施,以保证与乘客直接接触的工作区内不会有梯级缺失及塌陷等危险情况出现,保证工作区内人员的人身安全。

③加强过程监督,完善维保工作。电扶梯专业重新编排巡检计划,将巡检与设备维保现场监督检查相结合,加强监督检查力度,提高设备维保质量。物资设施系统、车辆系统积极研究现行检修模式的合理性与有效性,进一步完善维保工作机制,对设备设施的维保过程进行严格控制和管理。要求每个维护人员认真按照规范作业,避免此类事故的再次发生。

## 二、客伤事故

乘客跳轨造成行车长时间中断事故。

(1)事件经过

2007年7月3日19:45,1112车进某站上行站台,列车距站台15m处时,司机突然发现一青年男乘客跳入轨道,立即采取紧急制动,但列车已撞人,最终列车停在不到对标处约50m处。19:47,某站值班站长赶到现场,找到两名目击证人,通知120急救中心,同时要求站台安全员下到轨行区确定落轨者具体位置。19:55,120急救人员到达站台,发现跳轨者已经死亡。20:15,列车出清上行站台,找到死亡者尸体并抬离轨道。20:25,保洁人员对站台、轨行区进行临时冲洗。20:30,行车恢复正常。

(2)事故损失

本次事故影响正常运营近40分钟,清客6列、下线1列、抽线3列,对运营服务工作产生了一定的负面影响。

（3）原因分析

本次事故的原因有两个：一是进行现场处置的城市轨道交通公安人员对地外伤亡事故处置职责与程序不熟悉，对轨道上的尸体清运请示汇报较多，不能按照有关规定果断处置，延误了较长时间；二是控制中心发布的信息不够明确、站务人员现场处置工作考虑不周全、地外伤亡备品配置不到位，也延误了事故处理的时间。

在本次事故处理中还暴露一个值得关注的问题，相关岗位工作人员出现不适应现象，心理上有障碍，不能按"岗位职责"的有关规定及时处理事件。

《车站运作细则》中规定，值班站长负责本班全站日常的行车、客运管理、乘客服务、事故处理、设备日常管理、安全管理、员工培训、执法管理等工作。值班站长有责任组织相关人员快速处理事故，对于类似的特殊事件，也应严格执行岗位职责的规定。

（4）防范措施

①加强站台巡视，完善监控系统。死者跳轨之前，在某站台徘徊了一个多小时，站台保安没有引起注意，工作上不够细致。事后查看监控录像，发现监控系统对站台的监视存在一些死角，不能完全看清站台情况。今后应加强站台巡视，发现可疑人员及时上前询问，同时对监控死角进行整改，便于事后的分析调查。

②规范信息发布，优化处置程序。对类似重大事件，控制中心要发布后续的处置进展，规范信息的发布格式。进一步完善道床伤亡应急预案，警地双方联合加强对民警、运营人员的培训，定期开展演练，共同提高处置能力。

③整改存在问题，强调新闻扎口。站务中心根据在某车站跳轨事件处置过程中存在的不足，制定有效整改措施，加强预案的学习和应急演练，提高应急处置能力；安保部、客运部进一步研究道床伤亡车站备品物资的配置，提出配置标准和数量；有关单位增强对相关人员心理素质的引导，包括站务人员、乘务人员等现场处置人员，强化员工心理素质。运营期间出现重大情况，统一由总公司党群人事处或分公司办公室对外发布，做到一个声音对外。运营人员不得传播、议论有关事件的内容，甚至透露或接受未经授权的采访，违反者要受到严肃处理。

## 三、消防事故

### 1.韩国大邱市城市轨道交通火灾事故

（1）事故概况

2003年2月18日9:53，韩国大邱市1079号城市轨道交通列车到达中央路车站，在3号车厢内，有精神病史的56岁男子用打火机点燃装有汽油的塑料桶，扔进车厢，发生了韩国历史上最大的城市轨道交通蓄意纵火案。由于车厢内座椅上包着一层易燃的薄绒布，车厢间也没有隔断，3号车厢的火势迅速蔓延，整个列车浓烟滚滚。因为1079号列车已经到站，车门打开，部分乘客得以逃生。

3分钟后，39岁的司机崔某驾驶另一列对开的1080号列车到达中央路站。他打开车门，浓烟立刻灌进来，又马上关上车门。司机向综合控制室请示怎么办，同时通知乘客等候，于是乘客坐着没动，失去了逃生时机。浓烟和大火自动切断车站的电源，站内一片漆黑。1080号列车因为停电无法继续运行，6节车厢迅速燃起大火。司机在逃生的同时拔出了主控钥匙，使得紧急电源切断，车厢陷入黑暗，同时车门无法打开。全列24个车门中，仅有4个车门被乘客中的城市轨道交通职工手动打开,许多普通乘客不知道如何手动开门,城市轨道交通列车车窗玻璃又很坚固无法打破,使得这一列车的遇难人数占了多数。

1300多名消防队员经3个多小时才扑灭这场城市轨道交通大火,但是车站内温度仍然很高,直到降温后才得以进入车站救援。大邱市这次城市轨道交通火灾事故一共造成296人死亡,146人受伤,269人失踪。

(2)事故原因

①城市轨道交通车站缺乏安全检查措施

韩国城市轨道交通车站运作方式是无人化方式,一般只有一位工作人员接待乘客。没人检查乘客及其随身携带物品,乘客可以携带任何物品乘坐城市轨道交通列车。结果纵火犯轻易地携带汽油这类危险品上车,制造了这起城市轨道交通惨案。

②车站内和列车上灭火、通风设备能力不足

韩国的城市轨道交通车站内装有火灾自动报警和自动淋水灭火装置,但是在对付严重火灾时明显不足,尤其是自动淋水灭火装置,在此次事故中没有起到应有的作用。

由于列车上空的接触网是高压电,为了防止触电,列车内不能安装自动淋水灭火装置。但是车厢内也没有配备灭火器,使得在火灾初期,乘客无法灭火自救,造成重大伤亡。

车站设有通风设备,平时足够保障空气流通,但是在对付重大火灾时明显容量不足。在这次火灾事故中,通风设备并没有起到太大的作用,大量浓烟无法排放,造成许多乘客窒息而死,并且救援人员到达后也无法进入现场救援。

③车站供电系统缺乏备用电源

火灾自动切断电源,城市轨道交通车站的供电系统立即瘫痪,这种完全停电的状态带来两种不良后果。一是使得两列城市轨道交通列车无法行驶,任由大火烧毁,扩大了灾难。二是城市轨道交通站内缺乏可以紧急启动的备用电源,无法点亮紧急照明灯、发光指示标志等,虽然站内到出口只有步行2分钟的路程,但是断电后车站立刻陷入黑暗,乘客在慌乱中根本找不到出口,加大了伤亡。

④列车设备存在火灾隐患

被烧毁的城市轨道交通列车的地板、顶篷和坐椅等,虽然由耐燃材料制成,不容易起火,可是一旦经高温燃烧后,就会释放大量有毒气体。大量乘客正是因吸入这些毒烟而导致迅速死亡。有毒气体还阻止救援人员及时进入现场抢救。

该城市轨道交通列车车厢内座椅较多,而座椅上都包着一层易燃的丝绒,一经着火,火焰就会迅速在整个车厢内蔓延,让乘客无法撤离。

⑤各方面缺乏防灾意识

在韩国现行的《消防法》中,针对飞机、船舶、火车等移动交通工具,消防安全规定相对缺乏。大邱市城市轨道交通是依据20世纪70年代防灾标准建造的,防灾能力不能够适应较大灾害。

民众安全知识薄弱,逃生本领差。许多人不太清楚消防器材的位置和使用方法,遇紧急情况不知道使用灭火器材灭火自救。

城市轨道交通部门防灾意识不强,对乘客从城市轨道交通中逃生的方法宣传教育不足。这次城市轨道交通火灾中,如果乘客能及时手动打开车门,就能大量减少伤亡。但是很多人不知道城市轨道交通列车中有手动开门开关,即使有些人知道有这种装置,也不知道其位置或不会使用,使得这些逃生装置在关键时候形同虚设。

⑥城市轨道交通工作人员采取措施不当

调度人员在得知 1079 号列车发生火灾的情况下,仍将 1080 号列车放行进入中央路车站,并且在处理事故时犹豫不决,导致 1080 号列车也着火燃烧。1080 号列车司机逃离时拔出列车主控钥匙,使列车车门无法打开,致使乘客难以逃生,大量遇难。

(3)事故应急处理的不当之处

①司机

1079 号列车司机在火灾发生 22 分钟之后,才用手机报告中央控制室。正是由于他没有立即报告,使得控制室作出了错误判断,延误了事故处理。1079 号列车在 9:53 起火,10 点钟,有乘客亲属打电话给城市轨道交通总公司,城市轨道交通公司仍不知情。由于没有得到现场报告,城市轨道交通控制室难以掌握火灾实际情况,因而没有及时阻止 1080 号列车驶进车站,导致 1080 号列车也着火燃烧。

1080 号列车驶入中央路车站后,因为断电无法行驶,但司机却没有采取有效措施疏散乘客。他先打开车门,发现烟雾涌入车内,立刻关闭车门,向调度人员请示。在没有得到调度人员明确答复的情况下,广播通知乘客别动,贻误了乘客逃生时机。在火势蔓延、形势危急的情况下,1080 号列车司机紧急逃离火灾现场,竟然拔走了列车的主控钥匙,致使列车车门不能打开,使车内陷入黑暗,使大批乘客无法逃出,使得 1080 号列车上的死亡人数远远高于 1079 号列车。另外,该司机为掩盖真相,还与其他同事串通,直到事发 11 小时后才向警方讲出事件真相。

②调度人员

城市轨道交通公司机械设备调度室的 3 名当班人员在 9:53 就得到了火灾报警信号,但是因为"平时常常操作出错",没有引起重视,既没报告,也没采取任何措施,直到 10 点左右才确认火灾发生。因而没能及时阻止 1080 号列车驶入中央路车站,使大批乘客失去生命。

城市轨道交通控制室在得知中央路车站发生火灾后,没有深入了解情况,没有意识到事故的严重性,臆测为轻微事故,仍然将 1080 号列车放行进站,只是通知"小心驾驶,那里发生火警",使伤亡人数大幅度增加。

1080 号列车到中央路车站后,不能继续行驶,烟雾涌入车厢,司机请示城市轨道交通控制中心调度人员:"车厢内秩序大乱。许多人被烟呛住了。我是否应疏散乘客?我应该做什么?"但调度人员在长达 5 分钟的时间内未作出任何具体指示,致使司机广播通知乘客等候,错失逃生机会。而 5 分钟之后,调度人员下达的指令居然是"允许 1080 号车出发"。可能他们认为将列车开出车站是比较好的做法,殊不知,因为火灾自动切断电源,列车已无法移动。

## 知识链接

### 城市轨道交通火灾逃生及营救

1. 在城市轨道交通车站遭遇火灾

乘客在城市轨道交通车站遇到火灾发生,目标只有一个:想法尽快离开车站,到地面上去。但是撤离时要沉着冷静,不要喊叫,避免引起大家的恐慌情绪。要听从车站工作人员的指挥,有序撤离,争先恐后并不能加快速度,反而会因为拥挤使撤离变慢,造成踩踏事故。不要盲目奔跑,要按照车站疏散标志的方向撤到地面。即使火灾引起停电,城市轨道交通车站也有应急电源供电的指示标志。逃生时应背离火源方向,逆风而行。为了防止烟雾吸入,应弯腰低头,尽量贴近地面跑出。要并用口罩、衣袖、毛巾、手帕等捂住口鼻,如果能弄湿这些织物,防烟雾效果更佳。

2. 在城市轨道交通列车上遭遇火灾

列车上发生火灾时,在失火之初,乘客应迅速按下紧急对讲装置的按钮向司机报警。同时抓住起火之初的有利时机,使用城市轨道交通列车车厢内配备的灭火器,进行灭火自救。初期灭火失败,不能控制火势时,应立即下车,争取逃生。如果列车停在隧道内无法运行时,要听从列车广播指引,有序地通过疏散门下车进入隧道,跟随工作人员向附近车站撤离。下车及疏散时不要争先恐后地拥挤,避免造成不该有的伤亡。沿途不要踩踏轨道,以免轨道带电造成触电。

3. 城市轨道交通工作人员的营救

发生火灾时,城市轨道交通车站一般会断电,使列车无法行驶。这时司机应立即降下受电弓,利用列车内的应急电源,打开车门疏散乘客。城市轨道交通工作人员应指引疏散方向,特别注意不要引起乘客恐慌心理,造成一窝蜂地往外挤,要有序地将乘客引领到安全地带。可开启通风系统,把烟雾吹到远离乘客疏散的方向。

4. 常识普及

工作中尽可能加强对乘客的常识普及推广。乘客平时乘坐城市轨道交通,就要注意观察车站及列车内的结构布局,了解相关设施的作用、位置及使用说明,确认车站疏散通道和安全出口的方向。一旦发生火灾,不要惊慌失措,更不要大喊大叫,以免人群恐慌,增加逃生难度。如果发生大火阻断疏散通道等情况,不能及时从火灾中逃生时,不可强行冲出,应寻找相对安全地点,设法延长生存的时间,等待救援。

2. 联络通道防火门掉落轨道事故

(1)事故经过

2006年6月3日7:02,0902次列车(1314车)司机报告行车调度员,上行线某出站至某站区间列车突然发生剧烈振动,司机立即采取手动驾驶模式和快速制动,待振动缓解后,减速行驶。7:09,后续列车司机发现一块铁皮压在钢轨上,已被压扁,不影响列车通过。7:26,某站接行车调度员通知,派行车值班员、保安跟车到区间处理。7:31,某站行车值班员带领两名站台保安随车到达事发地点,发现联络通道铁皮门横卧在左侧钢轨上,一半在钢轨外侧,一半在两根钢轨间,压在钢轨上的部位已经变形。行车值班员、司机和保安共同将门抬离线路,放进区间联络通道内,并向行车调度员汇报。7:37,行车调度员通知后续列车司机再次确认,随后线路恢复正常。

(2)事故损失

此次事故造成1314车车轮以及车下部分器件轻微擦伤。

(3)原因分析

本案例事故的原因是施工单位在施工时存在偷工减料现象,没有按要求将联络通道门进行固定,致使防火门脱落掉入轨道。掉入轨道的是联络通道防火门及框架,该防火门门框与墙体没有任何螺栓固定,门框与墙体4~5cm空隙的填充物是泡沫、纸盒、废弃电缆等,外表用水泥砂浆抹平,这与《城市轨道交通设计规范》对防火设施的要求严重不符(见图8-2、图8-3)。

《城市轨道交通设计规范》关于"防灾"项中明确规定:"防火设施与建筑之间的缝隙以及管道、电缆、风管等穿过防火墙、楼板以及防火分隔物时,应采用防火封堵材料将空隙填塞密实,并应达到防火分隔物的耐火极限。"同时在"工程材料"中规定,对地下建筑材料的使用也要考虑环境因素,颜色应与轨道、道床等线路设施有所区别。

图 8-2　铁皮门被辗压之后的痕迹

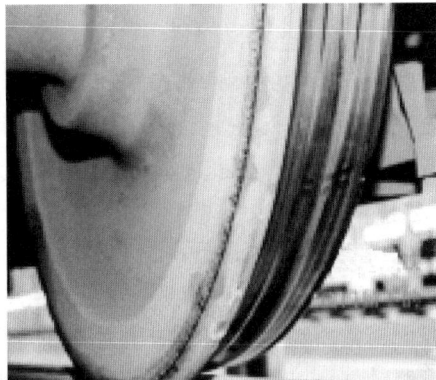

图 8-3　联络通道防火门掉落轨道事故

（4）防范措施

①加强线路巡视,及时排除隐患。相关部门、中心应加强线路巡查工作管理力度,对有可能影响正线运营安全的点,要重点查看,发现隐患及时排除。

②参照相关规定,整改施工缺陷。对全线如隧道内的消防栓、灭火器、隧道内通风系统以及过压过流保护设备等安全设施进行全面检查,严格执行《城市轨道交通设计规范》《施工合同》中的有关规定,对不合格项要求施工单位及时整改。

③增强责任意识,确保施工安全。对于夜间作业中使用的材料,需要白天提前放置在区间内的,一定要做好固定措施,防止意外掉落到正线。作业完毕后,应确认线路上无任何工程材料,严格落实检查制度,杜绝因人为疏忽造成事故的发生。

（5）类似案例

2005 年 7 月 5 日,伦敦东部的中线城市轨道交通列车在贝斯纳尔格林站和迈尔恩德站之间以大约 50km 的速度由东向西运行。突然司机看到城市轨道交通通道中有白色物体坠落,列车随后撞上障碍物。司机听到重重的响声,立即采取紧急制动措施,但城市轨道交通右侧车轮最终还是被障碍物卡住,导致一节车厢出轨,紧随其后的 5 节车厢也随之出轨。随后到来的一列列车也被困在通道中。两列列车上共有约 800 名乘客,被困在 30℃的车厢约 2 小时。

事故分析:一卷供晚间作业使用的厚约 0.5m 的工程材料松动坠落造成了这次事故。这些材料原本应存放在城市轨道交通通道侧面一处空间内,因工作人员疏忽,没有采取牢固的固定措施而导致材料坠落到线路上,致使列车车轮碾压脱轨。

## 四、行车事故

### 1. 列车无法正常牵引事故

（1）事故经过

2006 年 3 月 15 日 14:06,某市城市轨道交通 0506 车运行至 A 站上行站台停车,开关门作业后,按 ATO 正常启动。启动后不久,列车发生冲动,随即自动停车。司机改用手动 SM 模式驾驶,以 5km/h 速度缓慢牵引。14:15,故障列车到达 B 站,按规定开关门作业上下客后开出不久,列车产生紧急制动。手动 SM 驾驶时速度只能维持在 5km/h 左右,故障现象仍然存在。

14:26,到达C站,进行清客。14:35,在故障状态下,列车以5km/h的速度开往E站存车线。14:54,通过D站。由于上行进E站线路上坡道坡度较大,列车运行速度一直低于5km/h。15:03到达E站存车线。

(2)原因分析

本案例事故的原因是列车制动系统中的制动压力开关状态不稳定,造成电路上不能"制动释放",导致列车无法正常牵引。这条电路曾经也发生过类似故障,但都是在终点站或存车线附近,未影响正常运营。这类故障原因无法查明,致使故障一次次被放过,最终造成此次事故的发生。

另外,在事故处理过程中,列车在故障状态下仍然载客运行了两个区间,影响正线正常运营近一个小时,这也反应调度人员处理突发事件的能力不足,安全意识不强。

我们通常所说的常用制动压力开关实际上包括两个部件:一是压力传感器,用来直接检测制动管路的气压;二是继电器箱里的继电器BRG,用来接收传感器的电信号,然后放大、串联到制动缓解回路上,传递本节车的制动状态信号。故障车因一节车的制动压力开关损坏,在常用制动已经全部缓解的情况下,驾驶室得不到制动已缓解的信号,使牵引不能持续——在高于零速(5km/h)后2秒列车失去牵引力,在低于零速后又重新开始牵引——所以列车只能以5km/h的速度前进。

(3)防范措施

①驱除侥幸心理,彻底消除隐患。相同的现象发生过多次,因未影响运营而没有受到重视。虽然此类故障在库内无法重现,难以查明原因,但让一列有安全隐患的列车上线运营,这无疑是把运营安全放在了不定时炸弹上。相关单位应把责任放在首位,以安全运营为出发点,清醒地认识到正线车辆故障的危险性,对故障列车不查明原因绝不放过。

②加强业务学习,确保行车安全。目前,车辆系统面临的一个主要问题是"出质保",我们应该审视一下我们自身的业务水平,是否能够独立完成车辆故障的排查和检修,是否能够保障列车的安全运行。对于不足之处,应该加强学习,对于缺少的技术资料,应尽快收集全,以便将来能够独立完成相关工作。

③培养学习意识,积累事故经验。各级调度对事故的预见性不足,在指挥和决策等方面不够果断。调度应当对正线的设备、车辆故障有高度的敏感性,要有意识地培养判断能力和决策能力,遇到突发情况学会冷静思考,判断准确、决策果断。

(4)类似案例

2003年7月20日,某市城市轨道交通,1A15列车上行出站10m后,司机报:有一个DCU出现严重故障,列车无牵引力,列车速度超过5km/h会自动停车,除此之外没有其他故障显示。进行气制动缓解试验,发现列车气制动可以缓解,但无牵引力,同时出现ATP无有效信号。行车调度员通过CCTV观察及车站现场确认,发现1A15车侧墙一直亮红灯(在气制动缓解试验时如该车制动能缓解应亮绿灯),于是通知司机到该车厢处理,若确认ECU严重故障则切除该车B09阀。司机报切除该车B09阀后以RM模式动车,恢复运行。

2.基地内列车脱轨事故

(1)事故经过

2006年6月6日5:54,0910车0501次完成车库准备作业后,信号楼要求其在A端待命。司机臆测行车,挤上47#道岔。之后司机未向信号楼汇报擅自违反行车规定退行,造成列车脱轨事故(见图8-4~图8-6)。6:27,检修调度打电话给工程车班,要求准备好工程车。6:38,准备进行复轨救援。7:05,当日13列电客车全部出库上线。7:23,车辆复轨救援开始实施,信号专业开始抢修,对47#道岔和47DG轨道电路受伤部件进行更换。9:35,电客车复位装置安装完毕,电客车开始复位。10:52,电客车复位成功。

图 8-4　列车脱轨事故(1)

图 8-5　列车脱轨事故(2)

(2)事故损失

此次事故造成一组轨道岔尖损坏,造成1台DZ6电动转辙机、1根尖端杆、1根密贴调整杆、1根外表示杆、2根 $95mm^2 \times 1.5m$ 钢轨连接线不同程度受损,造成0910车A车一位端转向架部件多处损坏。

(3)原因分析

本案例事故的原因是司机违反作业规定,未按信号要求行车,造成挤岔。挤岔后司机又擅自向后倒车,造成掉道。

图 8-6　列车脱轨事故(3)

《行车组织规则》中"列车运行条件"项要求,列车占用前方进路的许可是信号机显示的开放信号;《车辆基地运作规则》中"客车出入车辆基地"项规定,调车司机应根据调车员的信号,准确、平稳地操纵机车,时刻注意确认信号,不间断进行瞭望,正确、及时地执行信号要求,负责调车作业安全。

(4)防范措施

①加强员工管理,完善相关规定。脱轨事件的发生,反映我们在日常工作中还存在管理不严,制度、标准不完善等问题。有关部门、中心要进一步强化管理,确保行车安全。编制《司机预防违章指南》,进一步完善规章制度,指导司机正确作业。严格落实作业标准化,按信号行车,杜绝臆测行车。重新梳理作业标准,制定库内动车的详细作业标准,如动车"四确认",库内限速5km/h,出库门和经过道口要停车确认信号,基地内限速20km/h,确定在转换轨处与行车调度员的联系方法。把折返线作业、库内转线等列为安全关键点,制定防范措施,加强对这些关键环节的检查和抽查。做好与信号楼、行车调度员和其他有关岗位之间的作业互控,加强人性化管理。司机长和派班员要对司机的精神状态、生理状态加强观察,及时发现异常情况。对带病作业的司机,要果断阻止其出乘。对有思想情绪的司机,要了解其状况,待其情绪稳定后再安排其出乘。

②加强演练培训,配齐作业设备。相关部门、中心应加强事故救援演练的针对性,优化救援流程,检查救援设备的配置情况,配齐救援设备并加强日常保养。对救援组织工作进行完善,明确人员的作业任务和作业位置,使救援过程标准化。

③健全规章制度,加强设备管理。加强轨行区限界管理,建立健全相关规章。各相关专业要对所辖设备、设施定期检查,特别是对轨行区的设备、设施,要建立长效管理机制,及时排除安全隐患,严防事故发生。

④加强业务培训,制订学习计划。各部门、中心特别是一线生产的单位,要加强培训工作,保证规章制度在一线落到实处。每个班组应制订出切实可行的月学习计划和周学习计划,真正做到熟练掌握规章、规程和作业指南等制度,并能灵活运用。

### 3. 列车撞列检库门事件

（1）事件经过

2005年12月6日22:11,某市城市轨道交通1920车在回列检库15道时,车头撞上库门。检修调度接报后,立即要求信号楼不要动车,同时到现场察看情况,发现15道库门在列检库内侧,门页下方被电客车撞凹陷一块（被电客车防爬器所撞）,门上止档被撞,导致该大门无法向外正常开启到位。电客车头部右侧有一处表面擦伤(长8cm,宽1.4cm),另有两处与大门有轻微摩擦。因15道大门无法开启到位,1920车后退转至14道B端。

（2）事故原因

本案例事故的原因是因15道库门没有开到位造成的。

（3）防范措施

①库内保安人员加强在列车出库、回库时的安全检查时,发现轨道有异物或库门没开到位的情况应及时处理,来不及处理时要迅速通报,保证库内行车安全。

②司机在驾驶时,注意力要时刻集中,不能因为是在基地内行车就麻痹大意。

## 五、供电故障事故

### 1. 受电弓部分解体导致弓挂网事故

（1）事故经过

2006年3月23日15:08,某市城市轨道交通A站报下行0479支柱处接触网异常打火,接触网专业人员检查后认为接触网设备运行正常。16:49,A牵引变电所跳闸。17:10,确认1112次列车不能降弓。17:24,供电中心抢修人员到达事件现场,发现从B站—C隧道口的接触网已经大面积受损,故障车被困于C隧道口,受电弓已损坏。17:29,救援车与故障车联挂成功。17:42,救援车启动后,故障车发生弓挂网现象。18:03,接触网专业人员和检修专业人员上车顶拆除故障受电弓。18:22,救援车启动,将电客车推至D站。18:42,接触网抢修作业车到达事件现场,接触网抢修人员立即实施抢修作业。19:47,E站—D站上行接触网受电成功,运营恢复(见图8-7、图8-8)。

（2）事故损失

此次事故一个受电弓严重损坏,造成接触网大面积受损,影响正常运营两个多小时。

（3）原因分析

本案例事故的原因尚不清楚。但排除弓网自身的质量缺陷不说,故障车从15:08发现异常打火,仍然运营了近两个小时,最后发生弓网碰撞,导致受电弓部分解体,发生弓挂网事件。

期间接触网专业人员已经在现场看到打火情况,调度也接到多次打火报告,仍然没有引起足够重视,可以看出:一方面触网人员安全意识不够,现场勘查不够细致,没有按文本规定进行处理;另一方面调度人员由于经验不足,没有及时采取有效的处置措施,未能避免事件的发生。

图8-7 受电弓部分解体导致弓挂网事故

图8-8 受损受电弓

另外,在事故救援工作中,行车组织不够紧凑,信息传递、抢修组织较慢,接触网抢修作业车也未能及时出动,以致影响正常运营近2个小时。

《接触网运行、维护、检修规程》中规定,在接触网巡视检查过程中,对危及安全的缺陷要及时处理,巡视检查和缺陷处理的主要情况,都要认真填写"接触网巡视和处理记录"。

(4)防范措施

①增强责任意识,全面排查故障。各部门、中心在巡查过程中,遇到非正常情况应予以重视,事前进行全面分析和排查,避免因工作疏漏导致事故的发生。

②及时发布信息,缩短抢修时间。列车运行间隔延误达到一倍时,控制中心应及时发布信息,启动应急预案,并将事件的进展逐层上报。相关部门、中心人员要尽快分析原因,采取有效措施,以最快速度恢复运营。

③推行首问负责,做好服务工作。在本次事故的处理过程中,暴露的另外一个问题就是车站服务工作不到位,对乘客的询问以"不知道""不清楚"之类的语言搪塞,没能很好地执行首问负责制度。另外,车站广播系统在非正常运营时的播音用语还应进一步细化,做好乘客的安抚工作。

④完善应急预案,加强日常演练。对每一次事故抢修过程中的不足之处进行收集整理,研究应对措施,完善应急预案,使之能够真正成为事故处理时可靠的决策依据。同时针对不足之处,要加强日常演练,保证事故处理时能够临危不慌、忙而不乱。

2. 接触网雷击断线事故

(1)事故经过

2007年7月8日8:27,A市城市轨道交通B—C站上行接触网因雷击短时跳电(C站212开关DI/DT+ΔI保护动作),自动重合闸成功(见图8-9)。8:32,0706次(0506车)运行至上行线K5+600处(距信号楼约300m),司机发现轨行区前方有一接触网线垂在线路上方,距地面约2m左右,立即紧急制动,由于惯性列车05A车4B门上方与接触网线接触并发出猛烈火花,B—C站区间上行接触网跳闸停电。8:57,接触网抢修人员查到故障点,立即实施抢修。

9:20,工程车到达救援现场。9:31,工程车与电客车连挂完毕,经 D 站上行正线推回车辆基地 27 道,至此列车救援完成。9:34,接触网作业车到达故障点,抢修人员利用接触网抢修作业车和梯车继续抢修。10:05,接触网抢修完成。10:09,B—C 站上行接触网送电成功,全线恢复运营。

图8-9 接触网雷击断线事故

（2）事故损失

此次事故影响正线运营97分钟,清客1列次、救援1列次、抽线10列次、下线1列次、晚点2列次,全线 IC 卡更新 220 张,单程票退款 944元,接触网 04-16 支柱处的承力索下铆绝缘子损坏,05A 车 4B 门上方被灼伤。

（3）原因分析

本案例事故的原因是雷雨天气接触网 04-16支柱处的承力索下铆绝缘子被雷击碎造成的。另外,供电系统的防雷设施存在缺陷,高架、地面接触网保护不强,没有起到很好的避雷作用。

《接触网运行、维护、检修规程》中规定"在遇有大风、大雨、大雾等恶劣天气时,要适当增加巡视次数",同时要求"每年雷雨季节前要按有关规定对避雷器和动作计数器进行预防性试验"。

（4）防范措施

①认真执行规程,做好巡查工作。各部门、中心要切实加强应急抢险的各项工作,特别是在防汛防雷季节,要加强设备设施的巡查,做好应急救援抢险准备工作。

②总结经验教训,优化抢修方案。供电中心要进一步加强接触网的维护工作,总结接触网故障抢修的经验与教训,强化员工抢修专业技能,优化抢险方案、流程。

③明确现场指挥,简化调度流程。各部门、中心要进一步明确突发事件的现场处置指挥人员,高度重视前期处置工作,在突发事件处置现场,做到临危不乱,主动协调各相关专业接口联系工作,用最短的时间、最有效的方式开展初期处置工作,为抢险救援打好基础。控制中心要进一步研究不同区域、不同情况的列车救援方式,采取措施要果断有效,缩短应急救援时间,降低对运营秩序的社会负面影响。

④开展专题调研,整改技术缺陷。物资设施部、供电中心要加强研究供电系统避雷设施、设备,请有关防雷专家、有关单位现场察看,对城市轨道交通防雷覆盖范围以及目前避雷器本身的技术参数是否满足雷、暴雨天气下的防雷要求进行论证,对存在的缺陷,要抓紧整改,避免因雷击对城市轨道交通运营造成危害。

（5）类似案例

2006 年 8 月 17 日 14:20,某市城市轨道交通 3940 车在试车线调试时,司机发现隧道洞口前方接触网异常,立即采取紧急停车措施,但仍然没能避免事故的发生,试车线 J130 号支柱非支定位腕的斜吊索断裂掉在电客车上,与电客车形成电短路,造成 3940A 车二位端的一块中空玻璃被击裂,一块端部罩板上的油漆被灼伤。

原因分析:本次事故是因 8 月 16 日晚,该地区遭遇特大雷雨,车辆基地试车线的 J130 号支柱非支定位腕臂的斜吊索（50mm² 青铜绞线,共 19 股）在受雷击后严重受损,当电客车在试车线上运行时,随着振动,受雷击致损的吊索最终折断并下垂悬挂在线路上方,导致事故的发生。

3. 气球挂于城市轨道交通接触网的处理

（1）事件概况

2005 年 12 月 5 日 8 时 11 分,某市城市轨道交通列车在 A 站乘客上车完毕,关好车门准备启动时,站台保安发现一名男子越过黄色安全线,并手持卡通气球,当即上前要求其退出安全线以保证安全,并告知其不能携带气球进入城市轨道交通车站,请立即处理掉气球。结果该男子不听劝阻,反而放飞了气球。这只气球向上飞起,挂于接触网上,导致列车晚点 20 分钟。该男子受到了 500 元行政罚款处理。

（2）事件应急处理

①列车停止运行进行清客

列车司机发现接触网上的气球后,向控制中心行车调度员报告,行车调度员立即扣车,并指示车站和列车进行清客。

②维修人员停电取下气球

城市轨道交通维修人员到达后,先将该区段接触网断电,再使用长杆慢慢将挂于接触网的气球取下,之后受影响区段恢复正常运营。

③组织小交路运营

由于正值上班高峰期,为了避免乘客聚集站台,尽快运送乘客,城市轨道交通公司组织两列车以小交路折返方式运营,缓解客流压力。

## 复习与思考

**一、名词解释**

1. 行车事故

2. 客运事故

3. 险性事故

4. 一般事故

5. 列车分离

6. 耽误列车

7. 错开车门

8. 错误办理行车凭证发车

**二、问答题**

1. 城市轨道交通事故与事故等级如何确定?

2. 列车在区间发生脱轨时,如何处理?

3. 在城市轨道交通车站发生火灾时,如何处理?

4. 城市轨道交通列车到站后发生屏蔽门不能打开时,如何处理?

5. 城市轨道交通列车由于故障,临时停留在隧道内时,如何处理?

6. 列车运行过程中发现接触网导线上挂有一个气球,并影响行车时,如何处理?

# 单元 9　城市轨道交通应急管理

## 教学目标

1. 了解城市轨道交通应急预案编制原则；
2. 了解城市轨道交通运营突发事件应急预案编制规范；
3. 掌握城市轨道交通事故预防措施；
4. 掌握常见运营事故的应急处理办法。

## 建议学时

6 学时

## 9.1　应急预案编制

### 一、《生产经营单位安全生产事故应急预案编制导则》

《生产经营单位生产安全事故应急预案编制导则》（GB/T 29639—2013）是由中国安全生产科学研究院、国家安全生产应急救援指挥中心、中国南方电网调峰调频发电公司等单位起草，由国家质量监督检验检疫总局、中国国家标准化管理委员会于 2013 年 7 月 19 日颁布，2013 年 10 月 1 日起实施的中华人民共和国国家标准。主体内容如下。

1. 范围

本标准规定了生产经营单位编制生产安全事故应急预案（以下简称应急预案）的编制程序、体系构成和综合应急预案、专项应急预案、现场处置方案以及附件。

本标准适用于生产经营单位的应急预案编制工作，其他社会组织和单位的应急预案编制可参照本标准执行。

2. 规范性引用文件

下列文件对于本文件的应用是必不可少的。凡是注日期的引用文件，仅注日期的版本适用于本文件。凡是不注日期的引用文件，其最新版本（包括所有的修改单）适用于本文件。

GB/T 20000.4　标准化工作指南第 4 部分：标准中涉及安全的内容。

AQ/T 9007　生产安全事故应急演练指南。

3. 术语和定义

下列术语和定义适用于本文件

（1）应急预案（Emergency Plan）。为有效预防和控制可能发生的事故，最大程度减少事故及其造成损害而预先制订的工作方案。

（2）应急准备（Emergency Preparedness）。针对可能发生的事故，为迅速、科学、有序地开展应急行动而预先进行的思想准备、组织准备和物资准备。

（3）应急响应（Emergency Response）。针对发生的事故，有关组织或人员采取的应急行动。

（4）应急救援（Emergency Rescue）。在应急响应过程中，为最大限度地降低事故造成的损失或危害，防止事故扩大，而采取的紧急措施或行动。

（5）应急演练（Emergency Exercise）。针对可能发生的事故情景，依据应急预案而模拟开展的应急活动。

4. 应急预案编制程序

（1）概述

生产经营单位应急预案编制程序包括成立应急预案编制工作组、资料收集、风险评估、应急能力评估、编制应急预案和应急预案评审六个步骤。

（2）成立应急预案编制工作组

生产经营单位应结合本单位部门职能和分工，成立以单位主要负责人（或分管负责人）为组长，单位相关部门人员参加的应急预案编制工作组，明确工作职责和任务分工，制订工作计划，组织开展应急预案编制工作。

（3）资料收集

应急预案编制工作组应收集与预案编制工作相关的法律法规、技术标准、应急预案、国内外同行业企业事故资料，同时收集本单位安全生产相关技术资料、周边环境影响、应急资源等有关资料。

（4）风险评估

主要内容包括：

①分析生产经营单位存在的危险因素，确定事故危险源。

②分析可能发生的事故类型及后果，并指出可能产生的次生、衍生事故。

③评估事故的危害程度和影响范围，提出风险防控措施。

（5）应急能力评估

在全面调查和客观分析生产经营单位应急队伍、装备、物资等应急资源状况基础上开展应急能力评估，并依据评估结果，完善应急保障措施。

（6）编制应急预案

依据生产经营单位风险评估以及应急能力评估结果，组织编制应急预案。应急预案编制应注重系统性和可操作性，做到与相关部门和单位应急预案相衔接。应急预案编制格式参见附录A。

（7）应急预案评审

应急预案编制完成后，生产经营单位应组织评审。评审分为内部评审和外部评审，内部评审由生产经营单位主要负责人组织有关部门和人员进行。外部评审由生产经营单位组织外部有关专家和人员进行评审。应急预案评审合格后，由生产经营单位主要负责人（或分管负责人）签发实施，并进行备案管理。

5. 应急预案体系

（1）概述

生产经营单位的应急预案体系主要由综合应急预案、专项应急预案和现场处置方案构成。

生产经营单位应根据本单位组织管理体系、生产规模、危险源的性质以及可能发生的事故类型确定应急预案体系,并可根据本单位的实际情况,确定是否编制专项应急预案。风险因素单一的小微型生产经营单位可只编写现场处置方案。

(2)综合应急预案

综合应急预案是生产经营单位应急预案体系的总纲,主要从总体上阐述事故的应急工作原则,包括生产经营单位的应急组织机构及职责、应急预案体系、事故风险描述、预警及信息报告、应急响应、保障措施、应急预案管理等内容。

(3)专项应急预案

专项应急预案是生产经营单位为应对某一类型或某几种类型事故,或者针对重要生产设施、重大危险源、重大活动等内容而制订的应急预案。专项应急预案主要包括事故风险分析、应急指挥机构及职责、处置程序和措施等内容。

(4)现场处置方案

现场处置方案是生产经营单位根据不同事故类型,针对具体的场所、装置或设施所制定的应急处置措施,主要包括事故风险分析、应急工作职责、应急处置和注意事项等内容。生产经营单位应根据风险评估、岗位操作规程以及危险性控制措施,组织本单位现场作业人员及安全管理等专业人员共同编制现场处置方案。

6.综合应急预案主要内容

(1)总则

①编制目的。简述应急预案编制的目的。

②编制依据。简述应急预案编制所依据的法律、法规、规章、标准和规范性文件以及相关应急预案等。

③适用范围。说明应急预案适用的工作范围和事故类型、级别。

④应急预案体系。说明生产经营单位应急预案体系的构成情况,可用框图形式表述。

⑤应急预案工作原则。说明生产经营单位应急工作的原则,内容应简明扼要、明确具体。

(2)事故风险描述

简述生产经营单位存在或可能发生的事故风险种类、发生的可能性以及严重程度及影响范围等。

(3)应急组织机构及职责

明确生产经营单位的应急组织形式及组成单位或人员,可用结构图的形式表示,明确构成部门的职责。应急组织机构根据事故类型和应急工作需要,可设置相应的应急工作小组,并明确各小组的工作任务及职责。

(4)预警及信息报告

①预警。根据生产经营单位检测监控系统数据变化状况、事故险情紧急程度和发展势态或有关部门提供的预警信息进行预警,明确预警的条件、方式、方法和信息发布的程序。

②信息报告。信息报告程序主要包括:

a.信息接收与通报。明确24小时应急值守电话、事故信息接受、通报程序和责任人。

b.信息上报。明确事故发生后向上级主管部门、上级单位报告事故信息的流程、内容、时限和责任人。

c.信息传递。明确事故发生后向本单位以外的有关部门或单位通报事故信息的方法、程序和责任人。

（5）应急响应

①响应分级。针对事故危害程度、影响范围和生产经营单位控制事态的能力，对事故应急响应进行分级，明确分级响应的基本原则。

②响应程序。根据事故级别的发展态势，描述应急指挥机构启动、应急资源调配、应急救援、扩大应急等响应程序。

③处置措施。针对可能发生的事故风险、事故危害程度和影响范围，制定相应的应急处置措施，明确处置原则和具体要求。

④应急结束。明确现场应急响应结束的基本条件和要求。

（6）信息公开

明确向有关新闻媒体、社会公众通报事故信息的部门、负责人和程序以及通报原则。

（7）后期处置

主要明确污染物处理、生产秩序恢复、医疗救治、人员安置、善后赔偿、应急救援评估等内容。

（8）保障措施

①通信与信息保障。明确可为生产经营单位提供应急保障的相关单位及人员通信联系方式和方法，并提供备用方案。同时，建立信息通信系统及维护方案，确保应急期间信息通畅。

②应急队伍保障。明确应急响应的人力资源，包括应急专家、专业应急队伍、兼职应急队伍等。

③物资装备保障。明确生产经营单位的应急物资和装备的类型、数量、性能、存放位置、运输及使用条件、管理责任人及其联系方式等内容。

④其他保障。根据应急工作需求而确定的其他相关保障措施（如经费保障、交通运输保障、治安保障、技术保障、医疗保障、后勤保障等）。

（9）应急预案管理

①应急预案培训。明确对生产经营单位人员开展的应急预案培训计划、方式和要求，使有关人员了解相关应急预案内容，熟悉应急职责、应急程序和现场处置方案。如果应急预案涉及社区和居民，要做好宣传教育和告知等工作。

②应急预案演练。明确生产经营单位不同类型应急预案演练的形式、范围、频次、内容以及演练评估、总结等要求。

③应急预案修订。明确应急预案修订的基本要求，并定期进行评审，实现可持续改进。

④应急预案备案。明确应急预案的报备部门，并进行备案。

⑤应急预案实施。明确应急预案实施的具体时间、负责制订与解释的部门。

### 7. 专项应急预案主要内容

（1）事故风险分析

针对可能发生的事故风险，分析事故发生的可能性以及严重程度、影响范围等。

（2）应急指挥机构及职责

根据事故类型，明确应急指挥机构总指挥、副总指挥以及各成员单位或人员的具体职责。应急指挥机构可以设置相应的应急救援工作小组，明确各小组的工作任务及主要负责人职责。

(3)处置程序

明确事故及事故险情信息报告程序和内容、报告方式和责任等内容。根据事故响应级别，具体描述事故接警报告和记录、应急指挥机构启动、应急指挥、资源调配、应急救援、扩大应急等应急响应程序。

(4)处置措施

针对可能发生的事故风险、事故危害程度和影响范围，制定相应的应急处置措施，明确处置原则和具体要求。

8.现场处置方案主要内容

(1)事故风险分析

主要包括：事故类型；事故发生的区域、地点或装置的名称；事故发生的可能时间、事故的危害严重程度及其影响范围；事故前可能出现的征兆；事故可能引发的次生、衍生事故。

(2)应急工作职责

根据现场工作岗位、组织形式及人员构成，明确各岗位人员的应急工作分工和职责。

(3)应急处置

主要包括以下内容：

a.事故应急处置程序。分局可能发生的事故及现场情况，明确事故报警、各项应急措施启动、应急救护人员的引导、事故扩大及同生产经营单位应急预案的衔接的程序。

b.现场应急处置措施。针对可能发生的火灾、爆炸、危险化学品泄漏、坍塌、水患、机动车辆伤害等，从人员救护、工艺操作、事故控制、消防、现场恢复等方面制定明确的应急处置措施。

c.明确报警负责人以及报警电话及上级管理部门、相关应急救援单位联络方式和联系人员，事故报告基本要求和内容。

(4)注意事项

主要包括：佩戴个人防护器具方面的注意事项；使用抢险救援器材方面的注意事项；采取救援对策或措施方面的注意事项；现场自救和互救注意事项；现场应急处置能力确认和人员安全防护等事项；应急救援结束后的注意事项；其他需要特别警示的事项。

9.附件

(1)有关应急部门、机构或人员的联系方式

列出应急工作中需要联系的部门、机构或人员的多种联系方式，当发生变化时及时进行更新。

(2)应急物资装备的名录或清单

列出应急预案涉及的主要物资和装备名称、型号、性能、数量、存放地点、运输和使用条件、管理责任人和联系电话等。

(3)规范化格式文本

应急信息接报、处理、上报等规范化格式文本。

(4)关键的路线、标识和图纸

主要包括：警报系统分布及覆盖范围；重要防护目标、危险源一览表、分布图；应急指挥部位置及救援队伍行动路线；疏散路线、警戒范围、重要地点等的标识；相关平面布置图纸、救援

力量的分布图纸等。

(5)有关协议或备忘录

列出与相关应急救援部门签订的应急救援协议或备忘录。

## 二、城市轨道交通运营突发事件应急预案编制规范

应急预案编制格式

《城市轨道交通运营突发事件应急预案编制规范》为中华人民共和国交通运输行业标准(JT/T 1051—2016),由全国城市客运标准化技术委员会(SAC/TC 529)归口。

### 1.范围

本标准规定了城市轨道交通运营突发事件应急预案的体系构成及各级预案要点、基本要求、编制程序及编制内容的要求。

本标准适用于省、市级人民政府及运营单位编制城市轨道交通运营突发事件应急预案(以下简称"应急预案")工作。因地震、洪涝、气象灾害等自然灾害和恐怖袭击、刑事案件等社会安全事件以及其他可能影响城市轨道交通正常运营的突发事件的应急预案编制可参照使用。

### 2.规范性引用文件

下列文件对于本文件的应用是必不可少的,凡是注日期的引用文件,仅注日期的版本适用于本文件。凡是不注日期的引用文件,其最新版本(包括所有的修改单)适用于本文件:

GB/T 29639　生产经营单位生产安全事故应急预案编制导则。

GB/T 30012　城市轨道交通运营管理规范。

### 3.术语和定义

GB/T 30012 和 GB/T 29639 界定的术语以及下列术语和定义适用于本文件。

(1)运营突发事件

城市轨道交通运营过程中因列车撞击、脱轨,设施设备故障、损毁,以及大客流等情况,造成人员伤亡、行车中断、财产损失的突发事件。

(2)应急预案

为有效预防和控制可能发生的运营突发事件,最大程度减少运营突发事件及其造成的损害而预先制订的工作方案。

(3)应急准备

针对可能发生的运营突发事件,为迅速、有序地开展应急行动而预先进行的思想准备、组织准备和物资装备保障。

(4)应急响应

针对发生的运营突发事件,有关组织或人员采取的应急行动。

(5)应急救援

在应急响应过程中,为最大限度地降低运营突发事件造成的损失或危害,防止事态扩大,而采取的紧急措施或行动。

(6)应急演练

针对可能发生的运营突发事件情景,依据应急预案而模拟开展的应急活动。

（7）恢复运营

运营突发事件现场处理完毕、次生灾害后果基本消除,经过有关专家评估确认具备运营条件后,运营单位为恢复正常运营而采取的措施或行动。

4. 预案体系构成及各级预案要点

（1）体系构成

运营突发事件应急预案体系由国家级、省级、市级和运营单位级应急预案构成。

（2）各级预案要点（国家级除外）

①省级应急预案。明确运营突发事件的组织指挥机制、信息报告、分级响应及响应行动、队伍物资保障及调动程序、下级政府职责等内容,重点规范省级层面的应对行动,同时体现对下级预案的指导性。

②市级应急预案。明确运营突发事件的组织指挥机制、风险评估、监测预警、信息报告、应急处置措施、队伍物资保障及调动程序等内容,重点规范市级层面的应对行动。

③运营单位级应急预案。

a.明确运营突发事件应急响应责任人、风险辨识、风险评估与隐患监测、信息报告、预警响应、应急处置、人员疏散撤离组织和路线、可调用或可请求援助的应急资源情况及如何实施等,体现自救互救、信息报告和先期处置特点。

b.运营单位级应急预案应包括综合应急预案、专项应急预案和现场处置方案。

a）综合应急预案是运营单位应对各类运营突发事件的综合性文件,主要包括运营单位内部的应急组织机构及职责、应急预案体系、运营突发事件等级划分及风险描述、预警及信息报告、应急响应、信息发布、新闻报道、事后处理与奖惩、保障措施、应急培训和演练等内容。

b）专项应急预案是综合应急预案的细化,主要针对某一类型或某几种类型运营突发事件,或者针对重要风险而制订的应急方案。

c）现场处置方案是运营单位根据运营突发事件类型,针对可能发生运营突发事件的具体位置、场所和岗位所制订的应急处置措施。现场处置方案应由运营单位根据风险评估及危险性控制措施组织现场作业人员及安全管理等专业人员共同编制,应具体、简单、针对性和操作性强。

5. 基本要求

（1）编制准备

①省级和市级应急预案编制前应做好以下准备工作:

a.全面分析本级政府行政管辖范围内的城市轨道交通系统可能发生的运营突发事件类型及危害程度。

b.根据运营突发事件类型和危害程度的不同,确定本级政府层面应采取的应急处置措施,以及需要参与应急处置的所有本级政府组成部门和单位。

c.客观评价本级政府的应急资源调度及协调能力。

d.充分借鉴国内外同类运营突发事件的教训及应急处置经验。

②运营单位编制应急预案应做好以下准备工作:

a.全面分析本单位职责范围内的城市轨道交通系统相关危险因素、可能发生的运营突发事件类型及危害程度。

b.确定城市轨道交通系统运营的风险,进行风险评估,排查隐患的种类、数量和分布情况。

c.针对风险和存在的问题,确定相应的防范和处置措施。

d.根据运营突发事件类型和危害程度的不同,确定本单位内所有需要参与应急处置的部门和单位。

e.客观评价本单位的应急资源储备情况和调度能力。

f.充分借鉴国内外同类运营突发事件的教训及应急处置经验。

（2）编制原则

应兼顾城市轨道交通系统运营环境的特殊性和应急措施的可操作性,并确保与上一级应急预案的衔接。

（3）注意事项

①省级和市级政府应注重本级政府有关部门的参与和培训,确保有关运营突发事件应急处置人员均掌握本级政府的城市轨道交通运营突发事件的应急职责、应急预案的内容和预案启动程序,以及应急资源调动程序等。

②运营单位应注重本单位有关部门、单位的参与和有关人员的培训,确保运营突发事件应急处置有关人员均掌握本单位城市轨道交通运营的风险、现场应急处置方案、应急处置措施和技能。

6.编制程序

（1）成立编制工作组

①应急预案编制部门或单位应组成编制工作组,应急预案涉及的主要部门和单位业务相关人员、有关专家及有现场处置经验的人员应参加,明确编制任务、职责分工,制订工作计划。

②省级和市级应急预案编制工作组应由本级政府交通运输主管部门牵头,由包括交通运输、公安、安全监管、住房和城乡建设、卫生计生、质检、新闻宣传、武警、财政、通信、电力等部门和单位的人员组成。

③运营单位应急预案编制工作组应由企业负责人牵头,由包括运营安全管理、行车、调度、客运服务、设施设备维修、新闻与信息管理、综治保卫等部门的人员组成。

（2）收集资料

①编制应急预案前应收集如下资料:相关法律法规;上级政府层面的有关应急预案;相关技术标准;国内外城市轨道交通运营突发事件应急处置案例总结或分析资料。

②运营单位还应收集本单位的有关技术资料。

（3）风险辨识与风险分析

①省级和市级应急预案编制时应全面分析本级政府行政管辖范围内影响城市轨道交通运营的风险、运营突发事件发生的风险及其影响范围和危害程度,提出本级政府所应采取的风险控制和防范措施,作为本级应急预案编制的依据。

②运营单位应针对运营突发事件的特点,辨识风险、识别运营突发事件的危害因素,分析运营突发事件可能产生的直接后果以及次生、衍生后果,评估风险等级,提出控制风险、治理隐患的措施,作为本单位应急预案的编制依据。

（4）应急资源调查与应急能力评估

①省级和市级应急预案编制前,应调查本级政府有关部门和运营单位可调用的应急队伍、

装备、物资、场所等应急资源,以及合作区域内可请求援助的应急资源状况,必要时可对本级行政辖区内居民应急资源情况进行调查,并进行应急能力评估,依据评估结果,完善应急保障措施。

②运营单位应急预案编制前,应全面摸清本单位可调用的应急队伍、装备、物资、场所等应急资源,并进行应急能力评估,依据评估结果,完善应急保障措施。

(5)征求意见

①省级和市级应急预案在编制过程中,应进行充分的专家咨询和论证;正式发布前应广泛听取本级及下一级政府有关部门和单位的意见。涉及其他单位职责的,应当书面征求相关单位意见。必要时,向社会公开征求意见。

②运营单位级应急预案在编制过程中,应进行充分的专家咨询和论证;正式发布前应广泛听取本单位有关部门、单位和人员的意见。

7.编制内容

(1)省级和市级应急预案的内容要求见附录 A。

(2)运营单位级应急预案编制内容要求见附录 B。

附录A 省级和市级应急预案主要内容

附录B 运营单位级应急预案主要内容

## 9.2 城市轨道交通事故预防与处理

### 一、城市轨道交通系统防灾

城市轨道交通系统一旦发生事故,将成为公众舆论的焦点,从而带来不利的社会影响和政治影响。人员伤亡、车辆损毁所带来的经济损失也将十分严重。为提高城市轨道交通运营安全,有效减少事故的发生和降低事故损失,事故的处理预案可从事前预防对策以及事后处理措施入手,并将重点放在事故发生前的预防方面。

1.事故发生前的预防

(1)加强对乘客和工作人员的教育

①乘客。由于乘客素质对城市轨道交通安全有很大的影响,所以应加强对市民的城市轨道交通安全乘车意识的教育,减少由于乘客的失误而产生的城市轨道交通运营事故。例如2004 年 4 月出台的《北京市城市轨道交通安全运营管理办法》中,对乘客的各种危害城市轨道交通安全运营的行为作了规定,并明确了运营单位工作人员应当履行的安全管理职责,加强对乘客在紧急情况下逃生自救知识的宣传教育。

②工作人员。统计表明,几乎每一起重大事故都与城市轨道交通工作人员的失职有关。所以务必加强对工作人员的法制教育、技术教育、安全教育和职业道德教育。工作人员要牢记"安全第一"的运营准则,任何时候都不能麻痹大意。韩国大邱市城市轨道交通的惨案有一个重要原因,就是平时的安全教育流于形式,没有落实到实处。

(2)采用先进的设备及其检测体系

城市轨道交通系统的运营涉及众多人员和先进的设备。车辆因素、线路问题、信号标志等设备都直接关系列车的安全运行。车辆所使用的阻燃材料是否合格、安全装置是否充足有效、车辆是否符合运行要求、车辆技术状况的好与坏等方面,这些都会关系城市轨道交通的运行安全。在韩国大邱城市轨道交通事故中,车厢内为了防止触电未安装自动报警设备和自动淋水灭火装置,同时未采用先进的阻燃材料,致使易燃材料燃烧后产生了大量毒气和烟雾,导致了事故的扩大和蔓延。

配备事故监控设备有利于防止事故的发生,减少事故带来的影响。例如,上海城市轨道交通有两套自动防火设施、两级自动监控系统,即车站监控和中央控制级监控。

北京城市轨道交通设有双组变电站供电、紧急照明和应急通风设施,即使出现两个主变电站同时停电,列车失去牵引力最终停车时,也不会导致出现城市轨道交通"失控"现象。城市轨道交通的指挥系统,如调度电话、通信系统等,在失电情况下仍能正常使用,全部由蓄电池供电。

当在地下隧道或车站内发生意外导致紧急断电,突如其来的黑暗状态下人员极易发生混乱,造成伤亡。在断电情况下能持续提供光源十分重要。自发光疏散指示系统完全解决了这个问题。这些安全标志在完全失去光源的情况下仍然能够利用自身的蓄能发光,以便乘客在漆黑光线下找到逃生的方向。

建立和完善设备状况计量检测体系,确保设备运作的安全度。对已发生、出现过的事故苗头、灾害险情要及时记录,用系统安全工程的方法进行评价,及时制定切实可行的整改措施,把工作落到实处,尽量把事故和灾害消灭在萌芽状态。

(3)建立自动监视及自动报警系统

为了保证城市轨道交通的安全运行,每个城市轨道交通系统都应配备监测及自动报警系统 FAS。FAS 对于确保城市轨道交通的安全及其正常运营,具有极其重要的作用,成为城市轨道交通系统不可缺少的重要组成部分。受 FAS 保护的具体对象是全线车站、主变电所、车辆段及通信信号楼。城市轨道交通 FAS 必须是一个高度可靠的系统,接线简单,组网灵活,容易维修和扩展。控制中心(OCC)应有全线示意图,能监控全线的报警情况。

例如伦敦城市轨道交通在所有地下车站(115 个)内安装了"快速追踪"的火灾探测与报警系统。该设备包括一个探测范围宽广的模拟可寻址烟雾与热量探测系统.以及遥控关门器、应急有线广播系统、防火阀控制装置、检票口等安全防火设施。每个车站内的电脑能对本区段内的消防设施予以监视与控制,通过预先编制的程序,对每个车站上的所有消防安全设施进行扫描,在连续不断地进行基础分类后,确认这些设备的特征、位置,所处的工作状况。

(4)配备应急通信系统

应具备无线电通信设备和有线通信紧急电话,车站工作人员和城市轨道交通司机可通过无线系统或有线电话、站台内的 CCTV 视频传输系统向控制中心传递事态信息。车站内应装设全方位的监视器,实时收集站内各方位视频信息,避免出现有城市轨道交通发生火灾、爆炸、毒气等紧急事件而控制中心不知情的情况。列车上还应配备紧急报警按钮,发生火灾爆炸等意外事件时,乘客可迅速按压此按钮通知司机。

(5)建立事故故障预警

以历史的事故故障信息为基础,结合本运营单位对安全及可靠性状况的要求,对运营中的事故故障建立界限区域,实施预警管理。在将预警指标进行量化分析之后,按照确定的预警信号区域边界(预警界限),将各类预警指标转化为预警信号输出,直观反映现时的运营安全与可靠性状况及发展趋势。根据预警指标数值的大小划分成正常区域、可控区域和危险区域,分别表示城市轨道交通运营的安全态、病害态和危机态。通过预先识别影响运营安全及可靠性的危险源和危险状态,对超出界限的事故故障进行识别和警告,保证轨道交通运营的有序、安全、可靠,有效地降低事故故障率。

(6)制订应急处理方案

事故和灾害是难以根本杜绝的,必须高度重视应急预案的制订。"预防为主"是城市轨道交通安全正常运营的原则,凡事预则立,不预则废。不同的事故,应急处理方法亦有所不同。只有事先制订多套突发事故应急预案,增强突发性事件的应急处理能力,才能把事故与灾害所造成的人员伤亡和财产损失降到最低程度。迅速的反应和正确的措施是处理紧急事故和灾害的关键。

应急预案是对日常安全管理工作的必要补充。主要内容包括指挥系统的组织构成、应急装备的设置(主要包括报警系统、救护设备、消防器材、通信器材等)和事故处理与恢复正常运行。

(7)建立定期演练机制

对紧急状况进行定期演练,可以使人们对危险因素保持长时间的警觉性,增强全员安全生产意识,提高操作的熟练性,保持对紧急状态的敏感性及处理问题的正确性,使城市轨道交通运营系统长时间保持人、物、环境的相互适应、相互协调,并逐步提高各有关专业和工种的应变能力、协同配合能力和对事故的综合救援能力。

莫斯科城市轨道交通运营企业大约每月进行一次指挥部训练,每季度至少一次出动百名员工以及车辆和设备进行"实战演习"。世界范围内开通城市轨道交通线路的城市大多会制订恐怖袭击防范计划。我国各地城市轨道交通运营企业以及相关主管部门,也会不定期地与消防等相关部门进行实战演练,以提高处理紧急事件的能力。

2.事故发生后的处理

(1)乘客的安全疏散问题

根据全世界的轨道交通重大事故的经验和教训,如果事故发生后乘客没有得到快速、及时、安全的疏散,将会造成严重后果。乘客能够快速、及时、安全地疏散是整个城市轨道交通安全体系中极其重要的内容。完善的乘客安全疏散方案要尽可能详尽和具体。如城市轨道交通系统在1~2小时不能恢复正常运营的情况下,轨道交通运营企业应尽快联系地面公交部门,在各个轨道交通系统出口处设立对应的公交线路,有效疏导乘客。事故发生后,运营部门应担负起告知责任,不能以"故障"为借口,忽视甚至漠视乘客的知情权,导致乘客恐惧不安和混乱。

(2)事故处理专家系统

城市轨道交通事故的分析和处理是一项复杂的、经验性很强的技术工作,城市轨道交通发生事故的原因有很多,要求快速、有效、准确地识别故障原因并采取有效措施及时恢复城市轨道交通正常运行。近年来,在安全科学领域中计算机技术已与安全管理、安全评价、风险分析预测等工程技术广泛结合,推动了安全科学发展的进程。利用计算机可准确、高效、科学地进行安全分析、事故诊断、安全决策等。

专家系统内含有城市轨道交通领域专家水平的知识与经验,利用专家的经验快速给出处理措施,可辅助管理人员进行事故处理,提高城市轨道交通的安全经济运行水平。

（3）事故的快速处理

一旦事故和灾害发生,在线路上运行的列车就不能继续按照原先的运行图运行,中央控制室必须及时对所有列车运行作出科学正确的调整。韩国大邱城市轨道交通纵火案正是由于中央控制室管理不力,没有及时阻止另一列列车驶入已经失火的车站,才导致了伤亡人员的增加,而且死亡人员多数也是在第二列列车上的乘客。

未来列车自动控制系统（ATC）中应包括发生紧急事故和灾害情况下的列车自动调度系统。这个自动调度系统应该是一个实时专家系统。在紧急情况下,可模拟调度专家的思维方式,根据事实库中的事实,调用规则库中的规则,逐步进行推理。自动调度系统将及时制订出新的列车运行方案,防止灾害的扩大化。

维护好运营安全局面需要全社会的共同努力,需要各部门的齐抓共管。具体来说,需要人的要素、物的要素、安全管理体制要素和社会环境要素几个方面的保障。只有把这些方面有机结合起来,才能实现安全运营。

①人的要素是指乘客要有较强的安全防范意识,运营的管理者和作业人员要有高素质的职业道德和工作水平。

②物的要素是指系统装备功能完备、性能先进,防灾抗灾能力强,车站和区间隧道建筑结构设计合理,灾害发生时便于逃生。

③制度的要素是指实现安全运营的各种管理制度要规范完备。从保障我国城市轨道交通安全运营的实际情况来看,亟须建立和完善城市轨道交通灾害应急处理制度、设施设备日常安全维护制度、紧急状况定期演练机制及国民安全教育计划。

④社会环境的要素是指城市轨道交通安全运营问题需要全社会共同努力,进行综合整治,以预防灾难。

随着事故影响因素越来越多、越来越复杂,单独依靠城市轨道变通系统应对事故,尤其是大型、特大型事故变得越来越困难。目前我国很多城市都成立了轨道交通抢险指挥中心,由市政府牵头,动用社会多部门的力量来共同处理大型事故。

**小贴士**

### 危险品处理技巧

很长一段时间以来,公路、铁路、民航等运输企业,对查危工作都非常重视。城市轨道交通的查危工作也是非常重要的。由于目前城市轨道交通员工没有执法权,虽然轨道交通管理办法中规定城市轨道交通员工可以检查乘客的包裹,但遇到乘客拒绝接受检查,处理起来就会很难。这个时候可以乘客物品超过规定携带范围为由,一边拖延时间,一边通知公安协助。

附:危险品分类。

第一类:爆炸或易爆物品,如雷管、手榴弹、炸药、烟花、鞭炮、导火线等。

第二类:压缩气体和液化气体,如石油液化气瓶、天然气瓶和其他各种压缩气瓶等。

第三类:易燃液体,如汽油、煤油、柴油、油漆、酒精、香蕉水等。

第四类:易燃固体、自燃物品和遇湿易燃物品,如硫磺、黄磷、白磷、过氧化钠、碳化钙(电石)、钠、钾等。

第五类:强氧化剂,如浓硝酸、浓硫酸、浓盐酸、王水等。

第六类:毒害品和感染性物品,如氯化汞、氰化钾、三氧化二砷(砒霜)、尼古丁、石棉、各类农药等。

第七类:放射性物品,如镭、钋、铀等。

第八类:腐蚀品,如醋酸、磷酸、氨水等。

第九类:其他可能影响乘客人身安全的物品。

## 二、突发事件时的抢险组织与运营组织

城市轨道交通运营过程中经常发生各种各种各样的突发事件,对各种突发事件的处理进行演练是城市轨道交通日常工作的重要组成部分。

城市轨道交通系统各部门必须牢固树立"安全第一"的思想,遵循预防为主、常备不懈的方针,抢险组织工作要贯彻"高度集中、统一指挥,逐级负责、先通后复"的原则,确保抢险救援工作反应及时、措施果断,有序、可控、快速、及时,减少事故影响,尽快恢复运营生产。

1. 有关概念

(1)突发事件

突发事件:是指城市轨道交通运营管辖范围内突然发生、造成或者可能造成员工人身、城市轨道交通财产、城市轨道交通形象受损或乘客财产、健康严重损害的事件。

(2)地外伤亡事故

凡在城市轨道交通列车运行和调车作业中,或其他原因发生,导致城市轨道交通外部人员及非在岗作业的城市轨道交通员工伤残死亡的,均列为地外伤亡事故。

(3)群死群伤

在城市轨道交通运营生产中,无论何种原因造成 3 人死亡或重伤 5 人以上均视为群死群伤。

2. 突发事件的分类及分级

突发事件分为 3 类:运营生产类、消防治安类、自然灾害类。

突发事件分为 2 级:重大级、一般级。

运营生产类重大级突发事件包括行车大事故及以上事故;一般级突发事件包括行车险性及以下事故或严重影响运营的设备设施故障。

消防治安类重大级突发事件包括在城市轨道交通运营范围内发生爆炸、毒气、恐怖袭击、火势较大须公安消防队灭火、5 人以上聚众闹事严重影响城市轨道交通运营的事件;一般级突发事件包括在城市轨道交通运营范围内收到爆炸、毒气、恐怖袭击等恐吓信息、火势较小依靠自身力量可灭火、5 人以下聚众闹事对城市轨道交通运营影响较小的事件。

自然灾害类重大级突发事件包括发生地震、水灾及气象台发布的黑色气候信号等严重影响城市轨道交通运营的事件;一般级突发事件包括气象台发布的白色、红色、黄色气候信号影响城市轨道交通运营的事件。

3. 突发事件的抢险组织

(1)抢险组织的原则

现场有乘客时,应采取各种措施,稳定乘客情绪、维持秩序,尽力保证乘客安全,及时判明现场情况,及时报告,控制事态、减少影响,积极动员和组织一切力量进行抢险。

在现场总指挥到达之前,若事故发生在区间,由司机负责;根据需要,行车调度员可安排事故区间邻近车站值班站长(或站长)到事故现场负责。若事故发生在车站或车厂,由值班站长(或站长)、车厂调度员负责。现场总指挥到达后由现场总指挥接管,并组织开展工作。

(2)控制中心的组织

控制中心值班主任可根据现场情况:启动相应预案,采取各种措施,控制事态发展,减少人员伤亡和财产损失;加强与现场指挥的联系,负责信息的收集和传递;通知相关部门派出抢险队,赶赴现场;协助相关部门调集抢险物资;掌握全公司生产动态,努力保证其他工作的正常进行;按照《行车组织规则》的规定尽量组织其他区段列车的运营。

(3)车厂控制中心的组织

接到事故报告后,采取有效措施,控制事态发展,减少损失,立即报告控制中心及本部门领导。现场情况一时无法判明时,也应将所了解的情况先行报告,待详细了解后再续报。根据现场需要,按照本部门事故抢险预案迅速组织人力、物力赶赴现场。根据现场情况,筹集并运送抢险物资。

(4)维修控制中心的组织

接到事故报告后,采取有效措施,控制事态发展,减少损失,立即报告控制中心及本部门领导。现场情况一时无法判明时,也应将所了解的情况先行报告,待详细了解后再续报。

4. 突发事件的运营组织及乘客疏散原则

(1)运营组织原则

控制中心值班主任应与现场指挥加强联系,随时了解现场情况,组织具备运行条件的区段维持运营。

行车调度员应尽快了解现场情况并迅速上报。现场情况一时无法判明时,也应将所能了解到的情况先行报告,待详细了解后再行续报。根据现场情况,正确及时地发布抢险救援命令,协助现场处理有关事宜。其他区段具备开通条件时,应组织列车分段运行。

电力调度员应尽快了解现场情况并迅速上报。现场情况一时无法判明时,也应将了解的情况先行报告,待详细了解后再行续报。根据现场情况,正确、及时地发布停、送电命令。协助现场处理有关事宜,保证其他具备供电条件区段的正常供电。

车站应与控制中心加强联系,及时执行行车调度员命令,组织本站人员做好本站客运组织、票务组织工作和乘客服务,利用广播加强宣传,稳定乘客情绪。

封闭的车站或事故现场,除有关救援人员外,其他人员一律不得进入。

城市轨道交通公安人员要维护车站秩序,保护事故现场,并对事故进行必要的调查取证。要密切注意可疑动态,严防不法分子乘机破坏和捣乱。

在车站或现场的城市轨道交通员工,要服从现场指挥人员的统一指挥,并积极协助,尽一切能力参与抢险救援工作。

(2)乘客疏散原则

因发生各类突发事件,需要疏散乘客时,列车司机、站务员、公安干警等相关人员应在车站站长(或值班站长)的统一指挥下,密切配合、协调动作,根据调度命令进行疏散乘客作业。

疏散乘客时,车站应加强广播,做好乘客引导工作。车站根据现场实际情况必要时可张帖宣传告示。在区间疏散乘客时,行车调度员应扣停后续列车及区间邻线列车。

### 三、常见运营事故的应急处理

城市轨道交通作为城市公共交通的重要组成部分,处于地下的空间,形成封闭的环境,聚集密集的人员,通风和疏散都受到极大的限制。这是城市轨道交通十分突出的弱点。近几年,城市轨道交通又成为破坏分子与恐怖袭击的主要目标之一,城市轨道交通安全工作的特殊性和脆弱性日益突出。一旦发生意外事故,伤亡损失往往非常惨重。

为迅速有效处置城市轨道交通的运营事故及各类突发事件,各城市轨道交通公司认真总结了兄弟城市城市轨道交通以往的经验教训,制定了《突发事件应急处理办法》,用以指导各专业人员迅速处理各类突发事件。

各类突发事件在处理上因发生的地点和影响程度不同,需要采取的预案等级也不同,作为站务人员来说,在各类突发事件处理中最主要的职责有三点:一是根据事故影响程度,向乘客做好宣传解释工作,安抚乘客,按预案进行疏散,确保乘客人身安全。二是尽力做好或者协助其他部门、中心做好事故救援工作,尽快恢复运营,减小影响。三是合理应对媒体,特别是在重大的突发事件中,更要注重维护城市轨道交通公司的形象。为了统一口径,公司有明确规定不允许员工随意接受采访,但不能用这个原因作为拒绝媒体的理由,建议回答如下内容:事情正在调查处理过程中,目前我对整件事情不是很了解,等公司将事情调查清楚后,会给各媒体和广大市民一个交代。

1.人身伤亡事故的处理(见表9-1)

人身伤亡事故的处理

表9-1

| 岗 位 | 应 急 措 施 |
|---|---|
| 值班站长 | 1.值班站长接报后,立即组织客值、备班人员等,携带专用工具(照相机)赶赴现场。<br>2.配合现场公安进行取证、拍照。<br>3.如伤亡者压在车轮底下,经现场公安许可,指挥列车司机按要求动车。<br>4.在公安画线、取证、拍照等工作完毕后,经现场公安许可,迅速将伤者抬上担架(死者用裹尸布遮盖),送往指定出入口等待救护车。若已死亡将尸体存放在适合地点(避免乘客围观或造成恐慌)。<br>5.通知保洁人员处理站台、站厅层血迹。<br>6.带目击证人到警务室取证。<br>7.立即向OCC值班主任、站务中心领导汇报处置情况。<br>8.派员到出入口引导救护车 |
| 行车值班员 | 1.立即报告警务室、OCC值班主任和当班值班站长(或站长),并拨打120。<br>2.不断人工广播,安抚乘客,劝乘客不要围观。得到行车调度员批准后,及时向乘客发布××方向的列车将有延误的信息。<br>3.配合OCC维持正常的列车运行作业 |
| 客运值班员 | 1.关闭部分TVM和进站闸机,尽量采用人工售票。未关闭的TVM和进站闸机要派志愿者提醒乘客:往××方向的列车将延误。<br>2.通知售检票员停止发售受影响方向的车票,并做好乘客解释工作。<br>3.到站台协助值班站长处理 |

| 岗 位 | 应 急 措 施 |
|---|---|
| 售检票员 | 停止发售影响方向的车票,做好乘客解释工作 |
| 站台安全员 | 1. 立即按下紧急停车按钮,报告车控室,保护现场,挽留2名目击证人(乘客),现场等候处理。<br>2. 另一名安全员迅速引导、疏散其围观乘客,维持好站台秩序,避免人多时发生其他意外。<br>3. 第三名站台安全员迅速到应急备品间取出担架、裹尸布、手套、粉笔等应急备品,赶赴现场(只有两名站台安全员的车站,该项工作由客运值班员负责) |

注:1. 发生列车压人事故时,寻找目击证人对今后的事故调查处理十分关键,必要时可以先留下证人的联系方式(并许诺作证可以获得一定的交通费补助等),交由公安调查处理。

2. 人多混乱,一定要控制好现场的秩序,避免发生其他意外,必要时请求支援。

**2. 客车在隧道内因故障停车,需要疏散乘客和救援时的处理**

(1)行车值班员接到行车调度员封锁线路隧道清客的调度命令后,打开隧道照明灯。

(2)车站值班站长和故障客车司机,执行行车调度员的指示,组织乘客从某端疏散到车站(一般故障不是火灾,在客车前端疏散,有利乘客的安全)。

(3)值班站长安排值班员和站务员携带手提广播、对讲机、照明灯(手电筒),穿荧光服到隧道内引导乘客向站台疏散,通知售票员暂停售票,控制客流进站。

(4)值班员负责确认乘客全部安全到达站台和线路出清后报告车站控制室行车值班员。

(5)值班站长确认线路出清后,报告行车调度员线路已出清,按行车调度员命令做好救援准备工作。

(6)车站根据行车调度员的指示,填写封锁线路的命令,交给救援客车司机,作为进入封锁线路的凭证。

(7)救援客车从站间返回后,确认故障客车已被拉进站时,报告行车调度员。

(8)行车调度员发布取消前发封锁线路的命令。

(9)救援客车司机将故障客车拉回车厂,或送到沿途存车线(折返线)待令。

**3. 客车须清客时的应急处理**

(1)当需要清客时,司机应:

①向行车调度员报告清客原因。

②客车的具体位置。

③客车上乘客的数量。

(2)清客前司机应:

①用客车广播告知乘客清客的原因,并安抚以避免乘客发生混乱。

②与行车调度员保持密切的联系。

(3)客车未完全进站时,如果客车只有一部分停在站台内不能向前移动对标时,按照下列程序处理:

①报告值班站长,并执行行车调度员的清客命令。

②用广播通知乘客。

③手动打开已进入站台侧的车门。

④要求站务人员协助乘客下车。

⑤出清后,按行车调度员的指示执行。

（4）当客车在隧道停车需要紧急清客时，执行下列程序：

①放下前端的疏散门或后端的疏散门。

②广播通知乘客按顺序从疏散门离开客车。

③确认所有乘客已经离开客车。

④司机必须停留在现场，做好客车的防护。

4. 列车救援时的应急处理

（1）请求救援客车司机应：

①报告行车调度员故障客车的停留位置以及要求协助的内容事项等。

②施加停车制动，关闭操纵台，关闭车厢风缸塞门。

③在救援客车来车方向的驾驶室打开客车头、尾部红灯进行防护。

④救援客车到达后，在救援客车来车方向的驾驶室向救援客车司机显示信号，指挥客车连挂。

⑤客车连挂好后，激活操纵台，缓解停车制动，切除连挂端 A 车的两个车厢风缸塞门，与救援客车司机进行通话及制动试验。

⑥执行事故处理主任的指示。

⑦运行中，与救援客车司机加强联系，发现危及行车、人身安全情况时立即采取停车措施。

（2）救援客车司机应：

①担当事故处理主任的角色。

②认真执行行车调度员命令。

③明确故障客车停留位置、运行速度、线路坡度、曲线半径以及下列注意事项：

a. 以 ATO 或 SM 或 RM 模式驾驶客车前往救援地点。

b. 在救援地点前 15m 处一度停车，确认被救援客车司机发出的手信号。

c. 在接近车辆前 1m 处一度停车，确认安全后再连挂。

d. 挂后应试拉、检查车钩连挂状态。

e. 与被救援客车司机进行通话，进行制动试验。

f. 运行中，与被救援客车司机加强联系，发现危及行车、人身安全情况时立即采取停车措施。

### 知识链接

## 车站发现可疑物品的处理

（1）向行车调度员、公安汇报。

（2）在公安确定物品性质之前，车站工作人员不得打开或移动该物品。控制可疑物品周围 20m 范围。

（3）公安确定为爆炸物品后，值班站长向行车调度员汇报，请求终止本站服务。

（4）值班站长通知全体工作人员执行紧急疏散计划。

（5）注意事项。

①广播的原则：不能引起乘客过度恐慌，要尽快疏散乘客。

②在乘客疏散完成之前，全体工作人员必须坚守岗位。

（6）处理完毕后，车站确认具备恢复运营的条件，报 OCC 批准后，由值班站长通知所有工作人员回到岗位,继续列车服务。

## 四、事故处理应急预案

应急预案是针对各种可能发生的事故或突发事件所需的应急行动而制订的指导性文件,是应急救援系统的重要组成部分。其目的是指导应急行动按计划有序进行,防止因行动组织不力或现场救援工作的混乱而延误事故应急救援,从而造成人员伤亡和财产损失。

1. 应急预案的制订

应急预案的制订应该分层次、分级别。

(1)城市轨道交通特大事故和突发事件应急救援预案应由当地政府组织制订。当地政府应组织城市轨道交通运营单位、公安、消防、供电、通信、供水、交通和医疗等单位建立统一和完善的灾害救援指挥机构和抢险救灾体系,制订故障、火灾、爆炸、恐怖袭击、灭火、抢险救灾等应急处理工作预案。

(2)城市轨道交通运营单位应组织制订运营机构应对轨道交通事故和突发事件应急救援预案。该预案应遵循统一指挥、逐级负责、快速反应、配合协同的原则。该应急预案还要包含以下子预案:

①控制中心应急处理预案(调度指挥预案)。城市轨道交通运营单位应组织制订控制中心应急处理预案,该预案应规定控制中心各调度岗位在运营组织中遇到各类突发事件时的应急处理程序。

②城市轨道交通车站应急处理预案。城市轨道交通运营单位应组织制订车站应对各类事故和突发事件的应急处理预案。车站现场应急处理预案均应遵循及时报警、疏散乘客、抢救伤员的原则,周密制定相关岗位职责、工作流程和设施器材配置标准及操作规程。

③车站其他预案。为确保城市轨道交通运营安全,除火灾应急预案外,运营单位还应建立毒气、爆炸、劫持人质等突发事件应急预案。

④车务安全应急处理预案。城市轨道交通运营单位应组织制订车务安全应急处理预案。该预案应规定车站、客车司机及车厂行车有关人员对乘客服务、行车组织、调车作业等工作中可能发生的各种应急事件、事故的处理程序。

⑤乘客疏散预案。因发生火灾等突发事件需要疏散乘客时,各岗位工作人员应密切配合、协调动作,根据指挥进行乘客疏散作业。

2. 应急预案的基本内容

各应急预案在制订时应明确以下内容:

(1)运营单位抢险指挥领导小组的人员组成和职责,抢险指挥领导小组应负责抢险救援的组织、指挥、决策。指挥各部门实施各自应急预案,尽快恢复轨道交通运营。

(2)抢险信息的报告程序。应遵循迅速、准确、客观和逐级报告的原则。

(3)现场处置过程中各部门的组织原则及相关职责。

(4)不同事故情况下的抢险救援策略和人员疏散方案。

(5)提供救援人员、通信、物资、医疗救护和生活保障。

3. 应急预案的分类

按照针对事故的不同,应急预案可以分为 3 种:故障应急预案、事故应急预案和突发事件应急预案。具体见图9-1。

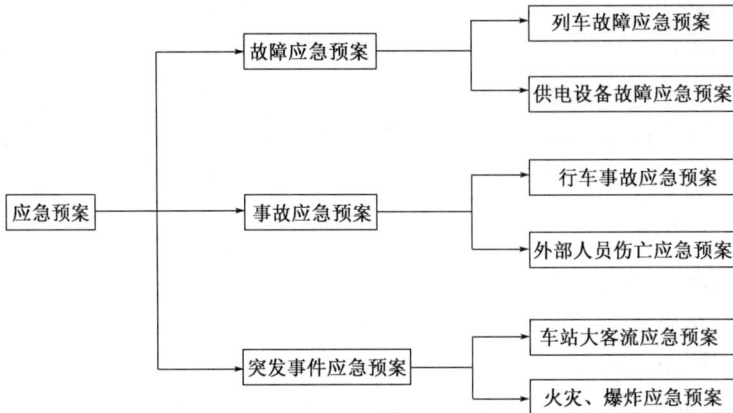

图9-1  应急预案的分类

4. 应急预案的使用

应急预案在编制完成后,应注意让工作人员熟悉和演练。首先,应急预案必须及时发放给相关工作人员,包括应急处置指挥人员、参与应急处置人员、可能与事故直接有关人员、可能会受到事故影响的人员。其次,应急预案必须通过模拟演练与培训来强化。通常应急预案中规定的救援办法通常都需要多单位、多部门的人员进行相关配合使用,因此应急预案在被编制完成后一定要按照里面提及的人员进行配合模拟演练。

5. 列车晚点应急预案(见表9-2)

列车晚点应急预案

表9-2

| 岗　位 | 应　急　措　施 |
| --- | --- |
| 行车值班员 | 1. 行车值班员接到行车调度员及后方站上行(或下行)列车晚点的通知后,判断晚点时间,报告当班值班站长,并按要求不间断播放列车晚点信息。<br>2. 与行车调度员及邻站保持联系,加强广播,通过CCTV密切监控车站乘客动态。<br>3. 行车值班员在行车日志上做好记录,将列车延误的原因、具体时间段、延误的列车车次等汇总信息报告值班站长。<br>4. 运营恢复时,及时更换播音内容 |
| 值班站长 | 1. 接到行车值班员通知后,及时将有关列车延误信息汇报给中心站长。<br>2. 通知并监督各岗位按照应急预案要求,做好本职工作。<br>3. 必要时与驻站公安取得联系,请求支援。<br>4. 如列车晚点时间过长,根据中心站长的指示,进一步做好列车延误车站的应急工作。<br>5. 待列车运营秩序正常后,通知车站各岗位恢复正常,厅巡或备班人员撤除各个出入口的列车延误告示,行车值班员和客运值班员统计相关数据。<br>6. 值班站长收到行车值班员、客运值班员的报告进行汇总后报告给中心站长及相关部门 |
| 客运值班员 | 1. 接到值班站长的通知后,到站厅做好对乘客的宣传解释工作,播放列车延误信息(主要包括晚点的方向、大概延误的时间及让有急事的乘客改乘其他地面交通工具等)。<br>2. 晚点10分钟以上时,到补票亭协助检票员做好乘客退票及IC卡免费更新工作,不间断播放退票及IC卡免费更新的信息。(退票及更新均须填写乘客事务处理单,并注明城市轨道交通原因)。<br>3. 列车晚点30分钟以上时,听从值班站长安排,在各个出入口张贴列车延误的告示。<br>4. 恢复运营后,及时将出入口的列车延误告示撤除,统计因城市轨道交通原因造成的退票数量、金额及免费更新IC卡的数量,将信息报告给值班站长 |

| 岗　位 | 应 急 措 施 |
|---|---|
| 售票员 | 售票前询问买到哪个方向的车票,并须再次告知乘客列车延误的信息。出售该方向的车票时注意放慢速度。听到值班站长停止出售该方向的车票时立即停止出售,并耐心向乘客解释 |
| 站台安全员 | 1. 密切注意站台乘客动态,不间断广播告知乘客列车晚点信息(主要包括晚点的方向、大概延误的时间及请乘客改乘其他地面交通工具等)。<br>2. 必要时向值班站长请求支援,维持好现场秩序避免人多拥挤时发生人身安全及行车安全事故 |
| 中心站长 | 1. 接到值班站长的汇报后,根据晚点时间及影响大小作出相关指示。<br>2. 保持与相关部门(OCC、票务中心及站务中心领导)的联系,随时听取有关指示,并传达给值班站长 |

注:1. 发布列车延误信息时要经过行车调度批准,内容要力求准确。

　　2. 影响时间较长,有乘客需要退票时,要经过值班主任批准,至少要得到各站按本文规定执行的命令。

　　3. 退票时,按规定仍须填记乘客事务处理单,可以请乘客不要集中在当天退票(7日内均可)。如经过宣传后仍有大批乘客需要当时退票,应在请示票务中心领导后,灵活处理,避免因乘客等候时间过长引发其他纠纷。

## 复习与思考

### 一、名词解释

1. 突发事件

2. 地外伤亡事故

3. 应急预案

### 二、问答题

1. 城市轨道交通运营单位应急预案如何制定? 主要包括哪些内容?

2. 列车晚点行车值班员应如何应对?

3. 发生人身伤亡事故时,客运值班员应如何处理?

4. 列车需清客时,司机应如何处理?

# 附录1 城市轨道交通常用缩略语英汉双解

| 缩写 | 英文全拼 | 中文含义 |
|---|---|---|
| AFC | Automatic Fare Collection | 自动售检票系统 |
| AGT | Automated Guideway Transit | 自动导向交通 |
| AR | Automatic Reversal | 自动折返 |
| ARS | Automatic Route Setting | 进路自动排列 |
| ATC | Automatic Train Control | 列车自动控制 |
| ATO | Automatic Train Operation | 列车自动驾驶 |
| ATP | Automatic Train Protection | 列车自动防护 |
| ATR | Automatic Train Regulation | 列车自动调整 |
| ATS | Automatic Train Supervision | 列车自动监控 |
| ATT | Automatic Train Tracking | 列车自动跟踪 |
| AVM | Automatic Vehicle Monitoring | 车辆自动监控 |
| BAS | Building Automation System | 环境自动控制系统 |
| BCC | Backup Control Center | 备用控制中心 |
| CC | Central Computer | 中央计算机 |
| CCR | Central Control Room | 中央控制室 |
| CCTV | Closed Circuit Television | 闭路电视 |
| CLOW | Center Local Operation Workstation | 中央联锁工作站 |
| CTC | Centralized Traffic Control | 调度集中 |
| DCC | Depot Control Center | 车辆段控制中心 |
| DVA | Digital and Audio Announcements | 数字语音广播器 |
| DTI | Departure Time Indicator | 发车计时器 |
| FAS | Fire Alarm System | 防灾报警系统 |
| FDU | Frontal Display Unit | 前部显示单元 |
| LOW | Local Operation Workstation | 联锁工作站 |
| LCP | Local Control Panel | 局部控制台 |
| LAN | Local Area Network | 局域网 |
| MMI | Man Machine Interface | 人机接口 |
| M(C) | Motor Car | 动车 |
| Mp(B) | Motor Car with Pantograph | 带受电弓的动车 |
| OCC | Operation Control Center | 运营控制中心 |
| PIS | Passenger Information System | 乘客信息系统 |

| 缩写 | 英 文 全 拼 | 中 文 含 义 |
|------|-------------|-------------|
| PIIS | Passenger Information and Indication System | 乘客向导系统 |
| RM | Restricted Manual Mode | (ATP)限速人工驾驶 |
| RTU | Remote Terminal Unit | 远程控制单元 |
| SC | Station Computer | 车站计算机 |
| SM | Supervised Manual Mode | (ATP)监控人工驾驶 |
| TIMS | Tran Integrated Management System | 列车综合管理系统 |
| URM | Unrestricted Manual Mode | (ATP切除)人工驾驶 |
| UPS | Uninterrupted Power Supply | 不间断电源供给 |

# 附录2 城市轨道交通运营管理规章课程标准

## 一、课程基本信息

建议学时:72

先修课程:《城市轨道交通概论》、《城市轨道交通运营安全与应急处理》、《城市轨道交通车站设备维护与管理》等。

后续课程:《城市轨道交通票务管理》、职业资格考证、顶岗实习、毕业设计(或毕业论文)等。

## 二、课程性质

城市轨道交通运营管理规章属于城市轨道交通专业群学生的专业核心课程。该课程开设的目的是给学生系统讲授城市轨道交通专业群主要岗位的任务,应知应会的规章制度及安全管理等,使学生能够对城市轨道交通专业岗位的了解更深一层,提高工作素养,使学生掌握城市轨道交通运输管理、主要设备操作维护管理、安全管理等内容,为毕业后从事城市轨道交通生产、服务、管理等一线工作奠定坚实基础。

### 1. 与前续课程的联系

通过《城市轨道交通概论》、《城市轨道交通运营安全与应急处理》、《城市轨道交通车站设备维护与管理》的学习,学生了解了城市轨道交通运营管理相关的基本设备和管理要点,对行业有了较为宏观的了解。

### 2. 与后续课程的关系

为学生后续课程学习及职业资格考证、顶岗实习、毕业设计(或毕业论文)等打下良好的专业基础,使学生具备良好的职业技能和职业素养与基本设备操作技能。

## 三、课程基本理念

根据城市轨道交通对高技能人才的要求,课程应突出职业素质,夯实专业基础,增强专业教学的理论性、适用性、实践性,构建应用性和实践性为基本特点的课程教学体系。在教学组织上,根据《城市轨道交通运营管理规章》课程理论性与实务性相结合的特点,坚持"实际、实用、实践"原则,科学合理的组织教学全过程。课程的教学以系统掌握为原则,根据教学内容特点,合理地将理论教学与实践教学有机结合。课程内容全面反映城市轨道交通新技术发展的实际,理论教学和实践教学交替进行。

## 四、课程设计思路

### (一)确定课程目标的思路

本课程总体设计思路是以城市轨道交通专业群相关工作任务和职业能力分析为依据,确定课程目标、设计课程内容,以工作岗位技能要求为线索构建综合性职业能力体系。

### (二)设计课程内容的依据

本课程的具体设计是以城市轨道交通运营管理规章为主线,按照学生的认知规律与工作要求相结合设计教学内容。本课程的教学活动分解为城市轨道交通主要行车设备、城市轨道交通主要作业岗位、城市轨道交通乘务组织管理、城市轨道交通站务组织管理、城市轨道交通车辆运用与检修管理、城市轨道交通车站主要设备操作维护管理、城市轨道交通安全管理规则、城市轨道交通事故处理规则、城市轨道交通应急管理等九个单元。同时又充分考虑职业教育对理论知识学习的需要,满足融合获取相关职业资格证书对知识、技能和态度的要求。

### (三)采用何种教学模式

每个单元的学习都以工作任务为活动的载体,以城市轨道交通运营管理规章各环节引出专业的相关理论和实践。可通过校内实训、情景模拟、案例分析等多种形式组织教学,采取工学结合的培养模式,使学生在强化实践的过程中加深对专业知识和技能的理解与应用,更好地掌握车站设备的操作与维护等各种能力,满足学生职业生涯发展的需要。

## 五、课程目标

通过本课程的学习,学生应掌握城市轨道交通调度组织管理、城市轨道交通乘务组织管理、城市轨道交通站务组织管理、城市轨道交通主要设备操作维护管理、城市轨道交通安全管理、城市轨道交通事故处理以及城市轨道交通应急管理等知识与技能。

### (一)知识目标

1. 了解城市轨道交通主要行车设备;
2. 掌握本专业岗位相关设备的功能;
3. 了解城市轨道交通主要作业岗位及其相互关系;
4. 了解运营调度工作的作用与任务;
5. 了解运营调度指挥组织架构及相互关系;
6. 了解城市轨道交通列车司机的岗位要求与岗位规范;
7. 掌握城市轨道交通列车司机作业规范;
8. 熟悉列车安全驾驶的基本规定;
9. 了解乘务管理制度与乘务作业工作纪律;
10. 了解车站行车作业基本要求与作业制度;
11. 了解城市轨道交通客运服务原则与规范;
12. 了解城市轨道交通车辆的运用与检修管理体制;

13. 熟悉城市轨道交通车辆的运用管理基本知识；

14. 掌握车站消防系统的构成、自动气体灭火系统的操作和 FAS 系统故障处理程序；

15. 掌握自动扶梯的开启和关闭程序以及常见故障的处理方法；

16. 了解 AFC 设备常见故障种类；

17. 了解安全管理的发展进程；

18. 掌握安全、事故、危险、隐患的含义；

19. 掌握一般行车事故的处理措施；

20. 熟悉城市轨道交通系统防灾措施；

21. 了解城市轨道交通应急预案编制原则；

22. 了解城市轨道交通运营突发事件应急预案编制规范。

## （二）能力目标

1. 能正确操作与本专业岗位相关的设备；

2. 能执行调度各工种的岗位职责与基本任务；

3. 能执行车站各岗位工作职责与作业标准；

4. 能进行各种特殊情况下的列车驾驶操作；

5. 能进行列车故障处理；

6. 能对车站突发事件进行应急处理；

7. 能遵守城市轨道交通主要客运规章制度；

8. 能执行城市轨道交通车辆的检修制度；

9. 会正确使用各种灭火器；

10. 能进行自动扶梯的开启、关闭以及对常见故障进行处理；

11. 会分析城市轨道交通系统安全工作的地位和作用；

12. 能描述城市轨道交通系统安全管理途径；

13. 能判断城市轨道交通事故与事故等级；

14. 会进行城市轨道交通事故分析；

15. 能对城市轨道交通事故进行有效预防；

16. 能正确处理常见的运营事故。

## 六、课程的内容标准（附表 1）

**课程内容及要求**　　　　　　　　　　　　　　　　　　　附表 1

| 项目编号 | 项目名称 | 课程内容 | 教学活动设计 |
|---|---|---|---|
| 单元 1 | 城市轨道交通主要行车设备 | 车辆、线路、车站、车场、轨道、信号系统、供电系统、通信系统 | 现场参观,观看视频 |
| 单元 2 | 城市轨道交通主要作业岗位 | 1. 运营调度岗位<br>2. 乘务作业岗位<br>3. 站务作业岗位 | 现场参观,观看视频 |

| 项目编号 | 项目名称 | 课程内容 | 教学活动设计 |
|---|---|---|---|
| 单元3 | 城市轨道交通乘务组织管理 | 1.城市轨道交通列车司机作业规范<br>2.特殊情况下列车驾驶<br>3.列车故障处理<br>4.乘务工作纪律与列车安全驾驶的基本规定<br>5.乘务管理 | 现场参观,观看视频 |
| 单元4 | 城市轨道交通站务组织管理 | 1.车站行车作业基本要求与制度<br>2.城市轨道交通客运服务原则与规范<br>3.城市轨道交通主要客运规章制度<br>4.车站突发事件应急处理办法 | 参观模拟场景 |
| 单元5 | 城市轨道交通车辆运用与检修管理 | 1.城市轨道交通车辆运用管理<br>2.城市轨道交通车辆检修管理 | 模拟场景,视频资料 |
| 单元6 | 城市轨道交通车站主要设备操作维护管理 | 1.车站日常消防设备操作与故障处理<br>2.自动扶梯操作与故障处理<br>3.安全门操作与故障处理<br>4.AFC操作与故障处理 | 现场教学 |
| 单元7 | 城市轨道交通安全管理规则 | 1.城市轨道交通安全管理概述<br>2.轨道交通运输安全管理的途径 | 模拟场景 |
| 单元8 | 城市轨道交通事故处理规则 | 1.城市轨道交通事故处理规则<br>2.城市轨道交通事故案例分析 | 模拟场景 |
| 单元9 | 城市轨道交通应急管理 | 1.应急预案编制<br>2.城市轨道交通事故预防与处理 | 分组讨论收集资料 |

## 七、课程实施建议

建议本课程重视学生理论学习与实践活动相联系,采取理论课与实践活动课程相结合的教学模式,具体专题学习内容见附表2。

学 习 情 境 表 附表2

| 单元1　城市轨道交通主要行车设备 | | | 4学时 |
|---|---|---|---|
| 专题目标 | 能力目标:<br>能正确操作与本专业岗位相关的设备 | | |
| | 知识目标:<br>1.了解城市轨道交通主要行车设备<br>2.掌握本专业岗位相关设备的功能 | | |
| 专题任务 | 代表性城市轨道交通企业参观学习 | | |
| 学生知识与能力准备 | 对轨道交通企业有一定认识,但不深入,对轨道交通行车设备不熟悉 | | |
| 教学材料准备 | 有关城市轨道交通企业运作情况 | | |
| 序号 | 主要知识点 | 教学方法建议 | 学时 |
| 1 | 车辆、线路、车站、车场、轨道 | 学生讨论教师点评 | 2 |
| 2 | 信号系统、供电系统、通信系统 | 学生讨论教师讲解 | 2 |

| 序号 | 主要知识点 | 教学方法建议 | 学时 |
|---|---|---|---|
| 单元2　城市轨道交通主要作业岗位 | | | 10学时 |
| 专题目标 | 能力目标：<br>1.能执行调度各工种的岗位职责与基本任务<br>2.能执行车站各岗位工作职责与作业标准 | | |
| | 知识目标：<br>1.了解城市轨道交通主要作业岗位及其相互关系<br>2.了解运营调度工作的作用与任务<br>3.了解运营调度指挥组织架构及相互关系<br>4.了解城市轨道交通列车司机的岗位要求与岗位规范 | | |
| 专题任务 | 代表性城市轨道交通企业参观学习 | | |
| 学生知识与能力准备 | 对轨道交通企业有一定认识,但不深入,对轨道交通作业岗位不熟悉 | | |
| 教学材料准备 | 有关城市轨道交通企业组织架构 | | |
| 序号 | 主要知识点 | 教学方法建议 | 学时 |
| 1 | 运营调度工作概述 | 学生讨论<br>教师点评 | 2 |
| 2 | 行车调度员 | | |
| 3 | 电力调度员 | 教师讲解 | 2 |
| 4 | 环控调度员 | | |
| 5 | 设备维修调度员 | 教师讲解 | 2 |
| 6 | 车辆基地调度员 | | |
| 7 | 城市轨道交通列车司机的岗位要求 | 学生讨论<br>教师点评 | 2 |
| 8 | 城市轨道交通列车司机作业标准 | | |
| 9 | 城市轨道交通列车司机岗位规范 | | |
| 10 | 站务人员通用标准 | 教师讲解 | 2 |
| 11 | 车站各岗位工作职责与作业标准 | | |
| 单元3　城市轨道交通乘务组织管理 | | | 8学时 |
| 专题目标 | 能力目标：<br>1.能进行各种特殊情况下的列车驾驶操作<br>2.能进行列车故障处理 | | |
| | 知识目标：<br>1.掌握城市轨道交通列车司机作业规范<br>2.熟悉列车安全驾驶的基本规定<br>3.了解乘务管理制度与乘务作业工作纪律 | | |
| 专题任务 | 列车模拟驾驶 | | |
| 学生知识与能力准备 | 对列车驾驶感兴趣,但对驾驶方式不了解 | | |
| 教学材料准备 | 桌面式模拟驾驶设备 | | |

| 序号 | 主要知识点 | 教学方法建议 | 学时 |
|---|---|---|---|
| 1 | 出勤与出场作业 | 教师讲解<br>实训练习 | 2 |
| 2 | 场内调车与试车作业 | | |
| 3 | 正线驾驶作业 | 教师讲解<br>实训练习 | 2 |
| 4 | 入场与退勤作业 | | |
| 5 | 乘客伤亡事故现场处理 | 学生讨论<br>教师讲解 | 1 |
| 6 | 列车运行中发生火情时的处理 | | |
| 7 | 特殊天气下瞭望距离不足时的操作 | | |
| 8 | 遇雨、雪、冰、霜天气时的列车操作 | | |
| 9 | 遇大风时的操作 | | |
| 10 | 列车遇水害时的操作 | | |
| 11 | 接触网挂有异物时的处理 | | |
| 12 | 发生触网停电时的处理 | | |
| 13 | 故障处理一般要求与基本技巧 | 教师讲解 | 2 |
| 14 | 列车故障救援操作规定 | | |
| 15 | 乘务工作纪律 | 学生讨论<br>教师讲解 | 1 |
| 16 | 列车安全驾驶的基本规定 | | |
| 17 | 乘务制度 | | |
| 18 | 城市轨道交通列车司机的配备 | | |
| 19 | 派班管理 | | |
| 20 | 添乘管理 | | |
| 21 | 公寓及待乘室、休息室管理 | | |

| 单元4 城市轨道交通站务组织管理 | 8学时 |
|---|---|

| 专题目标 | 能力目标：<br>1.能对车站突发事件进行应急处理<br>2.能遵守城市轨道交通主要客运规章制度 |
|---|---|
| | 知识目标：<br>1.了解车站行车作业基本要求与作业制度<br>2.了解城市轨道交通客运服务原则与规范 |

| 专题任务 | 站务工作学习 |
|---|---|
| 学生知识与能力准备 | 对具体站务工作流程了解不深 |
| 教学材料准备 | 收集各地轨道交通车站管理模式资料 |

| 序号 | 主要知识点 | 教学方法建议 | 学时 |
|---|---|---|---|
| 1 | 车站行车作业基本要求 | 教师讲解 | 1 |
| 2 | 行车作业制度 | | |

235

| 序号 | 主要知识点 | 教学方法建议 | 学时 |
|---|---|---|---|
| 3 | 服务工作的原则 | 情境教学<br>学生讨论 | 2 |
| 4 | 车站客运服务工作 | | |
| 5 | 客运服务具体要求 | | |
| 6 | 客运服务人员服务承诺与服务五规范 | | |
| 7 | 行车组织规则 | 教师讲解 | 1 |
| 8 | 车站行车工作细则 | | |
| 9 | 乘客服务标准 | | |
| 10 | 车站突发事件处理原则与报告程序 | 案例分析 | 2 |
| 11 | 车站突发事件客运组织措施 | | |
| 12 | 车站突发事件应急处理办法 | 案例分析 | 2 |
| 13 | 车站发生自然灾害应急处理办法 | | |

| 单元5 城市轨道交通车辆运用与检修管理 | | 8学时 |
|---|---|---|

| 专题目标 | 能力目标：<br>能执行城市轨道交通车辆的检修制度 |
|---|---|
| | 知识目标<br>1.了解城市轨道交通车辆的运行与检修管理体制<br>2.熟悉城市轨道交通车辆的运用管理基本知识 |
| 专题任务 | 城轨车辆维护管理 |
| 学生知识与能力准备 | 对城市轨道交通车辆检修体制不了解 |
| 教学材料准备 | 收集车辆运用检修案例 |

| 序号 | 主要知识点 | 教学方法建议 | 学时 |
|---|---|---|---|
| 1 | 列车运用管理 | 教师讲解 | 2 |
| 2 | 城市轨道交通车辆编组 | | |
| 3 | 车辆的主要技术参数 | 教师讲解 | 2 |
| 4 | 车辆定员计算标准与载客量 | | |
| 5 | 城市轨道交通车辆安全规范 | | |
| 6 | 城市轨道交通车辆的运行、检修管理体制 | 案例分析 | 2 |
| 7 | 城市轨道交通车辆的检修制度 | 案例分析 | 2 |

| 单元6 城市轨道交通车站主要设备操作维护管理 | | 12学时 |
|---|---|---|

| 专题目标 | 能力目标：<br>1.会正确使用各种灭火器<br>2.能进行自动扶梯的开启、关闭以及对常见故障进行处理 |
|---|---|
| | 知识目标：<br>1.掌握车站消防系统的构成、自动气体灭火系统的操作和FAS系统故障处理程序<br>2.掌握自动扶梯的开启和关闭程序以及常见故障的处理方法<br>3.了解AFC设备常见故障种类 |

| 专题任务 | 设备操作学习 | | |
|---|---|---|---|
| 学生知识与能力准备 | 对设备只会简单操作,但对具体操作规范不了解 | | |
| 教学材料准备 | 实训设备 | | |
| 序号 | 主要知识点 | 教学方法建议 | 学时 |
| 1 | 车站消防系统的构成 | 视频教学<br>教师讲解 | 3 |
| 2 | 消防设备设施操作及使用 | | |
| 3 | 自动气体灭火系统的操作及使用 | | |
| 4 | FAS 系统报警及故障处理 | | |
| 5 | 自动扶梯的开启与关闭 | 教师讲解<br>实训练习 | 3 |
| 6 | 自动扶梯紧急停止操作 | | |
| 7 | 城市轨道交通车站电梯常见故障处理 | | |
| 8 | 安全门日常操作 | 教师讲解<br>实训练习 | 3 |
| 9 | 安全门故障处理程序 | | |
| 10 | 自动售检票系统 AFC 常见故障分析与处理 | 教师讲解<br>实训练习 | 3 |
| 11 | 自动售票机常见故障分析与处理 | | |
| 12 | 半自动售/补票机常见故障分析与处理 | | |
| 单元 7 城市轨道交通安全管理规则 | | | 8 学时 |
| 专题目标 | 能力目标:<br>1.会分析轨道交通系统安全工作的地位和作用<br>2.能描述城市轨道交通系统安全管理途径 | | |
| | 知识目标:<br>1.了解安全管理的发展进程<br>2.掌握安全、事故、危险、隐患的含义 | | |
| 专题任务 | 安全管理规则学习 | | |
| 学生知识与能力准备 | 对安全事故较了解,但不懂如何规避 | | |
| 教学材料准备 | 收集轨道交通安全案例 | | |
| 序号 | 主要知识点 | 教学方法建议 | 学时 |
| 1 | 安全、事故、危险、隐患的内涵 | 视频教学 | 2 |
| 2 | 城市轨道交通系统安全工作的地位和作用 | 教师讲解 | 2 |
| 3 | 安全的影响因素分析 | 案例分析<br>教师讲解 | 2 |
| 4 | 城市轨道交通系统安全管理方针 | | |
| 5 | 安全生产管理目标与原则 | | |
| 6 | 安全生产要素分析 | | |
| 7 | 城市轨道交通系统安全管理途径 | | |

| 序号 | 主要知识点 | 教学方法建议 | 学时 |
|---|---|---|---|
| 单元8　城市轨道交通事故处理规则 | | | 8学时 |
| 专题目标 | 能力目标：<br>1.能判断城市轨道交通事故与事故等级<br>2.会进行城市轨道交通事故分析 | | |
| | 知识目标：<br>1.掌握一般行车事故的处理措施<br>2.熟悉城市轨道交通系统防灾措施 | | |
| 专题任务 | 安全事故案例分析 | | |
| 学生知识与能力准备 | 学生无案例分析经验 | | |
| 教学材料准备 | 收集城轨运营典型安全事故 | | |
| 序号 | 主要知识点 | 教学方法建议 | 学时 |
| 1 | 城市轨道交通事故分类 | 情境教学<br>教师讲解 | 2 |
| 2 | 事故等级标准的确定 | | |
| 3 | 预警级别的确定 | 学生讨论<br>教师讲解 | 2 |
| 4 | 城市轨道交通行车事故处理规则 | | |
| 5 | 设备事故 | 案例分析 | 4 |
| 6 | 客伤事故 | | |
| 7 | 消防事故 | | |
| 8 | 行车事故 | | |
| 9 | 供电故障事故 | | |
| 单元9　城市轨道交通应急管理 | | | 6学时 |
| 专题目标 | 能力目标：<br>1.能对城市轨道交通事故进行有效预防<br>2.能正确处理常见的运营事故 | | |
| | 知识目标：<br>1.了解城市轨道交通应急预案编制原则<br>2.了解城市轨道交通运营突发事件应急预案编制规范 | | |
| 专题任务 | 应急预案编制 | | |
| 学生知识与能力准备 | 学生无应急管理经验 | | |
| 教学材料准备 | 收集城轨运营应急预案 | | |
| 序号 | 主要知识点 | 教学方法建议 | 学时 |
| 1 | 应急预案编制 | 情境教学 | 2 |
| 2 | 城市轨道交通事故预防与处理 | 案例分析 | 4 |

## 八、教学资源开发与利用

与城市轨道交通运输企业合作，按照"市场需求调研→工作任务分析→职业能力分析→课程结构分析→专业教学基本要求开发→课程标准开发→教学设计→教材开发→其他教学资源开发"的流程,以国家有关法律法规、作业标准为依据,注重现行城市轨道交通发展,符合职业教育"以能力培养为主导,以技能训练为主线"的要求,共同进行课程开发。形成学校教学、职工培训以及自学使用的课程资源。

## 九、教师能力要求

1.教师应根据学生的认知水平、年龄、当地经济和社会发展情况,并结合专业特点,选择适当的教学方法,广泛使用启发式、直观式、讨论式及案例教学等教学方法,调动学生主动学习的积极性。鼓励教学方法创新,提高课堂教学实效。

2.教师要组织学生进行游戏、团体训练、情景模拟等活动,提高教学效果。

3.教师应充分利用课本和教学参考书、多媒体光盘所提供的资料开展教学活动,并恰当使用录音、录像、幻灯、照片、挂图及计算机等教具和校园网等设备辅助教学,要重视现代教学手段的使用。

## 十、考核方式与标准

对学生实行以职业能力为中心的考核,通过各种不同的考核评价形式激发学生自主学习的积极性,在解决实际问题的过程中获取新知识、新技能。从而培养其学习能力、团队活动的合作能力、职业语言表达能力等。具体考核方式可采用实训项目评价、阶段性评价与期末评价。

采用项目设计、一体化技能训练式教学,以学生为中心设计教学方案。灵活使用角色扮演法、现场教学法、任务驱动法、案例教学法、项目教学法等教学方法。把教学过程变为学生自主性、能动性、创新性学习的过程。采用在现场生产实习、工学交替等模式,动脑融于动手,做人融于做事,增加学生职业综合素质和技能。

# 参 考 文 献

[1] 徐新玉.城市轨道交通运营管理规章(第2版)[M].北京:人民交通出版社,2013.

[2] 徐新玉.城市轨道交通行车组织基础[M].北京:人民交通出版社,2015.

[3] 交通运输部职业资格中心.城市轨道交通列车司机(初级·中级·高级)[M].北京:人民交通出版社股份有限公司,2020.

[4] 人力资源和社会保障部、交通运输部.城市轨道交通列车司机国家职业技能标准(2019年版)[M].北京:中国劳动社会保障出版社,2020.

[5] 人力资源和社会保障部、交通运输部.城市轨道交通服务员国家职业技能标准(2020年版)[M].北京:中国劳动社会保障出版社,2020.

[6] 耿幸福,宁斌.城市轨道交通运营安全[M].北京:人民交通出版社,2010.

[7] 上海申通地铁集团有限公司轨道交通培训中心.城市轨道交通电动列车驾驶[M].北京:中国铁道出版社,2010.

[8] 毛保华.城市轨道交通系统运营管理[M].北京:人民交通出版社,2006.